DIABOLUS EX MACHINA

UM ESTUDO SOBRE LIBERDADE, PSICANÁLISE E ATO POLÍTICO RADICAL

Editora Appris Ltda.
1.ª Edição - Copyright© 2024 do autor
Direitos de Edição Reservados à Editora Appris Ltda.

Nenhuma parte desta obra poderá ser utilizada indevidamente, sem estar de acordo com a Lei nº 9.610/98. Se incorreções forem encontradas, serão de exclusiva responsabilidade de seus organizadores. Foi realizado o Depósito Legal na Fundação Biblioteca Nacional, de acordo com as Leis nos 10.994, de 14/12/2004, e 12.192, de 14/01/2010.

Catalogação na Fonte
Elaborado por: Dayanne Leal Souza
Bibliotecária CRB 9/2162

S586d 2024	Silva, Ronildo Deividy Costa da Diaboulos Ex Machina: um estudo sobre liberdade, psicanálise e ato político radical / Ronildo Deividy Costa da. – 1. ed. – Curitiba: Appris, 2024. 247 p. ; 23 cm. – (Coleção Multidisciplinaridade em Saúde e Humanidades). Inclui referências. ISBN 978-65-250-6793-3 1. Liberdade. 2. Psicanálise. 3. Ato político radical. I. Silva, Ronildo Deividy Costa da. II. Título. III. Série. CDD – 150.195

Livro de acordo com a normalização técnica da ABNT

Appris
editora

Editora e Livraria Appris Ltda.
Av. Manoel Ribas, 2265 – Mercês
Curitiba/PR – CEP: 80810-002
Tel. (41) 3156 - 4731
www.editoraappris.com.br

Printed in Brazil
Impresso no Brasil

Ronildo Deividy Costa da Silva

DIABOLUS EX MACHINA
UM ESTUDO SOBRE LIBERDADE, PSICANÁLISE E ATO POLÍTICO RADICAL

Appris
editora

Curitiba, PR
2024

FICHA TÉCNICA

EDITORIAL Augusto Coelho
Sara C. de Andrade Coelho

COMITÊ EDITORIAL
Ana El Achkar (Universo/RJ)
Andréa Barbosa Gouveia (UFPR)
Antonio Evangelista de Souza Netto (PUC-SP)
Belinda Cunha (UFPB)
Délton Winter de Carvalho (FMP)
Edson da Silva (UFVJM)
Eliete Correia dos Santos (UEPB)
Erineu Foerste (Ufes)
Fabiano Santos (UERJ-IESP)
Francinete Fernandes de Sousa (UEPB)
Francisco Carlos Duarte (PUCPR)
Francisco de Assis (Fiam-Faam-SP-Brasil)
Gláucia Figueiredo (UNIPAMPA/ UDELAR)
Jacques de Lima Ferreira (UNOESC)
Jean Carlos Gonçalves (UFPR)
José Wálter Nunes (UnB)
Junia de Vilhena (PUC-RIO)
Lucas Mesquita (UNILA)
Márcia Gonçalves (Unitau)
Maria Aparecida Barbosa (USP)
Maria Margarida de Andrade (Umack)
Marilda A. Behrens (PUCPR)
Marília Andrade Torales Campos (UFPR)
Marli Caetano
Patrícia L. Torres (PUCPR)
Paula Costa Mosca Macedo (UNIFESP)
Ramon Blanco (UNILA)
Roberta Ecleide Kelly (NEPE)
Roque Ismael da Costa Güllich (UFFS)
Sergio Gomes (UFRJ)
Tiago Gagliano Pinto Alberto (PUCPR)
Toni Reis (UP)
Valdomiro de Oliveira (UFPR)

SUPERVISORA EDITORIAL Renata C. Lopes
PRODUÇÃO EDITORIAL Adrielli de Almeida
REVISÃO Pâmela Isabel Oliveira
DIAGRAMAÇÃO Bruno Ferreira Nascimento
CAPA Daniela Baumguertner
REVISÃO DE PROVA Daniela Nazario

COMITÊ CIENTÍFICO DA COLEÇÃO MULTIDISCIPLINARIDADES EM SAÚDE E HUMANIDADES

DIREÇÃO CIENTÍFICA Dr.ª Márcia Gonçalves (Unitau)

CONSULTORES
Lilian Dias Bernardo (IFRJ)

Taiuani Marquine Raymundo (UFPR)

Tatiana Barcelos Pontes (UNB)

Janaína Doria Líbano Soares (IFRJ)

Rubens Reimao (USP)

Edson Marques (Unioeste)

Maria Cristina Marcucci Ribeiro (Unian-SP)

Maria Helena Zamora (PUC-Rio)

Aidecivaldo Fernandes de Jesus (FEPI)

Zaida Aurora Geraldes (Famerp)

Aos meus mortos.

AGRADECIMENTOS

Aos meus pais, Pedro Paulo e Iza, *sempre* e *por tudo*. Qualquer palavra de agradecimento sempre será muito frágil frente à dívida que tenho com eles.

À Raynara e a Ramayana, porque elas são.

À Paula Affonso de Oliveira, primeira leitora e crítica destas linhas, por teimar e enfrentar o mundo ao som dos bandolins.

Ao Ernani Pinheiro Chaves, condição de possibilidade deste trabalho, por me ensinar *em ato* sobre a lacuna entre a autonomia intelectual e a conversão política.

À Ana Cleide Guedes Moreira, pela generosa oportunidade de ter tido muito mais que um começo.

À Maria Filomena Pinheiro Dias, porque diante da minha fala surda ela jamais foi ouvido mudo.

Aos professores Roseane Freitas Nicolau e Daniel Omar Perez, que, pelas valiosas sugestões na ocasião da banca de qualificação de doutorado, contribuíram de forma decisiva para que este trabalho pudesse atingir sua estrutura final.

À Ramaiana Cardinali pelo debate que se estende por mais de 20 anos. Ao Alessandro Bacchini, artista-psicanalista, que me ensina (ainda que não o saiba!) sobre estética musical.

À Monica Millan ("Primeira de Seu Nome e Senhora de Michoacán") e a Roseane Torres de Madeiro pelos fins de tarde no nosso "observatório etílico-astronômico".

Aos companheiros e companheiras da Corrente Socialista de Trabalhadoras e Trabalhadores (CST) de Belém pela oportunidade de, ombro a ombro, lutar pela construção de um novo fundamento práxico da liberdade humana.

À Coordenação de Aperfeiçoamento de Pessoal de Nível Superior (Capes), que, mediante concessão de bolsa de estudos, financiou a pesquisa que originou este livro.

APRESENTAÇÃO

O livro que o leitor tem agora nas mãos, originalmente defendido como tese de doutorado em 2019 no âmbito do Programa de Pós-Graduação em Psicologia da Universidade Federal do Pará, é uma tentativa de reflexão a respeito das condições históricas de constituição do conceito de liberdade a partir da articulação entre alguns elementos do discurso filosófico moderno e a psicanálise de Freud e Lacan.

Escrito em um período marcado pela franca ascensão da instrumentalização conservadora do espírito de rebelião presente nas Jornadas de Junho de 2014, o texto busca evidenciar que os impasses práticos referentes ao conceito de liberdade (impasses que remontam à própria constituição do projeto de modernidade ocidental) expressam claramente um problema político fundamental: a emergência do ato político radical.

Radical. Não é à toa que esse significante reúna em torno de si uma espécie de mística que parece ser intragável às sensibilidades políticas normalizadas e adaptadas ao *status quo*; parece que esse significante, por sua mera existência no horizonte de possibilidades, tem o poder de desorganizar o aparato ideológico que organiza e reproduz as condições psíquicas e materiais da sua própria manutenção. Parece que àqueles e àquelas que vivem sob a custódia do Capital e tomam as suas correntes como adornos, a existência desse significante indica a possibilidade de uma experiência desconfortável que se expressa em angústia e infamiliaridade.

Essa compreensão interna não está longe da verdade. Afinal, não é exatamente disso que se trata quando vemos a ampla adesão de setores populares à projetos políticos que em si representam de forma inequívoca não somente o empuxo a regressões democráticas, mas também ao próprio fechamento do sistema como propõe abertamente a extrema direita? Não é exatamente disso que se trata quando vemos estratégias político-discursivas que pretendem neutralizar o conteúdo radical de demandas sociais, via conciliação de classes, envergonhadamente praticadas por setores da esquerda institucional que compõem o atual governo de frente ampla?

Tomar a psicanálise como um instrumento radical de crítica social não é, como alguns poderiam pensar, uma exorbitância teórica e/ou epistemológica pelo simples fato de que, desde Freud, a psicanálise é, tal como o marxismo, um *esporte de combate* e, como tal, não se presta a ser uma prática normalizadora.

    Este livro está firmemente assentado na ideia de que a psicanálise, como práxis, tem algo importante a dizer sobre as condições concretas de efetivação da liberdade humana exatamente porque é a única que dispõe de recursos metodológicos para investigar as raízes psíquicas inconscientes do fenômeno da servidão e, portanto, pode contribuir de forma significativa para todos aqueles que buscam construir coletivamente a expressão social do ato político radical como fundamento práxico da liberdade humana.

    Que o leitor não se engane: é exatamente d'Isso que se trata.

Belém, 17 de agosto de 2024.

Conheço meu lugar

O que é que pode fazer o homem comum
Neste presente instante senão sangrar?
Tentar inaugurar
A vida comovida
Inteiramente livre e triunfante?
O que é que eu posso fazer
Com a minha juventude
Quando a máxima saúde hoje
É pretender usar a voz?
O que é que eu posso fazer
Um simples cantador das coisas do porão?
(Belchior)

PRÓLOGO

Em 1966, no prefácio político de *Eros e Civilização*, Marcuse já advertira que a vida tenderia a se tornar cada vez mais totalitária, ainda que não produzisse, em termos formais, regimes totalitários. Respeitadas as devidas proporções e diferenças, parece-me que sua advertência ainda é um bom diagnóstico do nosso tempo.

A intensificação da luta de classes, no Brasil e no mundo, tem provocado o acirramento do debate em torno de questões fundamentais no campo da política, da ética e das ciências, especialmente no que se refere à legitimação de configurações ideológicas baseadas em uma visão totalitária da vida. Basta observar, por exemplo, que o avanço das lutas civis pelo direito de reconhecimento e despatologização das sexualidades que não atendem aos apelos heteronormativos têm provocado reações que, não raras vezes, escancaram o ódio às diferenças.

O discurso psicanalítico não está imune aos efeitos dogmáticos e autoritários da fascistização da vida. Observamos, ainda hoje, os efeitos da querela provocada pelo ensino de Lacan e seu projeto de retomada radical do pensamento freudiano. De um lado, há os que fazem de seu ensino o único herdeiro da Verdade e, portanto, uma espécie de Palavra Oracular fora da qual não há Salvação possível; de outro, estão aqueles que negam apaixonadamente as suas contribuições devido a um desvio imperdoável do Cânone Sagrado e seu afastamento da Verdadeira Fé... De um lado ou de outro, evidentemente, o que está em questão é outra coisa.

Não se trata aqui de sugerir uma falsa neutralidade. Ao contrário, em cenários como esse, de transferências viscerais e adesões acríticas, somos irremediavelmente convocados a uma tomada de posição. Uma posição, entretanto, que pressupõe a suspensão dos sectarismos e/ou da simples avaliação intelectiva de autores e suas contribuições a temas que nos são caros. Somos convocados a uma tomada de posição ética fundamentada na interrogação do desejo e na observância da transferência com o objeto investigado.

Afinal, não é exatamente a implicação do desejo do pesquisador na constituição do seu objeto de investigação que confere à pesquisa psicanalítica sua singularidade? Não é necessariamente o compromisso com essa singularidade que nos permite inscrever algo da ordem do desejo na escrita na medida em que ambos — texto e desejo — só podem advir se houver algo que em mim falta e de mim se indaga?

As páginas que se seguem são tributárias desse compromisso.

SUMÁRIO

INTRODUÇÃO 17

PARTE I

LIBERDADE, NEGATIVIDADE E O IMPASSE ONTOLÓGICO DO SUJEITO MODERNO

CAPÍTULO 1
A CRÍTICA DE KANT *COME UN VISCONTE DIMEZZATO* 25

CAPÍTULO 2
UM HEGEL KANTIANO? 41

CAPÍTULO 3
FREUD ENTRE LUZES E SOMBRAS 59

PARTE II

A QUERELA DO SUJEITO: O "CASO FRANCÊS"

CAPÍTULO 4
A "MORTE DO SUJEITO" 85

CAPÍTULO 5
UM FUNERAL INCONCLUSO 107

CAPÍTULO 6
SUBJECT POSTMORTEM 123

CAPÍTULO 7
A NEGATIVIDADE DO SUJEITO DO INCONSCIENTE
E A FORMALIZAÇÃO DO OBJETO *A* 137

PARTE III
POTÊNCIA DA REALIDADE...
POLÍTICA DO REAL

CAPÍTULO 8
DESEJO S.A. OU O FETICHE DO CONSUMO E A ANGÚSTIA DE CONSUMIR... MAIS, AINDA! 163

CAPÍTULO 9
A CRISE COMO VERDADE DO CAPITAL 185

CAPÍTULO 10
ATO ANALÍTICO E POLÍTICA RADICAL 199

CONSIDERAÇÕES FINAIS 223

REFERÊNCIAS 229

INTRODUÇÃO

É perfeitamente razoável, numa ótica econômica, designarmos como enigmática a existência de um anseio masoquista na vida pulsional humana. Pois, se o princípio do prazer domina os processos psíquicos de tal modo que sua meta primeira é a evitação do desprazer e o ganho do prazer, então o masoquismo passa a ser incompreensível. Se a dor e o desprazer não mais constituem advertências, mas se tornaram eles próprios as metas, o princípio de prazer fica paralisado; o guardião de nossa vida psíquica fica como que narcotizado.

(Sigmund Freud)

Ein anderer Schauplatz: sob essa sentença, anuncia-se a ruptura epistemológica operada pelo aparecimento da outra cena do inconsciente; ruptura porque, tal como Copérnico e Darwin, o que está em questão em Freud é o descentramento do sujeito moderno identificado às noções de autonomia e autodeterminação incondicionada da vontade. Dito isso, poderíamos perguntar: como pensar a liberdade após Freud? Certamente, essa pergunta resume o empreendimento teórico de toda uma tradição político-filosófica que toma o pensamento freudiano de forma decisiva na constituição da crítica à sociedade e que vai, se não for exagero afirmar, desde os freudo-marxistas dos anos 1920, passando pela Escola de Frankfurt e pela filosofia francesa da segunda metade do século 20, até pensadores contemporâneos influentes como Judith Butler, Chantal Mouffe, Jacques Rancière, Paul B. Preciado, Slavoj Zizek e Alain Badiou.

Com isso não quero dizer, evidentemente, que podemos tomar a diversidade de perspectivas relacionadas a esses autores e autoras de maneira unívoca, como se a singularidade de cada empreendimento teórico pudesse ser lida exclusivamente pela chave interpretativa oferecida pela noção de liberdade; isso seria, no melhor dos casos, uma atitude ingênua porque a liberdade — significante polissêmico — diz-se de muitas formas. Não se trata, portanto, de promover uma espécie de uniformização conceitual, e sim de observar que a multiplicidade interpretativa, em seu caráter tático, passa necessariamente pela reflexão estratégica a respeito do problema da liberdade e as vicissitudes de sua realização na contemporaneidade.

Ao contrário do que possa parecer, a multiplicidade de perspectivas atuais no trato do problema da liberdade (inclusive naquilo que poderíamos chamar de sua "dimensão psíquica") no âmbito teórico-acadêmico não relativiza o seu peso político; mas apenas demonstra a sua centralidade. Isso nos coloca imediatamente uma questão de fundo, mas que, nem por isso, deixa de ser importante: como tomar o problema da liberdade e do determinismo a partir do discurso psicanalítico?

Seguindo a recomendação freudiana de que não há uma separação qualitativa entre o âmbito social e individual porque, no fundo, a psicologia individual é desde o começo psicologia social, a aposta feita neste trabalho foi a de manter sua tessitura no espaço desse tensionamento, ou seja, a de tomar o par liberdade/determinismo na dialética própria que a constitui enquanto tal. Por isso o recurso constante a uma certa extimidade no trato do problema.

O que quero dizer é que a opção metodológica aqui adotada — uma leitura temática da questão — deu-se como uma tentativa de manter a fidelidade ao objeto abordado. Isso se traduziu, certamente, na forma não hierárquica de abordagem dos textos filosóficos e psicanalíticos aqui utilizados, ou seja, o tratamento de autores "externos" ao campo psicanalítico como Kant, Hegel, Lévi-Strauss, Foucault ou Marx não foi no sentido de operar uma "leitura psicanalítica" desses autores ou, no limite, de usá-los para uma espécie de confirmação de que Freud ou Lacan propuseram (e conseguiram!) "soluções melhoradas" aos problemas filosóficos e/ou políticos colocados por aqueles autores; isso seria adotar, equivocadamente, a posição de que o discurso psicanalítico mantém a sua efetividade pela "solução dos problemas do mundo", e não pela negatividade que lhe é própria — afinal, desde Freud não sabemos que a psicanálise não se presta a ser mais uma *Weltanschauung*?

Então por que tentar articular psicanálise e filosofia? Porque, embora o problema da liberdade e do determinismo se coloque de modo específico para a psicanálise, ele não é seguramente uma especificidade dela. Nesse sentido, o jovem discurso psicanalítico não pode prescindir da "sabedoria" da velha senhora filosofia. O problema da liberdade tem uma história e é dentro dessa historicidade própria que sua inteligibilidade conceitual e propositiva deve ser tomada.

No entanto é bom que se diga que a perspectiva de uma análise conceitual do problema da liberdade não deve ser confundida com a adoção de uma via idealista de tratamento do problema: tem se mostrado bastante comum a ideia de que uma análise materialista deve ater-se, quase que exclusivamente, ao registro historiográfico sem levar em conta que a dimensão do conceito também tem um caráter material na medida em que ele organiza os discursos que constituem a realidade socialmente compartilhada e simbolicamente estruturada. Desse ponto de vista, as análises aqui empreendidas reivindicam o seu estatuto materialista na medida em que, como tentativas de tratamento da dimensão conceitual relacionado ao problema da liberdade, pretendem circular no espaço em que a abstratividade do conceito se realiza como materialidade.

Este livro, portanto, com o objetivo de empreender um estudo acerca do problema da liberdade política e sua relação com o discurso psicanalítico, constitui-se como uma primeira tentativa de resposta, mais ou menos elaborada, ao vaticínio de Slavoj Zizek de que a possibilidade de um fechamento ontológico obliteraria o aparecimento do ato, e, como consequência, isso traria sérias dificuldades às condições de possibilidade da liberdade humana. Então, o tensionamento entre liberdade/determinismo, tratado aqui sob a rubrica metafórica da *abertura* e do *fechamento* (metáforas tomadas do movimento próprio do inconsciente), será desenvolvido em três tempos que, a partir do nosso recorte temático, estruturarão todo o trabalho: a Alemanha do *Idealismo Alemão*, a França da segunda metade do século 20 e o nosso momento atual.

A opção pelos dois primeiros períodos históricos se deu em virtude de uma passagem em que Badiou (2015, p. 8) sustenta que, juntamente com o momento grego clássico, o *Idealismo Alemão* e o que ele chama de *Filosofia Francesa Contemporânea* (do qual se diz o seu último representante) foram momentos definidores que reordenaram radicalmente o mundo que os abrigou; ora, como tratar do problema da liberdade/determinismo e sua relação com o discurso psicanalítico sem levar em conta esses dois *acontecimentos*? Como tratar do problema proposto neste trabalho desconsiderando as mudanças radicais na problemática do sujeito, do objeto, do desejo e do ato político gestadas por esses dois momentos? A escolha pelo terceiro período, o nosso momento, deveu-se a uma certa imposição de avaliar (ainda que de forma precária) as consequências da ressonância desse amplo debate para a psicanálise, bem como de apresentar como a psicanálise se insere nesse movimento como discurso que possibilita proposições inovadoras no trato do problema da liberdade/determinismo.

Nesse sentido, o texto caracteriza-se pela tentativa de acompanhar os movimentos de *abertura* e *fechamento* a partir dessas duas primeiras temporalidades para, em seu terceiro tempo tentar pensar, frente ao cada vez mais substancial determinismo político/religioso/mercadológico que nos caracteriza enquanto tempo histórico, nas possibilidades possíveis de liberdade; no entanto, como se sabe, qualquer trabalho que pretenda pensar na possibilidade de abertura é aquele disposto a discutir as próprias condições do fechamento.

Nesse sentido, a tese central que anima este livro é a de que o Discurso do Capitalista ("representante psíquico" do Capital), com sua operatividade circular e sem furos, tenta promover, via "foraclusão" do desejo, um fechamento ontológico ao convocar o sujeito a tomar partido do consumo e colocar-se a serviço da imediaticidade da (re)produção dos "objetos totais" que, pretendendo tamponar ilusoriamente o vazio da castração, impossibilitariam a assunção de um "espaço" fundamental de negatividade; "espaço" esse que é indicado pela escolha das noções psicanalíticas de Sujeito, Desejo e Ato como operadores conceituais centrais do trabalho. Mas essa questão não se traduz somente em termos de um problema de ordem clínica; ela também se constitui como um importante problema político.

O texto, então, obedece a esta dupla determinação: se em sua dimensão clínica pretende discutir em que medida se dão as condições da promoção dessa redução das possibilidades de autodeterminação subjetiva e, consequentemente, de uma espécie de "egologização" do sujeito e sua rendição a esse Outro que é o Mercado; no que se refere à sua dimensão política, pretende sustentar que somente o pensamento radical — e sua aposta na abertura como condição de possibilidade do reordenamento das coordenadas já dadas pela situação — pode oferecer verdadeiras alternativas práticas tanto à (re)conciliação forçada das diferenças em um todo supostamente harmonioso, tão cara ao multiculturalismo neoliberal globalizado, quanto à verdade dessa dissimulação: uma crescente incompatibilidade entre a democracia liberal e o capitalismo.

***

Na parte I deste livro discutirei, na medida do possível, como foi constituído, a partir da noção de *Aufklärung*, o debate moderno acerca dos limites e das possibilidades teórico/práticas da autodeterminação do sujeito. Para tal, no primeiro capítulo, será abordado o aparecimento do *Idealismo Transcendental* de Kant e sua proposição de que liberdade é um *factum* da razão; no segundo capítulo, discutirei alguns elementos da *Fenomenologia* e da *Lógica* com o objetivo de demonstrar que, para Hegel, o encaminhamento da questão da liberdade passa necessariamente por uma determinação ontológica do real; e, finalmente, no terceiro capítulo, examina-se como o pensamento de Freud e o surgimento da outra cena do Inconsciente constituem-se como um ponto de inflexão fundamental no debate acerca do fenômeno da servidão moderna e, paradoxalmente, das condições de realização da liberdade humana.

Na parte II, como resultado do impasse ontológico do sujeito, discutirei a especificidade desse "ser" na primeira metade do século 20 na França, isto é, trata-se de avaliar, no "caso francês", em que medida o encaminhamento dessa questão formulado por pensadores como Foucault e Lacan relaciona-se ao forte impacto do programa estruturalista da "morte do sujeito". Nesse sentido, o capítulo quatro propõe uma retomada histórico/conceitual das linhas de força que compõem o referido projeto e, respectivamente, nos capítulos cinco e seis, tratar-se-á das elaborações foucaultianas e lacanianas a esse respeito para além do quadro estritamente estruturalista; o capítulo sete propõe examinar mais detidamente as consequências da reordenação conceitual operada por Lacan no estatuto do inconsciente em seu registro próprio, ou seja, o objetivo desse capítulo é avaliar como o primado do real articula-se com a dimensão do sujeito e com o objeto que o causa.

Na parte III deste trabalho será discutido, sobretudo a partir de Marx e Lacan, como o tensionamento entre liberdade e determinismo na sua forma atual encontra "soluções de compromisso" que reconduzem ao cerne da questão as categorias de sujeito, desejo e ato: no capítulo oito, será discutido o fenômeno do consumo como estratégia de encapsulamento do sujeito na injunção entre desejo e mercadoria; no capítulo nove, será abordado em que medida essa injunção encontra a sua "verdade" material na circularidade e nas crises cíclicas do capital; e, no capítulo dez, serão apresentados, a partir da formalização do ato analítico em Lacan, as propostas de Zizek e Badiou acerca da questão.

PARTE I

LIBERDADE, NEGATIVIDADE E O IMPASSE ONTOLÓGICO DO SUJEITO MODERNO

Non est potestas nisi a Deo.
(São Paulo)

CAPÍTULO 1

A CRÍTICA DE KANT *COME UN VISCONTE DIMEZZATO*

> [...] um abismo instransponível entre o domínio do conceito de natureza, enquanto sensível, e o domínio do conceito de liberdade como supra-sensível, de tal modo que nenhuma passagem é possível do primeiro para o segundo [...], como se tratasse de outros tantos mundos diferentes.
>
> *(Immanuel Kant)*

Talvez não seja um exagero afirmar que a obra crítica de Kant se configure não somente como uma tentativa de resposta aos problemas filosóficos da sua época[1], mas, sobretudo, como um robusto esforço de fundamentação racional da liberdade política.

Animada com a prosperidade econômica de uma classe que se tornaria hegemônica a partir de 1789, mas que ainda não detinha o monopólio do poder político até então nas mãos das monarquias absolutistas, a Europa vivia a forte tendência cultural iluminista que insistia na necessidade de justificação racional das autoridades tradicionais; o que, em última instância, colocava sob uma outra perspectiva a relação entre as condições materiais de produção da vida e os sistemas de pensamento que se ocupavam em justificar essas mesmas condições.

Nesse sentido, o que me interessa aqui não é tomar o pensamento de Kant somente como expressão ideológica da nascente e revolucionária burguesia que procurava justificar sua ascensão como classe a partir da defesa dos valores republicanos como alternativa crítica às sociabilidades hegemônicas do *Ancièn Régime* (como supõe certa *vulgata* marxista); mas, sobretudo, descrever brevemente como a radicalidade do seu pensamento

---

[1] Refiro-me não somente ao ceticismo empirista de Hume e seu devastador ataque ao racionalismo alemão, mas também às consequências desse ataque à metafísica tradicional e a reorientação crítica da sua obra posterior. A esse respeito, afirmou Kant: "Confesso francamente: a lembrança de David Hume foi justamente o que há muitos anos interrompeu pela primeira vez o meu sono dogmático e deu às minhas pesquisas no campo da filosofia especulativa uma direção completamente nova." (KANT, [1783] 1984, p. 10).

abre caminho para uma importante mudança ontológica que marcaria de forma indelével a passagem do medievo para as relações de produção capitalistas.

Coube a Kant, seguindo a tradição da *Aufklärung*, constituir o projeto filosófico que definiria para sempre os contornos do pensamento moderno como uma tentativa de emancipação da humanidade de sua condição de *menoridade* por meio de uma filosofia que asseguraria o uso consciente e socialmente livre da razão; o que em termos políticos significaria a substituição de uma ingênua aceitação da autoridade por uma crença e ação política racionalmente justificada.

Mas em que consiste precisamente tal proposição emancipatória? O que significaria, de fato, ascender à condição esclarecida em que o sujeito faz uso socialmente livre da razão? Em sua famosa resposta à questão proposta pela Academia Real de Ciências de Berlim, Kant ([1784]1985) afirma:

> Esclarecimento [*Aufklärung*] é a saída do homem de sua menoridade, da qual ele próprio é culpado. A menoridade é a incapacidade de fazer uso de seu entendimento sem a direção de outro indivíduo. O homem é o próprio culpado dessa menoridade se a causa dela não se encontra na falta de entendimento, mas na falta de decisão e coragem de servir-se de si mesmo sem a direção de outrem. *Sapere aude!* Tem a coragem de fazer uso de teu próprio entendimento, tal é o lema do esclarecimento [*Aufklärung*] (Kant, [1784] 1985, p. 100).

Não se trata aqui, obviamente, de que a argumentação kantiana assume como ponto fundamental simplesmente um problema de ignorância; ao contrário, acredito que a questão que Kant discute mantém seu nível de complexidade ligado a uma dupla determinação: por um lado, trata-se de como nos apoiamos convenientemente, por covardia ou preguiça, em uma lei heteronômica, e por outro, de apontar que o uso ilegítimo dessa exterioridade configura-se como uma estratégia de negação da nossa própria experiência com a finitude.

Talvez seja exatamente aqui que repouse o núcleo duro da obra crítica de Kant: como a liberdade é condição *sine qua non* para que haja efetivamente um processo de esclarecimento, seria necessário que essa noção de liberdade estivesse intimamente vinculada a um conceito de razão emancipada e que, portanto, estivesse a salvo das armadilhas do racionalismo dogmático e das consequências devastadoras do empirismo de Hume. Logo, como se pode deduzir pela pretensão de tal projeto, essa iniciativa pressupunha um rigoroso exame dos fundamentos e dos limites dos próprios critérios de racionalização enquanto tal.

Nesse sentido, o conceito de crítica seria fundamental. Longe de ter o sentido pejorativo e/ou destrutivo tão comum à nossa era do *pensamento bem-comportado*, esse conceito em Kant corresponde a um procedimento quase cartográfico[2] que opera uma demarcação de limites, uma (re)flexão acerca da legitimidade e dos limites do conhecimento e da ação prática. Dito de outra forma, o conceito de crítica estabelecido pela filosofia transcendental kantiana obriga a razão a reconhecer seus próprios limites no campo de circunscrição que ela instaura para si mesma: a crítica em Kant, como procedimento filosófico diferenciado[3], constitui-se no próprio exercício da razão filosófica ao determinar legítima e imparcialmente as fronteiras da capacidade humana de conhecer.

O conceito de *crítica* em Kant, portanto, assume a função de fiadora da possibilidade do conhecimento científico acerca dos fenômenos. No entanto é importante ressaltar que à época da constituição da fase crítica de sua obra, Kant percebeu duas dificuldades maiores em que a razão se encontrava: o ataque dos empiristas à universalidade e à necessidade do princípio da causalidade, por um lado, e, por outro, as antinomias da razão contidas nas ideias cosmológicas da metafísica tradicional.

A primeira dificuldade seria decorrente da proposição cética dos empiristas, e especialmente de Hume, em determinar a não existência de uma relação de necessidade entre as questões de fato e a inferência causal, embora houvesse uma relação de dependência entre as duas. Para o ceticismo, ainda que estivesse baseada em uma experiência possível, a uma relação frequente no tempo não poderia ser atribuído o status de uma relação necessária porque ela poderia ser falsa.

---

[2] "Nós agora, não apenas percorremos a terra do entendimento puro e inspecionamos cuidadosamente cada parte dela, mas também a medimos e a cada coisa determinamos nela o seu lugar. Esta terra, no entanto, é uma ilha, e foi inscrita pela própria natureza em fronteiras imutáveis. Ela é a terra da verdade (nome instigante), cercada por um vasto e tormentoso oceano que é o verdadeiro lugar da ilusão, onde muitos bancos de névoa e blocos de gelo prestes a derreter simulam novas terras e, enganando incessantemente, com esperanças vazias, o navegador errante que sai em busca de descobertas, atraem-no para aventuras que ele não consegue evitar, mas que, ao mesmo tempo, nunca consegue levar a cabo" (Kant, [1781] 2013, p. 242).

[3] "Se é verdade que a filosofia é o sistema do conhecimento racional dos conceitos, ela já se acha suficientemente assim diferenciada de uma crítica da razão pura; esta contém sem dúvida uma investigação filosófica que contempla a possibilidade de tal conhecimento, mas não pertence, como parte a tal sistema: é ela, ao contrário, que esboça em primeiro lugar a ideia desse sistema e o põe à prova" (Kant, [1790] 2008).

Em outras palavras, o que Hume procura sustentar é que, ao contrário das *relações de ideia* (verdades a priori conhecidas apenas pelo pensamento), a verdade sobre as proposições das *questões de fato* (formas correspondentes à forma como o mundo é e que só podem ser estabelecidas a posteriori, pelo recurso à experiência) está fundamentada em uma generalização indutiva: baseadas em nossas experiências passadas, concluímos uma relação de causalidade a partir da identificação de fenômenos particulares que se associam no tempo mais frequentemente.

O problema desse processo, segundo o nosso autor, é que o raciocínio indutivo — base de toda a ciência — não estaria fundamentado em uma base estritamente racional[4]; ao contrário, o nosso conhecimento das questões de fato, que só são possíveis graças às inferências causais, fundamenta-se em crenças e/ou costumes adquiridos através do tempo e não é, como acreditava a tradição racionalista, proveniente do uso da razão.

Desse modo, o ceticismo de Hume, além de provocar a cisma filosófica que seria a causa imediata do *Idealismo Alemão* em geral, e da guinada transcendental de Kant em particular, também abalaria as estruturas do projeto de modernidade ocidental ao colocar como questão fundamental a impossibilidade da *Aufklärung*. Se os empiristas, e especialmente Hume, estivessem certos, então o sonho iluminista da assunção de sujeitos esclarecidos que, por meio do uso socialmente livre da razão, criariam formas de governança racionalmente justificados estaria fadado ao fracasso: sendo o conhecimento científico da natureza apenas provável, não necessário, as conexões entre os fenômenos tornar-se-iam apenas associações temporais baseadas no hábito.

Isso equivaleria dizer, em última análise, que o conhecimento seria tão somente uma ilusão derivada de generalizações contingentes e que o comportamento humano seria plenamente explicável pelas mesmas forças mecanicistas que regem os fenômenos da natureza, sendo, portanto, toda e qualquer possibilidade de autodeterminação humana apenas uma ingenuidade sem justificativa racional.

---

[4] "Todas as inerências da experiência são, pois, efeitos do hábito, não do raciocínio. [...] O hábito é, assim, o grande guia da vida humana. É só esse princípio que torna nossa experiência útil para nós, e faz-nos esperar, no futuro, uma cadeia de acontecimentos semelhante às que ocorreram no passado. Sem a influência do hábito seríamos de toda questão de fato que extrapole o que está imediatamente presente à memória e aos sentidos. Jamais saberíamos como adequar meios a fins, nem como empregar nossos poderes naturais para produzir um efeito qualquer. Pôr-se-ia de imediato um fim a toda ação, bem como à parte principal da especulação" (Hume, [1748]2004, p. 75-77).

A segunda dificuldade pela qual passava o conceito de razão estava relacionada à metafísica tradicional, e Kant a chamou de *antinomias da razão pura*. De modo esquemático, pode-se dizer que as antinomias são contradições nas quais a razão se encontra quando tenta ultrapassar o domínio fenomênico rumo ao absoluto, ou, segundo a definição do próprio Kant ([1783] 1984) nos seus *Prolegómenos*:

> Aqui está, pois, uma tentativa decisiva que nos deve mostrar necessariamente uma exatidão, oculta nas pressuposições da razão. Duas preposições que se contradizem não podem ser ambas falsas, a não ser que o conceito, que lhes serve de fundamento, seja ele mesmo contraditório; por exemplo, as duas proposições: um círculo quadrado é redondo, e um círculo quadrado não é redondo, são ambas falsas. Pois, no que se refere à primeira, é falso que o círculo em questão seja redondo, porque ele é quadrado; mas também é falso que não seja redondo, isto é, que seja quadrado, porque é um círculo. Pois nisso consiste precisamente a característica lógica da impossibilidade de um conceito, ou seja, que duas proposições que se contradizem sejam ao mesmo tempo falsas sob a mesma pressuposição, por conseguinte, não sendo possível pensar entre elas uma terceira, nada pode ser pensado por intermédio daquele conceito (Kant, [1783] 1984, p. 69).

Fica claro nas formulações posteriores à indagação de como seria possível a metafísica enquanto ciência (Kant, [1781] 2013, p 58) que o está em questão é, entre outras coisas, o reconhecimento da impossibilidade da metafísica tradicional[5]. A sua impossibilidade para a razão pura relaciona-se, segundo Kant, com o próprio fim perseguido pela metafísica: conhecer as coisas em si mesmas, de forma imediata (deus, a alma e o universo), isto é, conhecer as coisas em si mesmas de maneira absoluta, fora de toda mediação do sujeito cognoscente com o objeto cognoscível.

É exatamente dessa disposição metafísica que decorrem as antinomias da razão pura analisadas no segundo livro da "Dialética Transcendental" (Kant [1781] 2013, p. 352), de sua *Crítica da Razão Pura*: se adotarmos, como sugerem os metafísicos pré-críticos, o ponto de vista

---

[5] Para uma apreciação mais profunda acerca da crítica de Kant à metafísica tradicional, remeto o leitor ao oitavo capítulo da obra organizada por GUYER, Paul. *Kant*. Tradução de Cassiano Terra Rodrigues. Aparecida, SP: Ideias & Letras, 2009.

segundo o qual o universo é uma coisa em si e, assumindo esse ponto, nos lançarmos a um exercício predicativo de extrair do universo propriedades metafísicas, inevitavelmente encontraremos um "bizarro" resultado no qual seria perfeitamente possível a existência não somente de afirmações contraditórias sobre esse universo, mas ainda que essas mesmas afirmações contraditórias fossem igualmente demonstráveis.

Segundo Morujão (2001), as antinomias da razão pressupõem a demonstração, com igual valor de evidência, de propriedades diametralmente opostas sem, no entanto, termos um critério de definição que possa fazer uma distinção entre as propriedades verdadeiras e as propriedades falsas:

> Temos de confrontar duas proposições contraditórias – a tese e a antítese – ambas demonstradas por argumentos igualmente válidos: o mundo tem um começo no tempo e é limitado no espaço — o mundo não tem começo no tempo e não é limitado no espaço; tudo o que existe é formado por elementos simples — não existe nada de simples no mundo; há no mundo uma causalidade livre — não existe uma causalidade livre, tudo acontece no mundo segundo leis necessárias; ao mundo pertence, ou como parte, ou como sua causa, um ser que é necessário — não existe ser necessário algum nem no interior do mundo nem fora dele (Morujão, 2001, p. 18).

É exatamente na tentativa de salvar o conhecimento metafísico desses dois perigos que Kant realiza a sua famosa revolução copernicana. Esta consistia precisamente em operar uma inversão epistemológica: no lugar da hipótese de que caberia ao sujeito conformar o objeto[6] fazendo com que todo conhecimento dele derivasse da experiência, ele sustenta a hipótese de que caberia ao objeto adequar-se ao sujeito. No prefácio à segunda edição de sua *Crítica da Razão Pura*, Kant define suscintamente sua revolução copernicana nos seguintes termos:

> Isso guarda uma semelhança com os primeiros pensamentos de Copérnico, que, não conseguindo avançar muito na explicação dos movimentos celestes sob a suposição

---

[6] "Até hoje se assumiu que todo o nosso conhecimento teria de regular-se pelos objetos; mas todas as tentativas de descobrir algo sobre eles *a priori*, por meio de conceitos, para assim alargar nosso conhecimento, fracassaram sob essa pressuposição" (Kant, [1781] 2013, p. 29, grifos do autor).

> de que toda a multidão de estrelas giraria em torno do espectador, verificou se não daria mais certo fazer girar o espectador e, do outro lado, deixar as estrelas em repouso. Pode-se agora, na metafísica, tentar algo similar no que diz respeito aos objetos. Se a intuição tivesse de regular-se pela constituição dos objetos, eu não vejo como se poderia saber algo sobre ela *a priori*; se, no entanto, o objeto (*Gegenstand*) (como (*Object*) dos sentidos) regular-se pela constituição de nossa faculdade intuitiva, então eu posso perfeitamente me representar essa possibilidade (Kant, [1781] 2013, p. 30, grifos do autor).

Segundo a gramática filosófica kantiana, o conceito de *a priori* diz respeito a uma espécie de conhecimento que não precisa derivar-se da experiência, sendo, portanto, *puro, universal* e *necessário*; ou, de acordo com a definição do próprio Kant, é um conhecimento que "[...] têm de ter surgido inteiramente *a priori*, independente da experiência [...]" (Kant, [1781] 2013, p. 65). A partir da especificidade[7] de sua noção de *a priori*, Kant pode então reabilitar e completar o conhecimento metafísico como disciplina filosófica rigorosa, respondendo tanto ao dogmatismo dos racionalistas quanto ao ataque cético de Hume. Segundo Dudley (2013),

> Kant deposita suas esperanças no conhecimento sintético *a priori*, e então na metafísica, de acordo com sua virada filosófica copernicana. Sua estratégia visa examinar o conhecedor, a fim de identificar e descrever as capacidades que permitem tais sujeitos a experimentar o mundo dos objetos. Se fosse bem-sucedido, este exame revelaria as condições que qualquer objeto de experiência precisa ter a fim de ser de alguma maneira experimentado. O conhecimento de tais condições da possibilidade da experiência seria sintético, porque ele pertenceria os objetos reais da experiência, e seria *a priori*, porque se aplicaria necessária e universalmente aos objetos sem ser dependente das investigações empíricas sobre eles (Dudley, 2013, p. 35).

---

[7] "Kant ampliou consideravelmente a noção em CRP [Crítica da Razão Pura], onde a noção de a priori desempenha um papel fundamental. Ao passo que os dois termos [*a priori* e *a posteriori*] se referiam tradicionalmente a formas de demonstração e, de maneira adicional, na escola wolffiana, às espécies de conhecimento adquirido nessas demonstrações, Kant ampliou-lhes o âmbito para além das espécies de conhecimento, quando passaram a incluir também, primeiro, os juízos e depois, de um modo mais significativo, os próprios elementos do conhecimento (intuições e conceitos)" (Caygill, 2000, p. 35).

Em meio à constituição da sua revolução copernicana em epistemologia, como Kant responderá criticamente a essas duas dificuldades nas quais a razão se encontrava? Ou dito de outra maneira: de que forma ele poderia salvar a metafísica tanto da impossibilidade por ela mesmo criada para constituir-se como uma ciência quanto dos ataques devastadores do ceticismo de Hume?

Em relação ao ataque cético de Hume à dimensão necessária e universal do princípio da causalidade, o qual sustentava que esse princípio era somente uma ilusão decorrente de um hábito, Kant afirmará, na seção intitulada "Segunda analogia à experiência", de sua *Crítica da Razão Pura*, que a sucessão fenomênica somente tornar-se-ia possível mediante a existência de uma relação de causalidade como conceito *a priori* do entendimento:

> O conceito, porém, que traz consigo uma necessidade da unidade sintética, só pode ser um conceito puro do entendimento, o qual não se localiza na percepção; e aqui ele é o conceito da *relação de causa e efeito*, pelo qual o primeiro determina o último como consequência, e não como algo que simplesmente pudesse vir antes da imaginação [...]. A própria existência, portanto, i.e., o conhecimento empírico da mesma, só é possível porque nós subordinamos a sucessão dos fenômenos, portanto toda modificação, à lei da causalidade; mesmo eles, portanto, só são possíveis, como objetos da experiência, segundo essa mesma lei (Kant, [1781] 2013, p. 207, grifos do autor).

Em relação às antinomias da razão pura, geradas a partir da perspectiva errônea da metafísica tradicional (mais especificamente, o *realismo transcendental*), Kant sustentará, como solução, o abandono dessa corrente filosófica e a adoção de uma perspectiva em que os fenômenos são considerados como representações de algo para além do domínio sensível, ou seja, o que está em questão aqui é a proposição de um novo "paradigma" filosófico: o *idealismo transcendental*. Nesse sentido, a resolução das aporias dar-se-ia por meio de uma reformulação dos termos antinômicos segundo a nova chave filosófica do idealismo transcendental e, assim, revelar-se-ia então a sua aparência (ilusão transcendental) com a substituição da posição dogmática da metafísica pela atitude crítica.

> Se o condicionado é, também o incondicionado — afirma o raciocínio basilar da cosmologia — deve ser. Ora como o

ser do condicionado não pode ser negado, deve afirmar-se também o ser do incondicionado. Mas o ser do condicionado encontra-se no plano do fenomênico e a condição, essa é como coisa em si. E nesta base pode Kant afirmar que nas duas primeiras antinomias são falsas tanto a tese como a antítese. Não podemos ter uma intuição do mundo na sua totalidade, pois todas as intuições decorrem no espaço e no tempo. Quanto às duas últimas, são verdadeiras tanto a tese como a antítese: pode admitir-se a liberdade no mundo das coisas em si e a necessidade do mundo dos fenômenos e, pela mesma razão, admitir que, embora o mundo dos fenômenos não exija um ser necessário, esse ser necessário exija fora desse mundo (Morujão, 2001, p. 18).

Desse modo, portanto, Kant resolve[8] o duplo problema com os quais se deparara na época da formulação de sua obra crítica: contra o ceticismo de Hume, sustentou o conceito de causalidade como um conceito *a priori* do entendimento; e, contra o racionalismo dogmático, limitou as condições de possibilidade do conhecimento à dimensão fenomênica, liberando assim a razão das antinomias das quais era cativa.

Após essa breve digressão, posso agora tratar do problema das consequências da virada transcendental kantiana para a concepção de finitude e sua relação com o tema da liberdade; e, para isso, é necessário retomar a conclusão da analítica transcendental: a distinção entre fenômeno (*phaenomena*) e "coisa em si" (*Ding an sich*).

Grosso modo, para Kant, o *fenômeno* seria o objeto da intuição sensível tal como nos é apresentado, nós, os sujeitos do conhecimento; é o "objeto dual" constituído pela *matéria* fornecida pelas sensações singulares (e, portanto, como existência *a posteriori*) e pela *forma a priori* do sujeito, possibilitando, assim, o ordenamento sistemático da "multidão" de dados sensoriais provenientes das relações. Por sua vez, o *númeno* (coisa em si) seria um conceito necessário que, não sendo objetos dos sentidos, pode apenas ser pensado pelo intelecto como ser inteligível e que determina os limites da validade objetiva do conhecimento humano. Nesse sentido, afirma Kant ([1781] 2013):

---

[8] Obviamente, a solução kantiana aos problemas mencionados não foi definitiva. Para discussões mais atuais acerca do problema da causalidade, ver: PINTO, Paulo R. Margutti. Aspectos do problema da causalidade em Kant. *Síntese*: Revista de Filosofia, Belo Horizonte, v. 27, n. 87, p. 17-32, 2000. BARRA, Eduardo Salles O. As duas respostas de Kant ao problema de Hume. *Princípios*: Revista de Filosofia – UFRN, Natal, v. 9, n. 11 – 12, p. 145-178, jan./dez. 2002. Para uma introdução à questão das antinomias, ver: FERRER, Diogo. Antinomias e Sistemas em Kant e Hegel. *Revista Ensaios Filosóficos*, Rio de Janeiro, v. VI, p. 8-24, out. 2012.

> Quando, no entanto, denominamos certos objetos, como fenômenos, seres sensíveis (phaenomena), distinguindo o modo como os intuímos de sua constituição de si mesmos, já faz parte de nosso conceito que, por assim dizer, oponhamos àqueles, como objetos meramente pensados pelo entendimento, e denominemos seres inteligíveis (noumena): ou a eles próprios no que diz respeito a esta última constituição, mesmo que não possamos assim intuí-los; ou a outras coisas possíveis que não são de modo algum objetos de nossos sentidos (Kant, [1781]2013, p. 251).

Portanto, no seu processo de "refundação" da metafísica nos termos do seu *Idealismo Transcendental* sob a rubrica da existência de um conhecimento sintético *a priori* (esse conhecimento poderia ser aplicado aos objetos reais da experiência sensível [caráter sintético] e de maneira universal e necessária já que esses objetos não dependeriam de um exame empírico sobre eles [caráter apriorístico]), Kant sustenta que a universalidade e a necessidade do conhecimento sintético *a priori* só são possíveis porque ele é fenomênico. Em outras palavras, o que quero dizer é que, de acordo com a perspectiva kantiana, é exatamente em virtude da sua dimensão fenomênica que o conhecimento sintético *a priori* torna-se possível: seu caráter necessário e universal deriva do sujeito e de suas estruturas aprioristicas. Segundo Morujão (2001):

> Para além do saber do saber a posteriori, extraído da experiência, haverá um saber de outra ordem (saber a priori), que precede a experiência e cujo objeto não pode ser dado pela experiência. Um objeto desta ordem será o próprio sujeito, a estrutura do sujeito, e é esta estrutura que torna a experiência possível (Morujão, 2001, p. 11).

No entanto é somente através do sentido negativo do conceito de *númeno*[9], da coisa em si (*Ding an sich*), que se pode vislumbrar toda a extensão (e os limites!) da revolução copernicana operada por Kant, pois o que se revela aqui é a existência, para além do caráter fenomênico do conhecimento, de um *blindspot* fundamental: a própria demarcação dos

---
[9] "Se sob númeno entendemos uma coisa que não é objeto de nossa intuição sensível, porque fazemos abstração de nosso modo de intuí-la, então ele é um númeno em sentido negativo. Se, no entanto, entendemos aí um objeto de uma intuição não sensível, então supomos um modo absoluto de intuir, mais precisamente o intelectual, que não é o nosso e cuja possibilidade não podemos discernir, e tal seria o númeno em sentido positivo" (Kant, [1781] 2013, p. 251-252).

limites do conhecimento a partir das estruturas *a priori* do sujeito transcendental demarca também a circunscrição de um campo extrafenomênico para além das fronteiras da finitude humana.

O que temos aqui é que o Idealismo Transcendental kantiano opera uma radicalização da dicotomia entre o sujeito fiador de toda realidade fenomênica e a dimensão da coisa em si (*Ding an sich*) como realidade ontológica inatingível e, portanto, impossível de ser positivada; em outras palavras, a crítica de Kant constitui-se como uma espécie de *visconte dimezzato*[10], mas com a diferença de que esse buraco deve necessariamente permanecer aberto porque toda e qualquer possibilidade do seu fechamento pressupõe o perigo de um retorno ao dogmatismo pré-crítico.

Mas poderíamos perguntar: qual a "substância" que permite que essa lacuna permaneça aberta? Ou dito de outra maneira: o que garante a mediação entre o campo epistemológico da realidade fenomênica constituída pelo sujeito e a dimensão do resto ontológico que permanece inacessível?

Chegamos, portanto, ao ponto-chave deste capítulo: para Kant, é estritamente a noção de liberdade que impede o fechamento total do sujeito do conhecimento — como subjetividade finita — em si mesmo, é ela que dá consistência à fissura entre os dois campos, pois liberdade nesse contexto significa "residir" no próprio limite entre esses "dois mundos": a dimensão fenomênica e a dimensão numenal. Vejamos mais de perto.

É na terceira antinomia da *Crítica da Razão Pura* ([1781] 2013, p. 358-377) que Kant introduz diretamente a questão da liberdade e sanciona um espaço para o reconhecimento teórico da possibilidade de existência de uma causa primeira e incondicionada — a causalidade pela liberdade. Desse modo, tomando a liberdade em seu sentido cosmológico e, portanto, admitindo no seio da razão pura a sua necessidade de busca pelo incondicionado e pela completude[11], Kant (talvez não seja um erro afirmar!) pressupõe um sujeito que tenha a capacidade de iniciar, *por*

---

[10] Refiro-me à famosa história fictícia do visconde Medarlo di Terralba, que, na sua luta contra os turcos em defesa da cristandade, é atingido no peito por um tiro de canhão e, estranhamente, sobrevive: mas com a singular condição de viver partido ao meio. Ver: CALVINO, Italo. *O visconde partido ao meio*. Tradução de Nilson Moulin. São Paulo: Companhia das Letras, 1996.

[11] Nesse contexto, a liberdade para Kant seria definida como "[...] o começar de um estado *por si mesmo*, cuja causalidade, portanto, não está, sob outra causa que, segundo a lei da natureza, a determinasse temporalmente. A liberdade é, nesse sentido, uma ideia transcendental pura que, em primeiro lugar, não contém nada emprestado à experiência, e cujo objeto, em segundo lugar, não pode ser dado de maneira determinada em experiência alguma [...]" (Kant, [1781] 2013, p. 429, grifos do autor).

si mesmo, um evento causal dessa natureza. Afinal, não foi à toa que ele imediatamente relacionou o conceito de liberdade transcendental à sua necessidade prática:

> É bastante notável que sobre essa ideia *transcendental da liberdade* esteja fundado o conceito prático da mesma, e que aquela constitua para este o verdadeiro momento das dificuldades que desde sempre circundaram a questão sobre a sua possibilidade. *A liberdade em seu sentido prático* é a independência do arbítrio em relação à *necessitação* pelos impulsos da sensibilidade (Kant, [1781] 2013, p. 430, grifos do autor).

Como se pode notar, trata-se aqui de um nem tão sutil deslizamento para um outro campo de significação constituído por Kant ao fundamentar o seu conceito de liberdade prática na liberdade transcendental, isto é, estamos em pleno *atravessamento* do campo da razão teórica para o domínio da razão prática. Na introdução de sua *Crítica da Razão Prática* ([1788] 2011), Kant define sua concepção de liberdade nos seguintes termos:

> Ora, o conceito de liberdade, na medida em que sua realidade é provada por uma lei apodíctica da razão prática, constitui o **fecho de abóbada** de todo edifício de um sistema da razão pura, mesmo da razão especulativa, e todos os demais conceitos (os de Deus e de imortalidade), que permanecem sem sustentação nesta última como simples ideias, seguem-se agora a ele e obtêm com ele com ele e através dele consistência e realidade objetiva, isto é, a **possibilidade** dos mesmos é **provada** pelo fato de que a liberdade efetivamente existe; pois esta ideia manifesta-se pela lei moral (Kant [1788] 2011, p. 4, grifos do autor).

Ora, sendo evidente como o conceito de liberdade passa a ser o fundamento necessário para a edificação final do sistema especulativo kantiano, fica-se com a impressão de que há uma supremacia da razão prática em detrimento da razão teórica. O que explicaria, em um certo sentido, a articulação kantiana da proposição emancipatória da *Aufklärung* com a ideia de liberdade como lei moral. Segundo Oliveira (1990):

> É nesse sentido que se deve entender a primazia da razão prática em Kant: a moralidade significa a libertação para aquilo que o constitui em seu ser próprio, pois ela significa

uma volta da razão para si mesma, a superação da alienação e a consecução da liberdade. Ora, o homem é, acima de tudo, um ser livre e isso se manifesta e se realiza, na dimensão da *práxis*. Realiza-se na *práxis* a passagem das inclinações da natureza sensível para a razão pura (Oliveira, 1990, p. 21).

É somente pela via da lei moral, então, que o humano pode constituir-se efetivamente como um ser racionalmente livre, ou seja, de acordo com Kant é somente por essa dupla invocação que a razão prática pode realizar-se: a razão realiza-se na e pela liberdade e a liberdade age conforme os ditames da razão[12]. Vemos agora, então, na definição da liberdade como pressuposto da consciência da lei moral, o sentido positivo do conceito de liberdade em Kant:

> Logo é a **lei moral**, da qual nos tornamos imediatamente conscientes (tão logo projetamos para nós máximas da vontade), que se oferece **primeiramente** a nós e que, na medida em que a razão a apresenta como um fundamento determinante sem nenhuma condição sensível preponderante, antes, totalmente independente delas, conduz diretamente ao conceito de liberdade. Mas como é possível também a consciência daquela lei moral? Podemos tornar-nos conscientes de leis práticas puras do mesmo modo como somos conscientes de proposições fundamental teóricas puras, na medida em que prestamos atenção à necessidade com que a razão as prescreve a nós e à eliminação de todas as questões empíricas, à qual aquela nos remete. [...] visto que a partir do conceito de liberdade nada pode ser explicado nos fenômenos mas que aqui o mecanismo natural sempre tem que constituir o fio condutor, que além disso também a antinomia da razão pura, se ela quiser elevar-se ao incondicionado na série das causas, tanto num caso como no outro enreda-se em representações inconcebíveis, enquanto o último (mecanismo) pelo menos possui utilidade na explicação dos fenômenos, assim jamais se teria chegado à façanha de introduzir a liberdade na ciência, se a lei moral, e com ela a razão prática, não tivesse sobrevindo e impingido a nós esse conceito (Kant, [1788] 2011, p. 49-50, grifos do autor).

---

[12] O que chamo aqui de dupla invocação corresponde, na terceira seção de *Fundamentação da Metafísica dos Costumes* ([1785] 2004, p. 93), à famosa Tese da Reciprocidade e consiste, resumidamente, na ideia de que moralidade e liberdade são conceitos que mantém uma relação recíproca entre si, isto é, ao supor um dos conceito, necessariamente, segue-se ao outro. Por sua vez, na *Crítica da Razão Prática* ([1788] 2011, p. 47-50) essa tese está mais bem sistematizada nos parágrafos 5 e 6 (Problema I e II, respectivamente) da Analítica da Razão Prática Pura.

Nesse sentido, a lei moral decorreria do princípio da autonomia, que, sendo em si mesma a autolegislação universal, pressupõe a liberdade como uma ideia da qual o sujeito tem consciência, e, desse modo, a liberdade torna-se algo que pode ser pensado como prática em si mesma. Afirma Kant ([1785] 2004):

> Pois num tal ser pensamos nós numa razão que é prática, quer dizer, que possui causalidade em relação aos seus objetos. Ora, é impossível pensar uma razão que com a sua própria consciência recebesse de qualquer outra parte uma direção a respeito de seus juízos, pois que então o sujeito atribuiria a determinação da faculdade de julgar, não à sua razão, mas a um impulso. Ela tem de considerar-se a si mesma como autora dos seus princípios, independentemente de influências estranhas; por conseguinte, como razão prática ou como vontade de um ser racional, tem de considerar-se a si mesma como livre; isto é, a vontade desse ser só pode ser uma vontade própria sob a ideia da liberdade e, portanto, é preciso atribuir, em sentido prático, uma tal vontade a todos os seres racionais (Kant, ([1785] 2004, p. 96).

O que está em questão aqui, e que para este trabalho é fundamental, é que para Kant somente a noção de liberdade como razão prática possui a potência de se afirmar como um fundamento suficiente para a determinação da vontade exatamente porque ela se torna a condição de possibilidade *a priori* da lei moral. Dito de outra maneira: a vontade (como causalidade que tomou a si própria como objeto de uma lei universal da qual deriva o imperativo categórico[13]), sendo livre e ao mesmo tempo submetida à sua própria legislação, presume que a validade prática da lei moral só possa ser demonstrada a partir de um elemento que não seja um conceito empírico. Nesse sentido, a consciência da lei moral decorrente de uma liberdade positiva requer que o princípio subjetivo da ação tenha validade objetiva e, portanto, tenha valor de legislação universal[14].

---

[13] Tais são as palavras de Kant na sua *Fundamentação da Metafísica dos Costumes*: "*Ages apenas segundo uma máxima tal que possas ao mesmo tempo querer que ela se torne lei universal*" (Kant, [1785] 2004, p. 59, grifos do autor). E, três anos mais tarde, em sua *Crítica da Razão Prática*: "Age de tal modo que a máxima de tua vontade possa sempre valer ao mesmo tempo como princípio de uma legislação universal" (Kant, [1788] 2011, p. 51).

[14] "Da pressuposição dessa ideia decorreu também a consciência de uma lei de acção que diz que os princípios subjectivos das acções, isto é, as máximas, tem que ser sempre tomados objectivamente, quer dizer, a valerem universalmente como princípios e, portanto, a poderem servir para a nossa própria legislação universal" (Kant, [1785] 2004, p. 97).

A esse paradoxo, Kant responderá que é a partir da consciência do dever que a liberdade humana passa a ser condição e fundamento da lei moral. Na ética deontológica kantiana, é o dever que, ao conciliar a liberdade de ação com a obediência à lei, pressupõe que o princípio da moralidade seja objetivamente válido enquanto um imperativo categórico criado por si e para si mesmo.

Desse modo, submisso à lei por ele mesmo criada, cabe ao humano habitar em dois mundos distintos: o sensível (fenomênico) e o inteligível (noumenal). Dessa divisão, segundo Kant,

> [...] tem de resultar a distinção, embora grosseira, entre um *mundo sensível* e um *mundo inteligível*, o primeiro dos quais pode variar muito segundo a diferença de sensibilidade dos diversos espectadores, enquanto o segundo, que lhe serve de base, permanece idêntico (Kant, [1785] 2004, p. 100, grifos do autor).

Diferentemente do mundo sensível, onde reina a *heteronomia*, o ser do mundo inteligível não está preso àquela cadeia causal em que as suas ações são determinadas pelas leis da natureza; ao contrário, é *autônomo* exatamente porque é o autor das leis (dadas unicamente pela via da ação racionalmente livre) às quais está submetido. É assim, portanto, que Kant conjuga liberdade e submissão à lei moral: o humano, como ser sensível, está submetido à lei, ao mesmo tempo que, como ser inteligível, a cria.

> Pois agora vemos que, quando nos pensamos livres, nos transpomos para o mundo inteligível como seus membros e reconhecemos a autonomia da vontade juntamente com a sua consequência — a moralidade; mas quando nos pensamos como obrigados, consideramo-nos como pertencentes ao mundo sensível, e contudo ao mesmo tempo também ao mundo inteligível (Kant [1785] 2004, p. 103).

CAPÍTULO 2

UM HEGEL KANTIANO[15]?

A razão iluminista [...] já não é razão [...] [ela é] mera compreensão [que] reconhece sua própria nulidade, colocando que o que é melhor do que ela numa fé fora e sobre si, e além. É isso que aconteceu nas filosofias de Kant, Jacobi e Fitche. A filosofia tornou-se serva da fé uma vez mais.

(Georg W. F. Hegel)

Vimos brevemente no capítulo anterior que a *Crítica* de Kant, ao responder de forma rigorosa ao escrutínio cético de Hume a respeito do caráter não necessário do conhecimento científico, garante a possibilidade da autodeterminação humana afirmando que a liberdade é um *factum da razão*. Discutiu-se também o modo como Kant opera, por meio da assunção do conhecimento sintético *a priori* e da distinção entre o *fenômeno* e o *númeno*, o estabelecimento de limites acerca do conhecimento e da ação prática, garantindo, portanto, a função de fiadora das condições de possibilidade do reconhecimento objetivo da realidade fenomênica via sujeito transcendental.

Mas essa lacuna epistemológica deixada em aberto pelo idealismo kantiano trouxe como consequência, entre outras coisas, um problema que se refere à autolegislação da razão e que poderíamos formular nos seguintes termos: como julgar o tribunal julgador de nossas ações práticas?

Está claro, como se pode verificar na historiografia filosófica em geral, que para pensadores como Fichte (1762 – 1814), Schelling (1775 – 1854) e Hegel (1770 – 1831) não bastava o difícil esquematismo da dedução transcendental kantiana; era necessário buscar os fundamentos de uma verdadeira unidade da razão, de modo a superar, assim, a dicotomia

---

[15] A interessante ideia de um "Hegel kantiano" é apresentada no primeiro capítulo da obra de Slavoj Zizek intitulada *A Visão em Paralaxe* (2008), entretanto, como não se trata aqui de um extensivo comentário a respeito daquela obra em sua especificidade, e sim de um exame panorâmico de algumas questões lá tratadas, abstenho-me de me remeter diretamente ao escrito de Zizek. Sobre esse procedimento metodológico singular, tomo de empréstimo os argumentos de Vladimir Safatle: "Não se haverá lugar aqui para o comentário direto do texto de Zizek, até porque o modo de aproximação escolhido foi o movimento de colocar em operação um certo dispositivo conceitual com seu campo de questões. Escolha que pressupõe que o dispositivo funcionará em sua autonomia" (Safatle, 2005, p. 119).

entre a razão teórica e a razão prática. Nesse sentido, pode-se considerar que o montante de questões formuladas na Alemanha do fim do século 18 e início do século XIX, e que é amplamente conhecido como *Idealismo Alemão*, constitui-se como uma série de tentativas altamente complexas e não unívocas de ultrapassar os limites deixados pelo idealismo kantiano[16].

A finalidade deste capítulo não poderia ser, certamente, uma avaliação exaustiva da extensa produção dos jovens idealistas alemães e das questões por eles herdadas da filosofia crítica kantiana (tanto no que se refere aos seus limites quanto às suas consequências); tal empreendimento seria, pela sua abrangência e complexidade, um novo livro e dependeria de um nível de erudição que obviamente estou muito longe de possuir. Minhas pretensões aqui são bem mais simples.

Se com Kant é negada à nossa capacidade cognitiva o conhecimento do incondicionado devido à sua natureza prática, com Hegel, esse mesmo incondicionado passa do estatuto transcendente para se tornar algo imanente ao nosso conhecimento e, portanto, passível de ser investigado pela atividade racional. Em outras palavras, se com Kant as condições de possibilidade do conhecimento humano estavam limitadas ao caráter fenomênico, deixando, portanto, "intocada" a dimensão do resto ontológico ligado ao mundo noumenal, ao convocar Hegel, meu objetivo será explicitar de que modo foi possível que se passasse então de uma lacuna epistemológica no conhecimento da realidade para uma nova determinação ontológica da realidade enquanto tal.

Desse modo, e como parte de um esforço em respeitar ao máximo o estilo de argumentação do autor, profundamente afeito às famosas *reversões dialéticas*, adotarei um procedimento metodológico que visa operar uma espécie de queda *faústica* que vai "[...] desde o céu, pela terra, ao fundo inferno" (Goethe, [1829] 2016, p. 30); isto é, minha proposta de leitura de Hegel nesse momento consiste na breve descrição de um deslizamento conceitual que vai da Consciência (*Bewusstsein*), até o Espírito (*der Geist*), e deste, até a Ideia (*Idee*). Comecemos então.

Se à época de seus "escritos pré-sistemáticos"[17], Hegel estava mais preocupado em identificar, entre seus predecessores e contemporâneos,

---

[16] Essa forte determinação em completar o projeto inacabado de Kant por parte dos jovens idealistas alemães é explícita na carta de Schelling a Hegel, datada de 17 de janeiro de 1795, na qual afirma: "A filosofia ainda não está no fim. Kant nos deu os resultados; mas as premissas ainda estão faltando. E quem pode entender os resultados sem as premissas? Apenas Kant! [...]" (Shelling, [1795] 2008, p. 58).

[17] Refiro-me aos trabalhos de Hegel amplamente conhecidos como os "escritos de Jena" e que foram produzidos à época em que ele, além de trabalhar como palestrante não assalariado, colaborava na *Revista Crítica de Filosofia*, fundada e editada por seu amigo Friedrich W. J von Schelling.

aqueles que, segundo ele, diziam falsamente ter desenvolvido um sistema especulativo que tinha como método uma verdadeira cognição racional, trata-se, a partir da sua *Fenomenologia* e da sua *Enciclopédia*, respectivamente, da crítica e do desenvolvimento sistemático de uma filosofia que verdadeiramente atenda aos critérios de racionalidade prometidos pelo *Aufklärung* alemão.

Ora, como se sabe, o sistema filosófico de Hegel é considerado como o mais complexo (e, por vezes, até obscuro!) da história da filosofia ocidental, tanto porque faz um uso extremamente singular do alemão filosófico[18] quanto porque pretende garantir o conhecimento científico do Absoluto, elevando, portanto, a filosofia ao patamar de Ciência, posição que o diferencia de Kant, Fichte e Schelling, por exemplo[19].

E com o objetivo de realizar tal programa, a *Fenomenologia* de Hegel aparece como um minucioso processo de descrição dos movimentos das figuras da consciência em sua interação com o objeto até a sua autorrealização. Parece que a questão central de Hegel aqui é demonstrar que o saber absoluto é resultado de um processo constitutivo em que as vicissitudes de tal constituição aparecem fenomenicamente por meio das oposições dialéticas entre "a certeza do sujeito e a verdade do objeto". Afirma Vaz (2014):

> Em outras palavras, Hegel intenta mostrar que a fundamentação absoluta do saber é resultado de uma gênese ou de uma história cujas vicissitudes são assimiladas, no plano da aparição ou do *fenômeno* ao qual tem acesso o olhar do Filósofo (o *para-nós* na terminologia hegeliana) pelas oposições sucessivas e dialeticamente articuladas entre a certeza do sujeito e a verdade do objeto (Vaz, 2014, p. 12).

Pode-se observar, portanto, que até a seção IV da sua *Fenomenologia* Hegel tematiza os momentos da Consciência (*Bewusstsein*) em seu processo de autossatisfação com o saber que lhe é próprio, isto é, o que está em jogo é exatamente a (im)possibilidade de apreensão do objeto em si pela consciência: a certeza sensível, primeira figura da consciência, seria a mais pobre e imperfeita mesmo que pareça o ser de forma verdadeira.

---

[18] A esse respeito, ver: INWOOD, Michael. *Dicionário Hegel*. Tradução de Álvaro Cabral; revisão técnica de Karla Chediak. Rio de Janeiro: Jorge Zahar Ed., 1997. p. 23-30.

[19] "[...] o propósito de Hegel deve ser entendido dentro da resposta original que a *Fenomenologia* pretende ser à grande aporia transmitida pela *Crítica da razão pura* ao Idealismo alemão. Esta aporia de formula como cisão entre a ciência do mundo como *fenômeno*, obra do Entendimento, e o conhecimento do absoluto ou do Incondicionado — da *coisa-em-si* — que permanece como ideal da Razão" (Vaz, 1992, p. 12, grifos do autor).

> Mas, de fato, essa *certeza* se faz passar a si mesma pela verdade mais abstrata e mais pobre. Do que ela sabe, só exprime isto: ele é. Sua verdade apenas contém o *ser* da Coisa; a consciência, por seu lado, só está nessa certeza como puro *Eu*, ou seja: *Eu* só estou ali como puro *este*, e o objeto, igualmente apenas como puro *isto*. Eu, *este*, estou certo *desta* Coisa; não porque Eu, enquanto consciência, me tenha desenvolvido, e movimentado de muitas maneiras o pensamento. Nem tampouco porque a *Coisa* de que estou certo, conforme uma multidão de características diversas, seja um rico relacionamento em si mesma, ou uma multiforme relação para com os outros (Hegel, [1807] 2014, p. 83, grifos do autor).

O que está em questão nessa figura da Consciência (*Bewusstsein*) é a ideia da existência de uma não mediação do saber porque como essa forma de apreensão do objeto pretende-se pura, sendo capaz da afirmação "esta coisa é", revela-se como um saber direto e inferente; ou dito de outra maneira, "[...] se existe em matéria de conhecimento algum dado imediato, é a certeza sensível: saber imediato de um objeto também imediato" (Menezes, 1992, p. 43).

"*Esta coisa é*", portanto, revela de maneira exemplar a verdade da certeza sensível na medida em que expõe que a verdade dessa verdade está para além dela mesma: a sua dialética, ao reter o objeto e o sujeito na constituição de uma unidade concreta, recorre à certeza sensível como uma totalidade que exclui todas as oposições dos momentos precedentes. Em outras palavras, o que quero dizer é que há aí uma espécie de trabalho de Sísifo: em sua relação de identificação com sua própria história, a certeza sensível "[...] está sempre esquecendo o que experimentou e recomeçando o mesmo caminho" (Menezes, 1992, p. 47).

Talvez seja importante ressaltar que o que promove esse deslizamento da Consciência (*Bewusstsein*) rumo à Consciência-de-Si (*Selbstbewuastsein*), e, posteriormente, ao espírito absoluto ou Ideia [...], não é de modo algum o *puro nada*, e sim o que é chamado por Hegel como uma *negação determinada* que introduz o trabalho do negativo no próprio conceito e faz dele sua força motriz.

> [...] essa violência que a consciência sofre – de lhe estragar toda satisfação limitada – vem dela mesma. No sentimento dessa violência, a angústia ante a verdade pode recuar e tentar salvar o que está ameaçada de perder. Mas não poderá achar

nenhum descanso: se quer ficar numa inércia carente-de-pensamento, o pensamento perturba a carência-de-pensamento, e seu desassossego estorva a inércia (Hegel, [1807] 2014, p. 74).

Naturalmente, não é o caso aqui de expor em riqueza de detalhes toda a dialética envolvida na passagem da Consciência até o Espírito; quero, por agora, assinalar que nessa passagem, de fato, há a operatividade de uma mudança qualitativa muito significativa: se nos três capítulos anteriores da *Fenomenologia* de Hegel não havia uma coincidência entre o objeto e o saber que o sabe (não há objeto que coincida com a consciência que conhece), a partir do capítulo IV, no entanto pode-se vislumbrar "[...] uma certeza igual a sua verdade, já que a certeza é para si mesma o seu objeto, e a consciência é para si mesma o verdadeiro" (Hegel, [1807] 2014, p. 135).

Aqui entra em questão as importantes figuras dialéticas da dominação e da escravidão discutidas na famosa seção A do capítulo IV da *Fenomenologia*. Em Hegel, a passagem para a consciência-de-si demarca o momento em que o humano se autodenomina um *Eu* e se afasta da contemplação do objeto que outrora o absorvia, isto é, na figura dialética da consciência-de-si o que se revela é o sujeito e não mais o objeto, precisamente porque ela, *Selbstbewuastsein*, é expressão de um movimento de retorno a si (e não mais um voltar-se somente para a realidade exterior) que, para ser reconhecido como tal, necessita de uma outra consciência-de-si[20].

Como a processualidade do seu pensamento dialético é imanente, Hegel parte sempre daquilo que é imediato[21]: ainda que de uma forma mais elaborada, a consciência-de-si também mantém uma relação de igualdade consigo mesma ao tomar o *Eu* como objeto, e, nesse sentido, exclui também o outro como consciência-de-si, pois:

> [...] o outro que surge é uma consciência-de-si, com igual independência; e a relação que estabelecem as duas consciências ainda imersas no ser da vida [...] é imediata: enfrentam-se como simples indivíduos que ainda não se apresentam um ao outro como consciência-de-si (Menezes, 1992, p. 73).

---

[20] Para uma melhor apreensão do sentido hegeliano de um retorno a si que fundamenta a consciência-de-si (*Selbstbewuasstsein*), talvez seja importante uma maior familiaridade com os conceitos de *Entfremdung* e *Entässerung*. Nesse sentido, portanto, remeto o leitor ao excelente artigo de Paulo Menezes intitulado *"Entfremdung e Entässerung"*, publicado na revista Ágora Filosófica, em 2001.

[21] "O saber que, de início ou imediatamente, é o nosso objeto, não pode ser nenhum outro senão o saber que é também imediato: - *saber do imediato ou do essente*. Devemos proceder também de forma *imediata* ou *receptiva*, nada mudando assim na maneira como ele se *oferece* e afastando de nosso apreender o conceituar" (Hegel, [187] 2014, p. 83, grifos do autor).

É exatamente porque a consciência-de-si ainda não possui a verdade de sua certeza que necessariamente tem que se pôr a prova em uma luta de vida e de morte para que seja efetivada enquanto tal mediante o reconhecimento do outro: o reconhecimento advém da necessidade de provar que a consciência-de-si tornou-se um *puro ser-aí*, já que no momento em que se faz presente o risco de morte eleva a sua certeza à condição de verdade. Ao "visar" a morte do outro e, assim, arriscar a própria vida, esse embate determina o reconhecimento de uma consciência-de-si independente que lhe conserva a própria liberdade na medida em que a vida do outro que eu desejo que morra não vale mais que a minha própria: o que está em questão aqui, para usar a terminologia hegeliana, é a dupla determinação operada pela negatividade absoluta.

> O conceito de reconhecimento exige para tanto que cada um opere em si, para o outro, esta pura abstração do ser-para-si: uma vez, por sua própria operação, e de novo, pela operação do outro. (É a abstração "absoluta": movimento que consiste em extirpar de si mesmo todo o ser imediato e ficar sendo apenas o puro negativo da consciência igual a si mesma.) (Menezes, 1992, p. 73).

Entra na "equação", e, portanto, na assunção dessa duplicidade operada pelo negativo, a própria ideia da morte como negação natural do próprio espírito (a qual prediz uma oposição simples entre os termos) em detrimento da negação dialética que "[...] suprime o que conserva e retém o que suprime: suprassume, como dizemos. Nesta experiência, a consciência-de-si fica sabendo que a vida lhe é tão essencial quanto a pura consciência-de-si" (Menezes, 1992, p. 74).

Em outras palavras, trata-se da ideia de que a luta de vida e de morte assume um caráter de impossibilidade porque a morte, ela mesma, não se constitui mais como um destino aceitável para as consciências-de-si em confronto pelo simples motivo de que a possibilidade de sua efetivação impede o desejo de reconhecimento: o objetivo agora é menos a morte do adversário e mais a imposição do reconhecimento do vencedor.

É dentro desse contexto que a aparição de uma *síntese disjuntiva* acaba por determinar a constituição de duas consciências-de-si em oposição dialética: enquanto uma é consciência que se fundamenta de forma autônoma no *para-si*, a outra é dependente porque, ante o medo da morte, não realizou essa verdade *para-si* e, assim, passa a reconhecer o (desejo do) outro sem ser reconhecido por ele (em seu desejo). Em momento de rara clareza, Hegel expõe a constituição desse par dialético:

> A dissolução daquela unidade simples é o resultado da primeira experiência; mediante essa experiência se põem uma pura consciência-de-si, e uma consciência que não é puramente para si, mas para um outro, isto é, como consciência *essente*, ou consciência na figura da *coisicidade*. São essenciais ambos os momentos; porém como, de início, são desiguais e opostos, e ainda não resultou sua reflexão na unidade, assim os dois momentos são como duas figuras opostas da consciência: uma, a consciência independente para a qual o ser-para-si é a essência; outra, a consciência dependente para a qual a essência é a vida, ou um ser para um Outro. Uma é o *senhor*, outra é o *escravo* (Hegel, [1807] 2014, p. 146-147, grifos do autor).

Sem dúvida, desde a sua formulação, a dialética do Senhor e do Escravo teve um impacto bastante significativo nas correntes de pensamento que se estabeleceram, contra ou a favor, a partir de Hegel[22]. No entanto acredito que a questão fundamental descrita na "evolução" desse par de figuras dialéticas refira-se ao problema do reconhecimento do desejo (*Begierde*) por um Outro (*Andere*) como fundamento e metáfora do atravessamento da condição de "animal desejante" para a assunção de um sujeito portador de um desejo humanizado que visa um objeto não natural, ou seja, Hegel define o primeiro ato humano como um *ato radical* que se dá mediante uma luta entre duas consciências-de-si que desejam reconhecimento.

Nesse sentido, e se não for um exagero, talvez possamos entender que no cerne desse conflito, e, portanto, na radicalidade do ato inaugural do humano em busca de reconhecimento de um Outro (*Selbstbewuastsein*), há uma dimensão importante que se apresenta como uma complexa série descritiva acerca do tema da liberdade e que torna possível, posteriormente, a operatividade da suprassunção (*aufhebung*) do Espírito (*Geist*) em ideia (*Idee*).

Como se sabe, do conflito entre os "protossujeitos desejantes" (porque ainda pré-racionais e não autônomos), que tentam assegurar sua autoi-

---

[22] Talvez seja importante lembrar as palavras de Foucault ao reconhecer sua dívida intelectual com Hyppolite: "[...] toda a nossa época, quer seja pela lógica quer seja pela epistemologia, quer seja através de Marx quer seja através de Nietzsche, tenta escapar de Hegel [...]. Mas escapar realmente de Hegel supõe apreciar exatamente o quanto custa separa-se dele; supõe saber até onde Hegel, insidiosamente, talvez, aproximou-se de nós; supõe saber, naquilo que nos permite pensar contra Hegel, o que ainda é hegeliano; e medir em que nosso recurso contra ele é ainda, talvez, um ardil que ele nos opõe, ao termo do qual nos espera, imóvel e em outro lugar" (Foucault, 1996, p. 72-73).

dentidade negando uns aos outros, surge o Senhor e o Escravo: o primeiro é aquele que, arriscando a vida, consegue impor ao vencido o reconhecimento de si como tal; e o segundo, aquele que recuou ante os limites de sua própria finitude e permaneceu preso à mera vida, torna-se uma consciência dependente que tem como "função" apenas o reconhecimento do vencedor.

No entanto, e aqui se mostra uma das mais fascinantes reversões dialéticas de Hegel, o desfecho desse conflito não produz uma sensação duradoura de autoidentidade no vencedor do embate; ao contrário, a vitória do Senhor é profundamente insatisfatória e sem sentido precisamente porque ele se torna dependente de quem dele depende, ou seja, o reconhecimento que o vencedor experimenta é o reconhecimento de um ser totalmente dependente, reduzido, como diz Hegel, ao status de *coisidade*.

Por sua vez, ao Escravo cabe tornar-se o Senhor do seu mestre, pois, ao recuar ante a possibilidade de sua não existência, ao recuar por medo da morte, avançou em termos de "consciência" porque experimentou o poder de negação absoluta de toda ação predicativa e tornou-se, portanto, negativamente mais consciente dos seus limites mortais e da sua capacidade de liberdade. Sobre isso, escreve Sinnerbrink (2017):

> O escravo, portanto, escolhe a vida, refreia o seu desejo, aprende a autodisciplina, desenvolve suas habilidades e competências ao trabalhar para o senhor e, lentamente, vem a reconhecer o seu poder de transformar o mundo objetivo através do trabalho ou do labor coletivo. No longo prazo, sugere Hegel, o escravo vai chegar a uma concepção mais verdadeira de liberdade, reconhecendo a interconexão entre dependência e independência, e desenvolver um senso de autoidentidade através do trabalho e da contribuição para a comunidade social (Sinnerbrink, 2017, p. 37).

Muito embora a liberdade do escravo esteja limitada, por assim dizer, ao domínio do "subjetivo", ela é parte fundamental na determinação de um *vir-a-ser* não somente como esperança, mas também como materialidade, isto é, em termos de uma efetivação real e necessária do que agora se mostra somente como uma simples possibilidade.

O que se apresenta a seguir, na *Fenomenologia* hegeliana, é a questão das vicissitudes do entendimento e da realização das concepções inadequadas de liberdade que resultaram da dialética do Senhor e do Escravo: estou me referindo à experiência do sujeito alienado expressada na figura hegeliana da *consciência infeliz*.

De modo esquemático, pode-se dizer que a busca pela realização da liberdade se expressa no impulso de encontrá-la pela via do pensamento puro, estratégia usada de forma marcante, segundo Hegel, pelo pensamento estoico e pelo ceticismo. O primeiro pressupõe a liberdade como uma atividade puramente intelectiva da mente racional desconsiderando, portanto, toda determinação concreta mesmo que esta signifique a servidão e/ou a dominação; a segunda estratégia, o ceticismo, tem como pretensão a negação absoluta de toda possibilidade do conhecimento em nome da radicalização de uma liberdade que possa garantir ao sujeito pensante um pensamento puro.

Para Hegel, tanto uma estratégia quanto outra são impraticáveis: o estoicismo só tem a oferecer banalidades óbvias que condenam o sujeito pensante a um profundo e mortal tédio; o ceticismo, por sua vez, depende de uma impossibilidade real porque, na pretensão de atingir o pensamento puro, desconsidera que o sujeito pensante não é somente um constructo teórico, ele é um ser desejante que existe de fato na *vida* e, como tal, como sujeito que vive, depende de um certo engajamento a uma dimensão da verdade que a dúvida cética proibiria. Nesse sentido, afirma Hegel:

> No estoicismo a consciência-de-si é a simples liberdade de si mesmo. No cepticismo, essa liberdade se realiza, aniquila o outro lado do ser-aí determinado; aliás, melhor dito, se duplica, e agora é para si mesma algo duplo. Desse modo, a duplicação que antes se repartia entre dois singulares — o senhor e o escravo – retorna à unidade; e assim está presente a duplicação da consciência-de-si em si mesma, que é essencial do conceito do espírito. Mas não está ainda presente a sua unidade, e a *consciência infeliz* é a *consciência-de-si* como essência duplicada e somente contraditória (Hegel, [1807] 2014, p. 158, grifos do autor).

A *consciência infeliz* aparece exatamente no momento em que ocorre uma divisão do sujeito entre um *Eu* concreto sem liberdade e um *Eu* pensante livre; à autocontradição interna que o sujeito experimenta a partir dessa divisão, ele procura responder em termos de uma reconciliação entre o domínio do universal (projetado para fora de si e identificado à uma essencialidade imutável e eterna) e o domínio do particular que permanece vinculado à corporalidade e à sensorialidade de um *Eu* degradado: essa é a experiência do sujeito religioso, alienado de si e que busca desesperadamente o fechamento dessa fenda por meio da unificação desses dois domínios, seja por meio da devoção religiosa, seja pelo meio extremo da absoluta abnegação.

Entretanto é somente pela radical consciência da irredutibilidade dessa separação e, portanto, da impossibilidade de unificação dos domínios do universal e do particular no sujeito pensante que se torna possível a superação dessa contradição em favor de uma nova figura dialética. A superação desse conflito passa inexoravelmente pelo reconhecimento de um campo intersubjetivo de relações que possibilitam que o sujeito consciente de si se torne consciente também da sua universalidade. Esse é o momento em que a consciência se transforma em *razão*, já que, mediante a experiência dicotômica da razão teórica e da razão prática, a superação desse estado de coisas só poderia advir de uma unidade-na-diferença mais complexa e que Hegel chama de Espírito (*Geist*):

> É uma consciência-de-si para uma consciência-de-si. E somente assim ela é, de fato: pois só assim vem-a-ser para ela a unidade de si mesma em seu ser-outro. O *Eu*, que é objeto de seu conceito, não é de fato *objeto*. Porém o objeto do desejo é só *independente* por ser a substância universal indestrutível, a fluida essência igual-a-si mesma. Quando a consciência-de-si é o objeto, é tanto Eu quanto objeto. [...] Para nós, portanto, já está presente o conceito de espírito. [...] Para a consciência, o que vem-a-ser mais adiante, é a experiência do que é o espírito: essa substância absoluta que na perfeita liberdade e independência de sua oposição — a saber das diversas consciências-de-si para si *essentes* — é a unidade das mesmas: *Eu*, que é *Nós*, *Nós* que é *Eu* (Hegel, [1807] 2014. p. 142, grifos do autor).

Certamente, o problema da diferença no pensamento de Hegel[23] ainda é um ponto de debates apaixonados, mas, para além das interpretações, por vezes conflitantes a esse respeito, gostaria de insistir em um ponto que me parece "resolvido" acerca de Hegel, qual seja, a passagem do Espírito

---

[23] Embora essa questão fosse central para as tentativas pós-estruturalistas de constituição de uma filosofia que superasse o pensamento de Hegel, empreendida sobretudo por Deleuze e Derrida, talvez o interlocutor que tenha dado mais importância a esse aspecto específico do sistema hegeliano tenha sido Adorno, pois dedicou em 1966 um livro inteiro ao tema. Em *Dialética Negativa* (2009), ele afirma a esse respeito, por exemplo, que: "Seria necessário perguntar se e como, depois do colapso da filosofia hegeliana, ela ainda é efetivamente possível, tal como Kant investigou a possibilidade da metafísica depois da crítica ao racionalismo. Se a doutrina hegeliana da dialética representa a tentativa frustrada de, com conceitos filosóficos, mostrar-se à altura do que é heterogêneo a esses conceitos, então é preciso atribuir a medida em que essa tentativa fracassa à relação precária com a dialética" (Adorno, 2009. p. 12).

(*Geist*) para a Ideia (*Idee*). E uma boa maneira de começar essa discussão seria apontar, ainda que de maneira sucinta, uma diferença fundamental entre Kant e Hegel no que se refere à concepção de "unidade da razão".

Segundo o esquematismo da dedução transcendental kantiana, demonstra-se a existência de uma identidade do objeto como fenômeno sensível com o sujeito da apercepção transcendental; ora, mas, ao que parece, não fica demonstrado a possibilidade da existência de uma identidade entre o sujeito com o sujeito em si mesmo. É exatamente desse impasse "negado" por Kant que parte Hegel na determinação ontológica da realidade: para ele, as determinações constitutivas do pensamento são as determinações constitutivas dos próprios seres pensantes[24]. Sobre essa importante diferença, afirma Dudley (2013, p. 206):

> De acordo com Kant, isto é, podemos saber que todos os objetos da experiência precisam ter determinações categóricas que tornam possíveis a elas ser experienciadas como objetos por sujeitos pensantes, mas sobre as determinações dos seres em si nada podemos saber. Hegel se junta assim a Schelling na caracterização da identidade estabelecida por Kant (e apoiada por Fichte) como meramente "sujeito – objeto subjetivo" [...] o que equivale a não ser de forma alguma uma verdadeira identidade.

Ora, o que está em questão aqui é a especificidade da crítica hegeliana ao dualismo kantiano: para Hegel, o estabelecimento das condições do conhecimento de forma apriorística é impraticável, isto é, o conhecimento prévio de como se dá o conhecimento antes de o próprio conhecimento constituir-se enquanto tal soa para Hegel como algo da ordem do absurdo. Sobre isso, afirma nosso autor:

> Um ponto de vista principal da filosofia *crítica* é que, antes de empreender conhecer a Deus, a essência das coisas, etc., é mister investigar primeiro a *faculdade do conhecimento*, a ver se é capaz de dar conta do empreendimento. Seria preciso primeiro aprender a conhecer o *instrumento*, antes

---

[24] Essa posição crítica em relação a Kant figura-se desde muito cedo no pensamento de Hegel como expressão do fato de ele ter iniciado sua carreira na esteira das polêmicas filosóficas contra alguns elementos da filosofia crítica, embora publicamente se reconhecesse devedor do pensamento de Kant. Nesse sentido, pode-se reconhecer, por exemplo, essa diferença jamais abandonada por Hegel já à época da publicação de *Diferença entre os sistemas filosóficos de Fichte e Schelling* (1801) e *Fé e Saber* (1802) e, mais tardiamente, no prefácio de *Princípios da filosofia do direito* (1820) onde está o seu famoso aforismo: "O que é real é racional e o que é racional é real" (Hegel, [1820] 1997, p. XXXVI).

> de empreender o trabalho que será executado por meio dele; se o instrumento for insuficiente, toda a fadiga será, aliás, inútil. [...] Mas o exame do conhecimento não pode ser feito de outra maneira a não ser *conhecendo*; no caso deste assim-chamado instrumento, examinar significa o mesmo que conhecê-lo. Ora, querer conhecer *antes* que se conheça é tão absurdo quanto o sábio projeto daquele escolástico, de aprender a *nadar antes de arriscar-se na água* (Hegel, [1830] 1995, p. 50, grifos do autor).

Desse modo, o intuito filosófico que animará a *Lógica* de Hegel será um intrincado trabalho de determinação imanente de categorias em uma sequência lógica de padrões interconectados que vão do Ser (*Sein*), passando pela doutrina da Essência (*Wesen*) até a doutrina do conceito (*Begriff*). O objetivo de Hegel, ao articular essas três dimensões doutrinais, é uma profunda reformulação da lógica que ocupava-se, até então, somente das mais variadas abstrações quando, na verdade, deveria ocupar-se de objetos concretos: o que vemos aqui é que, uma vez atravessada a jornada fenomenológica, dá-se a entrada no reino do pensamento conceitual puro — essa dimensão da lógica especulativa que opera a articulação das categorias básicas do pensamento.

Certamente, o termo "básico" aqui não guarda nenhuma similitude com a ideia de simplicidade ou facilidade; ao contrário, a *Lógica* de Hegel constitui-se como um livro extremamente difícil e penoso, a ponto de intérpretes como Alexandre Koiré[25] e Vittorio Hösle[26] manifestarem publicamente as suas dificuldades.

A lógica hegeliana, portanto, tem como função primeira o compromisso de demonstrar que o fundamento universal de tudo o que existe é o Absoluto e, como tal, por meio da processualidade imanente da sua dialética, fazer brotar de si mesmo a dimensão da totalidade (a natureza e o espírito). O que Hegel procura demonstrar na sua *Lógica* é que as formas puras do pensamento — os conceitos (*Begriff*) — são as estruturas de

---

[25] "Quando lemos Hegel — acreditamos que, pelo menos no foro íntimo, todos os seus leitores concordarão conosco — temos, muito frequentemente, a impressão de não aprender nada. E nos perguntamos: o que isso quererá dizer? Às vezes, até — baixinho —: será que isso quer dizer alguma coisa? Muito frequentemente também mesmo quando compreendemos, ou acreditamos compreender, temos uma sensação penosa: a de assistir a uma espécie de feitiçaria ou magia espiritual. Ficamos maravilhados: mas realmente, não entendemos" (Koiré, 1991, p. 115).

[26] "A Ciência da lógica de Hegel é considerada geralmente um dos livros mais difíceis de toda a história da filosofia. Para tal dificuldade contribuem essencialmente duas coisas: em primeiro lugar, o alto nível de abstração dos desenvolvimentos conceituais que por natureza são extremamente não-concretos; em segundo lugar, as frequentes alusões, de um lado, a teoria metafísicas e lógicas que vai desde Parmênides até Fichte e Schelling e, de outro lado, a teorias científicas de seu tempo" (Hösle, 2007, p. 183).

toda a realidade do real. É exatamente por isso que podemos considerar (ao contrário de Kant, por exemplo) o pensamento de Hegel como uma filosofia sistemática sem pressuposto algum, como um pensamento sistemático autofundado.

> A lógica é a ciência da *ideia pura*, ou seja, da ideia no elemento abstrato de *pensar*. [...] Pode-se bem dizer que a Lógica é a ciência do pensar, de suas *determinações e leis*. Mas o pensar como tal constitui somente a *determinidade universal* ou o *elemento* no qual está a ideia enquanto lógica. A ideia é o pensar, não como pensar formal mas como totalidade, em desenvolvimento, de suas determinações e leis próprias, que a ideia dá a si mesma: [e] não que já *tem* e encontra em si mesma (Hegel, [1830] 1995, p. 65, grifos do autor).

É importante notar aqui que a proposição hegeliana é oferecer todos os conceitos necessários para se pensar o próprio pensamento e, assim, tornar inteligível a constituição de uma sistematização dos conceitos que possibilitariam a própria estrutura da realidade. Para isso, a lógica deve assumir para si a essencialidade da mais pura ideia que dá a si mesma seus conteúdos ao invés de recebê-los de uma exterioridade[27]. Nesse sentido, por meio da apreensão do absoluto na multiplicidade do real, a *Lógica* coincidiria com a Ideia Absoluta e constituir-se-ia como uma verdadeira crítica sistemática dos métodos empreendidos pelo entendimento (*Verstand*) na história.

> O entendimento determina e mantém fixas as determinações; a razão é *negativa* e *dialética* porque dissolve em nada as determinações do entendimento; e *positiva* porque produz o universal e nele suprassume o particular. Assim como o entendimento costuma ser considerado como algo separado da razão em geral, assim também a razão dialética costuma ser considerada como algo separado da razão positiva. Mas, em sua verdade, a razão é *espírito*, que está acima de ambos, é a razão intelectiva ou entendimento raciocinante. O espírito

---

[27] "O ponto de vista essencial é que se trata sobretudo de um novo procedimento científico. A filosofia, se têm que ser ciência, não pode, como eu recordei noutro lugar, pedir emprestado para este fim seus métodos de outra ciência subordinada, como seria a matemática, não pode tampouco contentar-se com asserções categóricas da intuição interior, nem servir-se de um raciocínio fundado na reflexão exterior. Somente a *natureza do conteúdo* pode ser a que se *move* no conhecimento científico, posto que ao mesmo tempo, *a própria reflexão* do conteúdo, a que *funda e produz sua própria determinação*" (Hegel, 1993, p. 38, grifos do autor. Tradução nossa).

> é o negativo, é o que constitui tanto as qualidades tanto da razão dialética como a do entendimento – nega o simples, e fundamenta assim a diferença determinada do entendimento; ao mesmo tempo, a dissolve e, portanto, é dialético. (HEGEL, 1993, p. 38 – 39, grifos do autor, tradução nossa).

Como disse anteriormente, é a *negação determinada* que constitui o motor da processualidade dialética hegeliana e introduz o trabalho do negativo na dimensão do próprio conceito. O conceito, para Hegel, não corresponde à noção de uma representação geral de algo ou, mais simplesmente, ao ato de pensar alguma coisa; ao contrário, a dimensão do conceito refere-se à determinação fundamental de apreensão da essencialidade da e na coisa mesma, isto é, o "conteúdo" da *Lógica* de Hegel pretende apreender as estruturas puras da própria realidade.

Exatamente por isso que não faz sentido, no que se refere à lógica hegeliana, a interrogação de *onde* começa o mundo; tal interrogação parte necessariamente de um pressuposto que vai no sentido da existência de um fundamento originário, ou dito de outra maneira, de um indeterminado que precede o determinado: o que há, em Hegel, é uma circularidade intrínseca, imanente, no todo do real como *indeterminação*.

Estamos diante, portanto, da categoria do *"ser puro"*, aquele ser livre de qualquer determinação ou distinção, e, por assim dizer, um ser que é "o imediato indeterminado".

> O *ser puro* constitui o começo, porque é tanto puro pensamento quanto é o imediato indeterminado, simples; ora, o primeiro começo não pode ser algo mediatizado e, além do mais, determinado. [...] "Ser" pode ser determinado como Eu = Eu, como a absoluta *indiferença* ou *identidade* etc. Na necessidade de começar por algo absolutamente *certo*, isto é, a certeza de si mesmo, ou por uma definição ou intuição de *Verdadeiro absoluto*, poderiam essas formas e outras semelhantes ser vistas como se devessem ser as primeiras. Mas, enquanto no interior de cada uma dessas formas já existe *mediação*, elas não são verdadeiramente as primeiras: a mediação consiste em um ter-saído de um primeiro para um segundo, e [em um] resultar [a partir] de diferentes (Hegel, [1830] 2014, p. 175-176, grifos do autor).

Entretanto o *ser puro*, como tal, também aparece num primeiro momento absolutamente indistinguível do *nada* na medida em que ambos são definidos pela pura indeterminação, pois "[...] esse puro ser é *pura abstração*, e, portanto, o *absolutamente-negativo* que, tomado de modo igualmente imediato, é o nada" (Hegel, [1830] 2014, p. 178, grifos do autor). No entanto essa indistinção, ao mesmo tempo, significa também uma diferença categórica, ainda que ela seja apenas uma diferença "visada":

> Ser e nada *devem* ser diferentes só inicialmente, isto é, sua diferença só está primeiramente *em si*, mas ainda não está *posta*. Quando falamos em geral de uma diferença, temos com isso *dois* [termos], a cada um dos quais compete uma determinação que não se encontra no outro. Ora, o ser é justamente apenas o que, de modo absoluto, carece-de-determinação; e a mesma carência-de-determinação também é o nada. A diferença entre esses dois é, pois, somente uma diferença "visada", a diferença totalmente abstrata, que ao mesmo tempo não é diferença alguma. [...] com o ser e o nada, a diferença está na sua carência-de-fundo, e justamente por isso não faz diferença alguma, pois as duas determinações são a mesma carência-de-fundo (Hegel, [1830] 2014, p. 179, grifos do autor).

Ser e *nada*... Categorias que mantêm entre si uma diferença abstrata que no fundo não encerra diferença nenhuma, mas que, ainda que indistinguíveis, contêm uma oposição de significados. Esse conflito entre as categorias somente poderá ser resolvido mediante o aparecimento de uma outra categoria que acolhe em seu seio o movimento do ser e do nada, uma categoria mais complexa e "superior": o *devir*[28] que incorpora em si a "dissolução" do nada no ser e do ser no nada suspendendo e preservando os momentos das categorias anteriores. É extremamente interessante perceber a fundamental importância que Hegel atribui a esse par dialético — ser e *nada* —, pois ambos constituem não somente o verdadeiro princípio da Ciência como são a própria realidade.

> Posto que essa unidade de ser e nada está agora, de uma vez por todas, colocada na base como verdade primeira e constitui o elemento de tudo o que se segue, são exemplos

---

[28] "O vir-a-ser é o primeiro pensamento concreto e, portanto, o primeiro conceito; enquanto, ao contrário, ser e nada são abstrações vazias. Se falarmos do conceito de ser, então ele só pode consistir em ser vir-a-ser; pois enquanto o ser é o nada vazio, como este, ao contrário, é o ser vazio. No ser temos pois o nada, e neste, o ser; mas este ser que no nada permanece junto a si é o vir-a-ser. Na unidade do vir-a-ser, a diferença não pode ser abandonada, porque sem ela se retornaria de novo ao ser abstrato. O vir-a-ser é apenas o ser-posto daquilo que é ser segundo a sua verdade" (Hegel, [1830] 2014, p. 184).

dessa unidade, ademais do devir mesmo, todas as ulteriores determinações lógicas: o ser determinado ou existência, a qualidade e em geral todos os conceitos da filosofia (Hegel, 1992, p. 111, tradução nossa).

Isso posto, e como se poderia imaginar, não terei condições de acompanhar até o fim a progressão da série dialética na *Lógica* que vai da doutrina da essência à doutrina do conceito e à assunção da Ideia Absoluta; o esforço descritivo empreendido até aqui foi necessário para pontuar, agora sob outros termos, uma questão que neste capítulo é fundamental: a identidade hegeliana entre lógica e ontologia.

Em linhas gerais, o movimento imanente da *Lógica* pode ser descrito como um suprassumir de formas do ser que, sendo incompletas, tendem a privilegiar uma dimensão parcial do entendimento da realidade e que, como tal, expressa-se como dualidade, duplicidade, ou, para me expressar em termos hegelianos, na *Lógica* presenciamos o movimento do ser puro rumo à dimensão do absoluto.

Muito embora essa questão tenha uma encaminhamento bastante específico no que se refere à ideia de uma divindade, no sentido de que é tratada em termos de uma espécie de "teoria" da conceitualidade divina[29], acredito que seria um exagero, por exemplo, atribuir a ela um estatuto teológico ou uma reflexão de natureza teológica, pois, ao que me parece, para Hegel não é a questão de eleger algum deus como um conceito privilegiado no interior do seu sistema. Portanto, ainda que se deva reconhecer a importância, também histórica, de interpretações que atribuem um sentido religioso ao absoluto hegeliano, não é o caso aqui de concordar com afirmações desse tipo[30].

Ainda nesse sentido, também não me parece razoável a tese de Gérard Lebrun de que a *Lógica* se constitui como o *em-si* da filosofia sistemática de Hegel ao desempenhar o papel metafórico de uma "teologia especulativa", que, no limite, é somente o índice de uma pura abstração relacionada à "origem" do sistema especulativo. Segundo ele, e na intenção de advertir

---

[29] "A lógica, por conseguinte, deve ser apreendida como o sistema da razão pura, como o reino do pensamento puro. Este reino é a verdade mesma, tal como é sem véus em e para si mesma; por isso, pode-se dizer que este conteúdo é a apresentação de Deus como ele é na sua essência eterna, antes da criação da natureza e de um espírito finito" (Hegel, 1993, p. 66).

[30] Como por exemplo, esta afirmação de Santos (2007): "A ciência do absoluto é a ciência de Deus e do Ser criado, Ontoteologia. Descansa na Revelação, por um lado, mas também na voz ativa de conceber o conceito, fixando o que parecia fluir de todas as fontes, sem deixá-las desaguar no *mare ignotum* da dúvida (*Zweifeln*) e do desespero (*Verzweiflung*)" (Santos, 2007, p. 348, grifos do autor).

o seu leitor, este "[...] deve saber que a Lógica está para o Sistema assim como a pura teologia está para a Revelação: o programa em relação à execução" (Lebrun, 2006, p. 168-169). Sobre isso, afirma Arantes (1993, p. 155):

> Numa palavra, erradicando-lhe todo e qualquer resíduo afirmativo, Lebrun reduzia o hegelianismo ao que lhe parecia ser o essencial, à Dialética, e esta, a uma espécie de revolução discursiva sem precedentes (ou melhor, havia um e logo saberemos qual é), uma "máquina de linguagem" especializada em pulverizar as categorias petrificadas, as representações arcaicas do pensamento dito "representativo", encarnado no caso pelo famigerado (depois do Idealismo Alemão) Entendimento. Comprimidas por tal engrenagem, as significações correntes se punham a flutuar para finalmente confessar que no fundo não eram nada mesmo, a não ser um ninho de contradições cujo resultado se desmanchava no ar. Não havia doutrina portanto, nada a ensinar ou informar. A Dialética, no final das contas, nada mais era do que uma maneira de falar.

Para encerrar, gostaria de insistir, ainda que brevemente, na necessidade e na importância do procedimento hegeliano de operar uma "ontologização da lógica". Esse procedimento mostra de maneira mais clara o sentido do título deste capítulo, que é a possibilidade de "existência" de um Hegel kantiano. Segundo uma leitura mais convencional de Hegel, ao selar a lacuna epistemológica deixada aberta por Kant, ele teria sido o "profeta" da reconciliação final, aquele que foi capaz de restabelecer a dimensão do absoluto em uma identificação ontológica originária. No entanto, e esse é o ponto-chave defendido por Zizek (2008, 2013), trata-se de uma radicalização da lógica transcendental kantiana em favor da demonstração do desenvolvimento imanente das categorias em uma sequência lógica dialética (obra da lógica especulativa) com o objetivo de restituir esse indeterminado da coisa-em-si que em Kant permaneceu inacessível ao conhecimento racional e positivá-lo em sua condição ontológica[31].

---

[31] "[...] Kant não expõe uma rachadura, uma série de antinomias irreparáveis que emerge no momento em que queremos conceber a realidade como um Todo? E Hegel, em vez de superar essa rachadura, não a radicalizou? A crítica de Hegel a Kant é que ele é gentil demais com as coisas: situa as antinomias na limitação da nossa razão, em vez de situá-las nas coisas em si, isto é, em vez de conceber a realidade em si como rachada e antinômica. [...] o propósito da análise dialética é demonstrar que cada fenômeno, ou tudo que acontece, falha a seu próprio modo, implica em seu próprio cerne uma rachadura, um antagonismo, um desequilíbrio. O olhar fixo de Hegel sobre a realidade é o de um aparelho de raio X: ele vê em tudo que é vivo os traços de sua futura morte" (Zizëk, 2013, p. 17).

Stricto sensu, a *Lógica* de Hegel é também uma ontologia exatamente porque as categorias lógicas, as formas e estruturas da atividade racional (pensamento) por meio das quais o sujeito conhece o real são as estruturas da própria realidade que se tornam conscientes de si mesmas na atividade do pensamento humano. Logo, se "[...] *em nenhum lugar, nem no céu nem na terra, há algo que não contenha em si ambos, o ser e o nada*" (Hegel, 1993, p. 110), então esse par dialético, que é a própria realidade do real, longe de promover uma reconciliação em um todo harmonioso, desloca esse conflito dialético e sua possibilidade de resolução (o *vir-a-ser*) para o próprio real em si, ou seja, o conflito se encontra no próprio espírito absoluto, consciente de si mesmo no mundo.

Afinal, não seria essa a "essência" do sistema especulativo de Hegel que teria como objetivo último "[...] exprimir o verdadeiro não só como *substância*, mas também, precisamente, como *sujeito*"? (Hegel, [1807] 2014, p. 32, grifos do autor).

CAPÍTULO 3

FREUD ENTRE LUZES E SOMBRAS

> *Os homens adquiriram sobre as forças da natureza tal controle, que, com sua ajuda, não teriam dificuldades em se exterminarem uns aos outros, até o último homem. Sabem disso, e é daí que provem grande parte de sua atual inquietação, de sua infelicidade e de sua ansiedade. Agora só nos resta esperar que o outro dos dois 'Poderes Celestes', o eterno Eros, desdobre suas forças para se afirmar na luta com seu não menos mortal adversário. Mas quem poderá prever com que sucesso e com que resultado?*
>
> (Sigmund Freud)

A experiência intelectual de Freud representou para o pensamento ocidental em geral, e para a filosofia política em particular, um ponto de ruptura fundamental. Primeiro, porque a simples enunciação da possibilidade de existência de uma determinação inconsciente do sujeito pressuporia, entre outras coisas, a inauguração de um debate acerca das pretensões universais do pensamento conceitual[32]; e, depois, no caso da filosofia política, a novidade radical da noção freudiana de inconsciente traria consigo a necessidade de uma substancial reavaliação do conceito de liberdade.

Nesse sentido, poderíamos perguntar em que condições ainda seria legítimo pensar o tema da liberdade exclusivamente em termos de uma autonomia do sujeito racional, tal como definida pela tradição política europeia, desde Maquiavel, Hobbes, Rousseau até Kant, Hegel e Marx. Em uma frase: como pensar a liberdade após Freud?

Sem dúvida, essa questão se reveste das maiores dificuldades. Sobretudo porque, embora tenha sido bastante sensível às questões ligadas ao problema civilizatório a ponto de escrever textos de clara inspiração sociológica, Freud não nos deixou absolutamente nada específico sobre seu

---

[32] Sobre essa questão, gostaria de remeter o leitor a dois interessantes trabalhos de Monique David-Ménard em que ela discute de maneira mais sistemática o problema do *Universal* nas tensas relações entre psicanálise e filosofia: *As construções do Universal: psicanálise, filosofia.* (Tradução de Celso Pereira de Almeida. Rio de Janeiro: Companhia de Freud, 1998) e *Psicanálise e filosofia após Lacan* (In: SAFATLE, Vladimir. *Um limite tenso*: Lacan entre a filosofia e a psicanálise. São Paulo: Editora UNESP, 2003).

testemunho acerca do problema da liberdade. Talvez seja por isso que esse tema tão importante para a metapsicologia e para a clínica psicanalítica ocupe uma posição de *resto* nas pesquisas acadêmicas brasileiras atuais.

No entanto acredito que seja possível pensar o problema da liberdade humana a partir de Freud na medida em que tomemos em consideração a fórmula aporética de que *isso só é isso porque isso não pode ser* (ainda); ou seja, ao tomar aqui, como ponto de partida, a posição de que uma reflexão sobre as condições de não realização da liberdade constitui-se necessariamente como condição fundamental para sua própria efetivação, quero dizer que o encaminhamento freudiano desse problema se dá mediante uma estratégia que a toma — a liberdade — como uma impossibilidade constitutiva.

O que quero sustentar é que nos seus famosos "textos sociológicos", ao tratar dos temas relacionados ao problema estrutural do insuperável desconforto que os sujeitos experienciam ao viver em civilização, desconforto que ele nomeia em 1930 como *mal-estar*, Freud parece estar mais preocupado com o anverso da moeda da liberdade: o desejo de servidão do homem moderno[33]. Isso não quer dizer, obviamente, que a questão da servidão (e da liberdade) seja um tema meramente contingente e ocasional decorrente da natureza do objeto tratado em textos como *Totem e Tabu* (1913), *Psicologia das massas e análise do Eu* (1921), *O futuro de uma Ilusão* (1927) e *Mal-estar na Civilização* (1930); ao contrário, parece-me que o núcleo duro desse instigante problema decorre exatamente da necessidade de dar conta, também em termos macrossociológicos, do caráter irredutível da noção de subjetividade derivada da psicanálise e que encontra, por assim dizer, sua expressão mais refinada na conceitualização da pulsão de morte.

Este capítulo, portanto, terá como objetivo expor brevemente dois momentos do paradoxo da liberdade em Freud: inicialmente, trata-se de demonstrar em que medida o pensamento freudiano, no que se refere ao

---

[33] Encontra-se um diagnóstico semelhante a esse na introdução do primeiro número de 2017 do Anuário da Associação Psicanalítica Francesa intitulado *Liberté en Psychanalyse*: "Contre la tendence à répéter, notamment les expériences les plus négatives, parfois jusqu'à la compulsion de répétition, la psychanalyse nourrit la plus extrême des prétentions, celle de faciliter une liberte de désirer, de penser, voire d'être, autant dire de faire bouger les lignes les plus profondément tracées de la vie humanine. Ce faisant, elle ne se contente pas de chercher la liberte, elle contribue à sa reception. Loin de "involuntaire" d'une psychologie de la conscience, l'inconscient n'est pas une circonstance atténuente. Refoulement, censure, résistence, défense, clivage, projection, déni, surmoi mais aussi pulsion... *la plupart des maîtres-mots de la théorie disent plus la servitude que l'autonomie*. Et pourtant em élargissant considérablement le champ de la responsabilité, en installant au coer du sujet l apart psychique la plus inconciliable, la psychanalyse pourrait bien contribuer à un renouvellement de la nocion de liberte. Qu'elle ait été et demeure insupportable à tous les totalitarismes, politiques ou religieux, est em soi une promesse." (*Annuel de l'APF*, 2017, p. 7, grifo nosso).

mal-estar do sujeito na civilização, permanece como *não decidido* quanto ao seu impasse fundamental e, consequentemente, permanece também *em aberto* o campo do conflito entre servidão e liberdade; e num segundo momento, trata-se de argumentar como o conceito de pulsão de morte opera um "empuxo" a uma forma de subjetivação que não se deixa encerrar em uma substancialidade empírica e que parece eleger a negatividade como seu protocolo de tratamento por excelência, decorrendo disso, portanto, uma noção de sujeito que, se não for exagero, podemos considerar como "aberto ao infinito".

Como se sabe, Freud foi um herdeiro ambivalente do projeto moderno[34]. Isso fica claro ao acompanharmos mais de perto as suas reflexões acerca da natureza da relação entre os sujeitos e a civilização: se, num primeiro momento, ele supunha a possibilidade de existência de uma relação harmoniosa entre esses dois registros na medida em que ao sujeito seria possível a regulamentação dos excessos pulsionais mediante a sua inserção (da pulsão) no campos da representação (*Verstellung*)[35]; num momento posterior, e é exatamente esse ponto que abordarei, Freud empreende uma substancial crítica quanto a essa possibilidade de conciliação entre as demandas da civilização e a constituição pulsional do sujeito.

Ora, uma boa maneira de começar a discussão sobre o tema da servidão/liberdade é apontar para uma característica fundamental da experiência intelectual freudiana: a dimensão estrutural do conflito presente no ato que dá origem à humanidade e que, consequentemente, se arrasta até a conformação civilizatória moderna. E é em *Totem e Tabu*, apesar das inúmeras críticas direcionadas a esse importante texto[36], que

---

[34] Estou me referindo aqui à famosa tese que afirma que Freud foi um *iluminista sombrio*, isto é, que suas reflexões equilibravam-se um uma "[...] tênue linha divisória que separa o fascínio pelo não-racional da intenção de dominá-lo e esclarecê-lo" em um "[...] jogo complexo entre luzes e sombras" (Loureiro, 2002, p. 349). Encontramos também referências a essa ideia em ROUANET, Sergio Paulo. **Mal-estar na modernidade**. São Paulo: Companhia das Letras, 1993; ANDRADE, Ricardo. **A face noturna do pensamento freudiano**: Freud e o romantismo alemão. Niterói: EdUFF, 2000 e, mais recentemente, em ROUDINESCO, Elizabeth. **Sigmund Freud na sua época e em nosso tempo**. Rio de Janeiro: Zahar, 2016.

[35] Ver: BIRMAN, Joel. O mal-estar na modernidade e a psicanálise: a psicanálise à prova do social. **PHYSIS**: Revista de Saúde Coletiva, Rio de Janeiro, 15 (Suplemento), p. 203-224, 2005.

[36] Por mais que atualmente possa-se criticar em inúmeros aspectos a incursão de Freud pela etnologia, é importante dizer que tal empreendimento se deu em virtude da uma necessidade de delimitação do campo psicanalítico, pois, à época, o texto servia "[...] como um instrumento da polêmica que se anuncia com Jung, com o intuito de pensar, numa perspectiva de fato psicanalítica, o surgimento e o sentido da religião. [...] Além disso, no verão de 1911, eclode a dissidência com Adler: um de seus argumentos era precisamente a pouca importância atribuída pela psicanálise, segundo ele, aos fatores culturais na formação do indivíduo e na emergência das neuroses" (Mezan, 2006, p. 357).

Freud anuncia de maneira decisiva a sua versão de um tema maior da filosofia política (a passagem da natureza para a cultura) mediante a apresentação do seu *mito científico*.

Diferentemente dos seus antecessores (Hobbes, Rousseau e, num certo sentido, até mesmo Maquiavel), que de uma forma ou de outra tomavam a violência necessária a essa transição como algo passível de ser superado e, portanto, apostavam na possibilidade de uma duradoura estabilidade (ainda que a violência fosse episódica), Freud é um pensador radical: ele não tomava a violência como um fenômeno contingente no sentido de ser um instrumento usado para conciliar a tensão criada pela oposição entre sujeito e civilização; ao contrário, ele faz da violência um ato necessário para a constituição do registro da cultura e do sujeito, registros que, a rigor, não apresentavam em si, na sua constituição mesma, uma oposição qualitativa porque essa oposição já é uma criação cultural.

A narrativa freudiana começa com a apresentação de um tempo mítico em que os hominídeos andavam em bandos nômades chefiados pelo integrante mais forte de cada grupo, que detinha para si a posse exclusiva das fêmeas e castrava e expulsava os integrantes mais jovens e insuficientemente fortes. Essa "distopia" originária, que Freud retoma da hipótese de Darwin sobre a organização social dos homens primitivos (Freud, [1913] 1996, p. 131), é a condição de emergência de um ato que dará origem à civilização: o assassinato do mais forte do bando e o banquete com os seus restos mortais.

> Certo dia, os irmãos que tinham sido expulsos retornaram juntos, mataram e devoraram o pai, colocando assim um fim na horda patriarcal. Unidos, tiveram a coragem de fazê-lo e foram bem sucedidos no que lhes teria sido impossível fazer individualmente. [...] Selvagens canibais como eram, não é preciso dizer que não apenas matavam, mas também devoravam a vítima. O violento pai primevo fora sem dúvida o temido e invejado modelo de cada um do grupo de irmãos; e, pelo ato de devorá-lo, realizavam a identificação com ele, cada um deles adquirindo uma parte de sua força (Freud, [1913] 1996, p. 145).

É interessante notar que, para Freud, o assassinato do pai primevo não se configura somente como uma metáfora dos desejos edipianos do neurótico. Ele é, sobretudo, a expressão de uma verdade fundamental da civilização na medida em que *realmente* aconteceu, ou seja, é a efetividade fática do crime primordial que explica o surgimento dos desejos edipianos, e não o inverso[37]. Ademais, será somente a partir dos efeitos desse crime que poderá ser erigida uma nova forma de organização social efetivamente humana, pois, além de criar as condições necessárias para o estabelecimento de um laço entre os componentes da fratria, é o assassinato do chefe da horda primitiva que instaura a lei simbólica que regula o circuito pulsional, elevando, portanto, o animal hominídeo à sua condição de humano participante de uma cultura.

Após o crime, advém uma profunda ambivalência em relação ao morto já que aos rebelados não havia nenhuma possibilidade de pensar em outra forma de relação que não passasse pelo modelo de força que o chefe da horda representava. Nesse sentido, afirma Freud, os integrantes da nova fraternidade

> Odiavam o pai, que representava um obstáculo tão formidável ao seu anseio de poder e aos desejos sexuais; mas amavam-no e admiravam-no também. Após terem-se livrado dele, satisfeito o ódio e posto em prática os desejos de identificarem-se com ele, a afeição que todo esse tempo tinha sido recalcada estava fadada a se fazer sentir e assim o fez sob a forma de remorso. Um sentimento de culpa surgiu, o qual, nesse caso, coincidia com o remorso sentido por todo o grupo. O pai morto tornou-se mais forte do que o fora vivo [...] (Freud, [1913] 1996, p. 146).

O pai morto tornou-se mais forte do que o fora vivo. Sem dúvida, essa afirmação é prenhe de consequências. Primeiro porque coloca em questão o estatuto do *urvater* freudiano e sua íntima relação com a dimensão psíquica de um poder que se manifesta de maneira psicopatológica (problema que já tratei em outro lugar)[38]; e, depois, quase como um coextensão lógica desse problema, porque são exatamente os termos dessa relação fantasística que se constituem como o fundamento psíquico do fenômeno da servidão e, paradoxalmente, como condição de possibilidade da própria efetivação da liberdade, pois, como nos ensina Hölderlin, "ora, onde mora o perigo, é lá que também cresce o que salva" (Hölderlin *apud* Heidegger, 2008, p. 37).

---

[37] Em uma carta endereçada a Ernest Jones, Freud afirma que tomar o crime como algo que realmente aconteceu é efetivamente um "passo a frente" em suas investigações psicanalíticas: "Naquela época – da redação da interpretação dos sonhos – descrevi o desejo de matar o próprio pai, mas agora descrevi o homicídio efetivamente realizado; de qualquer maneira é um gigantesco passo a frente — do desejo ao ato" (Jones, 1979, p. 440).

[38] Ver: SILVA, Ronildo Deividy Costa da. **As barricadas do desejo na constituição da subjetividade**: um estudo sobre o poder e a melancolia. Curitiba: Appris, 2015.

No interior da hora de rebelados, porém, havia, por assim dizer, uma "questão de ordem prática" fundamental: o vazio de poder real deixado pela morte do pai se impusera ao grupo como um problema que dizia respeito à própria existência individual dos rebelados porque colocava em perspectiva não somente a forma de organização necessária para que coletivamente pudessem viver em relativa harmonia, mas também a partilha das mulheres que outrora pertencera ao pai.

> Os desejos sexuais não unem os homens, mas os dividem. Embora os irmãos se tivessem reunido em grupo para derrotar o pai, todos eram rivais uns dos outros em relação às mulheres. Cada um quereria, como o pai, ter todas as mulheres para si. A nova organização terminaria numa luta de todos contra todos, pois nenhum deles tinha força tão predominante a ponto de ser capaz de assumir o lugar do pai com êxito. Assim, os irmãos não tiveram outra alternativa, se queriam viver juntos — talvez somente depois de terem passado por muitas crises perigosas —, do que instituir uma lei contra o incesto pela qual todos, de igual modo, renunciavam as mulheres que desejavam e que tinham sido o motivo principal para se livrarem do pai. Dessa maneira, salvaram a organização que os tornara fortes — e que pode ter-se baseado em sentimentos e atos homossexuais, originados talvez durante o período da expulsão da hora (Freud, [1913] 1996, p. 147).

Essa questão é fundamental. Sobretudo porque demonstra de maneira exemplar as condições sobre as quais o pacto deveria ser sancionado: culpa e dívida. O pacto entre os integrantes da horda de rebelados, portanto, deveria estabelecer, mediante a observância daquele que em sua virtualidade era a própria condição de existência da fratria em si, uma espécie de reconciliação com o poder outrora encarnado e agora representado pela força simbólica do pai primevo. Para Freud, decorreria dessa necessidade infantil de proteção e obediência a origem e a força do totemismo antigo e das religiões em geral[39].

---

[39] "A religião totêmica surgiu do sentimento filial de culpa, num esforço para mitigar esse sentimento e apaziguar o pai por uma obediência a ele que fora adiada. Todas as religiões posteriores são vistas como tentativas de solucionar o mesmo problema. Variam de acordo com o estágio de civilização em que surgiram e com os métodos que adotam; mas todas tem o mesmo fim em vista e constituem reações ao mesmo grande acontecimento com que a civilização começou e que, desde que ocorreu, não mais concedeu à humanidade um momento de descanso" (Freud, [1913] 1996, p. 148).

No entanto, porque a intensidade do ato originário mantinha sua efetividade expressada na força de sentimentos profundamente ambivalentes, fazia-se necessária a criação de artifícios que pudessem, ao menos, apaziguar essa penosa tensão emocional, já que era impossível neutralizar completamente a força dessas emoções antitéticas. Tanto a religião totêmica quanto as demais religiões posteriores encontraram esse artifício sob a forma de práticas ritualística que, não sem uma certa cota de sofrimento, expressavam agora de maneira socialmente mais inofensiva as duas violentas moções pulsionais resultantes do crime primordial: o amor e o ódio. Sobre isso, afirma Freud que:

> [...] descobrimos que a ambivalência implícita no complexo-pai persiste geralmente no totemismo e nas religiões. A religião totêmica não apenas compreendia expressões de remorso e tentativas de expiação, mas também servia como recordação do triunfo sobre o pai. A satisfação por esse triunfo levou à instituição do festival rememorativo da refeição totêmica, no qual as restrições da obediência adiada ainda se mantêm. Assim, tornou-se um dever repetir o crime de parricídio muitas vezes, através do sacrifício do animal totêmico, sempre que, em consequências das condições mutantes da vida, o fruto acalentado do crime — a apropriação dos atributos paternos — ameaçava desaparecer (Freud, [1913] 1996, p. 148).

Muito embora deva-se reconhecer que da corrente amorosa destinada ao pai após o assassínio canibal derive a condição psíquica essencial para a manutenção de fenômenos hoje associados ao problema da servidão (seja ela servidão religiosa, política ou ambas), não se pode esquecer que, em Freud, há a predominância da noção de conflito, e, desse modo, as moções pulsionais jamais atuariam isoladamente. É exatamente nesse sentido que ele afirma que:

> Mas não devemos subestimar o fato de que, em geral, a vitória ficou com os impulsos que levaram ao parricídio. Por muito tempo depois, os sentimentos sociais fraternais, que constituíram a base de toda transformação, continuaram a exercer uma profunda influência no desenvolvimento da sociedade. Encontraram expressão na santificação do laço de sangue, a ênfase dada à solidariedade por toda a vida dentro do mesmo clã. Garantindo assim a vida uns dos outros os

> irmãos estavam declarando que nenhum deles devia ser tratado como o pai fora tratado por todos em conjunto. Estavam evitando a possibilidade de uma repetição dos destinos do pai. À proibição, baseada na religião, contra a morte do totem juntou-se então a proibição socialmente fundamentada contra o fratricídio. Foi somente muito tempo depois que a proibição deixou de limitar-se aos membros do clã e assumiu a forma simples: 'Não matarás.' (Freud, [1913] 1996, p. 149).

Estavam desenhadas as condições da nova organização social que se seguiu à morte do pai e que, paradoxalmente, só era possível pela sua presença fantasmática. O que está em questão aqui, portanto, é a existência de um estatuto metafórico que atuaria como um nó instaurador da civilização, e, nesse sentido específico, caberia à Lei decorrente do crime primordial a função de promover o pacto civilizatório entre os integrantes da fraternidade que, ligados por laços libidinais oriundos da culpa e da dívida (*Shuld*) para com o morto, a reconheceriam e a legitimariam como tal.

> A horda patriarcal foi substituída, em primeira instância, pela horda fraterna, cuja existência era assegurada pelo laço consanguíneo. A sociedade estava agora baseada na cumplicidade do crime comum; a religião baseava-se no sentimento de culpa e no remorso a ele ligado; enquanto que a moralidade fundamentava-se parte nas exigências dessa sociedade e parte na penitência exigida pelo sentimento de culpa (Freud, [1913] 1996, p. 149).

É no contexto dessa espécie de "institucionalização" primeva que podemos observar o aparecimento das primeiras ingerências morais/religiosas a respeito dos desejos edipianos e suas possibilidades de expressão social; desejos que, em última instância, referem-se a esse núcleo conflitual central e originário da civilização humana: uma luta mortal e silenciosa que, não obstante, não cessa de se fazer ouvir[40].

---

[40] Não seria esse o sentido perturbadoramente esclarecedor contido na tese VII de *As teses sobre o conceito de História* (1940), de Benjamin quando afirma que: "A presa, como sempre de costume, é conduzida ao cortejo triunfante. Chamam-na bens culturais. Eles terão que contar, no materialismo histórico, com um observador distanciado, pois o que ele, com seu olhar, abarca como bens culturais atesta, sem exceção, uma proveniência que ele não pode considerar sem horror. Sua existência não se deve somente ao esforço dos grandes gênios, seus criadores, mas também à corveia sem nome de seus contemporâneos. *Nunca há um documento da cultura que não seja, ao mesmo tempo, um documento da barbárie.*"? (Benjamin, [1940] 2005, p. 70, grifo nosso).

Mas se em 1913 a preocupação de Freud era argumentar que a civilização humana fora criada a partir de um ato de violência originária que definiria as condições sobre as quais todo o processo civilizatório posterior encontraria suas bases psíquicas, os seus textos "sociológicos" subsequentes ocupar-se-ão da análise das consequências modernas de tal ato de barbárie, isto é, trata-se de avaliar as expressões atuais do conflito entre a civilização e as demandas pulsionais do sujeito. Afinal, como afirma Freud

> [...] se quisermos saber qual o valor que pode ser atribuído à nossa opinião de que o desenvolvimento da civilização constitui um processo especial, comparável à maturação normal do indivíduo, temos, claramente, de atacar o problema. Devemos perguntar-nos a que influência o desenvolvimento da civilização deve sua origem, como ela surgiu e o que determinou o seu curso (Freud, [1930] 1996, p. 104).

Embora Freud trate desse tema, direta ou indiretamente, em outros importantes textos, é exatamente em *Mal-estar na civilização* que ele dá a sua "versão" mais completa acerca do problema. Nesse importante texto, Freud volta a sua "[...] atenção para a natureza da civilização, sobre cujo valor como veículo de felicidade foram lançadas dúvidas" (Freud, [1930]1996, p. 96): trata-se de investigar os motivos pelos quais os humanos, vivendo em civilização há milhares de anos e depois de terem atingido um progresso técnico e científico formidável, não conseguiram aumentar a quantidade de satisfação prazerosa que esperavam da vida.

Não deixa de ser curioso observar que, após algumas longas digressões a respeito da função da religião e da arte, mas também das estratégias usadas para alcançar a felicidade na sociedade de sua época, Freud nos remeta a um aspecto característico da civilização que se refere às formas de organização social que modula os relacionamentos mútuos entre os homens no interior da família e do Estado. Ora, como é do conhecimento comum, a centralidade dessa importante questão é alvo, há muito, da filosofia política e, não obstante, é exatamente nessa confluência que ele situa a "atualidade" da sua argumentação de 1913: a civilização, de fato, só "entra em cena" na história humana a partir da tentativa de regulamentação socialmente legitimada do laço social.

> A vida humana em comum só se torna possível quando se reúne uma maioria mais forte do que qualquer indivíduo isolado e que permanece unida contra todos os indivíduos isolados. O poder dessa comunidade é então estabelecido como "direito", em oposição ao poder do indivíduo, condenado como "força bruta". *A substituição do poder do indivíduo pelo poder de uma comunidade constitui o passo decisivo da civilização*. Sua essência reside no fato de os membros da comunidade se restringirem em suas possibilidades de satisfação, ao passo que o indivíduo desconhece tais restrições (Freud, [1930] 1996, p. 101-102, grifo nosso).

Aqui gostaria de destacar algo que a mim parece fundamental do pensamento freudiano naquilo que diz respeito da sua dimensão propriamente social: a centralidade da coletividade sobre o indivíduo. Estou convencido que talvez possa soar estranho a afirmação de que Freud, o psicanalista liberal que constitui a sua disciplina científica na singularidade do caso a caso, sobreponha o registro do social ao indivíduo; certamente, essa desconfiança parece justificada. Entretanto um olhar mais atento revela que não se trata necessariamente de uma concepção de hegemonia que está em jogo aqui; ao contrário, trata-se da ideia de existência de uma dupla determinação em causa: embora os indivíduos em sua singularidade concreta sejam a coxia e o palco onde o drama pulsional se encena, é no palco maior da civilização que esse espetáculo trágico ganha seu sentido último.

Em outras palavras, o que quero dizer é que Freud reconhece prontamente que o campo onde se produz a dicotomia entre o sujeito e a civilização é já o próprio campo da cultura e, portanto, é exatamente lá que essa dicotomia precisa ser tomada como questão, afinal, "[...] desde o começo, a psicologia individual [...] é, ao mesmo tempo, também psicologia social" (Freud, [1921] 1996, p. 81). Nesse sentido, não há outra possibilidade de reconhecimento e de legitimidade de uma demanda civilizatória que não passe necessariamente pelo seu quase sempre conflitivo sancionamento no interior do campo que lhe é próprio: o sujeito e a civilização[41].

---

[41] Não foi à toa que o encaminhamento dado a essa questão por Freud tenha sido fundamental para autores como Adorno e Marcuse quando da formulação das suas críticas à sociedade da razão instrumental. Observa-se, por exemplo, essa ressonância freudiana em *Sobre a relação entre Sociologia e Psicologia*, quando Adorno afirma que "[...] a divergência entre o indivíduo e a sociedade é essencialmente de origem social, é perpetuada socialmente e é socialmente que tais exteriorizações deverão ser explicadas" (Adorno, 2015, p. 81) e em *Eros e Civilização*: "[...] a fronteira tradicional entre Psicologia, de um lado, a Política e a Filosofia Social, do outro, tornou-se obsoleta em virtude da condição do homem na era presente: os processos psíquicos anteriormente autônomos e identificáveis estão sendo absorvidos pela função do indivíduo do estado – pela sua existência pública" (Marcuse, 1972, p. 25).

Talvez seja também por isso que Freud seja absolutamente crítico à tendência a psicologizar os males da civilização e à prescrição de "formas de cura" essencialmente morais e/ou religiosas a esses males. Sei que isso pode parecer esquisito aos sempre atentos ouvidos da psicologia positiva: afinal, se a comunidade humana é formada por indivíduos racionalmente orientados para a busca da felicidade, e sendo esse valor inexorável a ponto de atualmente definir a legitimidade da nossa própria existência, por que, sendo-nos permitido fazer tudo para atingir plenamente tal estado de graça, falhamos miseravelmente na busca desse propósito? Se, como gostam de pensar os cristãos, somos as criaturas eleitas por deus para povoar o mudo segundo a lei crística do poder do amor incondicional ou se, como creem os cidadãos bem comportados, somos um conjunto de indivíduos ligados pela responsabilidade moral de trabalhar e consumir e assim cotidianamente o fazemos, por que, apesar de todos os nossos esforços, a civilização continua sob o risco permanente de desagregação?

A crença sincera, e por vezes apaixonada, dessas *pessoas de bem* naquilo que consideram os pilares de uma sociedade em que a vida em comum seja justa e sem grandes sobressaltos, isto é, sua identificação com esse ideal de uma possível harmonia entre *Eros* e *Ananke*, talvez seja a expressão mais refinada (ou nem tanto!) de uma modalidade especial de negação da moção pulsional que se expressa na e pela agressividade. Sobre isso, Freud afirma:

> O elemento de verdade por trás disso tudo, elemento que as pessoas estão tão dispostas a repudiar, é que os homens não são criaturas gentis que desejam ser amadas e que, no máximo, podem defender-se quando atacadas; pelo contrário, são criaturas entre cujos dotes instintivos deve-se levar em conta uma poderosa quota de agressividade. Em resultado disso, o seu próximo é, para eles, não apenas um ajudante potencial ou objeto sexual, mas também alguém que os tenta a satisfazer sobre ele a sua agressividade, a explorar sua capacidade de trabalho sem compensação, utilizá-lo sexualmente sem o seu consentimento, apoderar-se de suas posses, humilhá-lo, causar-lhe sofrimento, torturá-lo e matá-lo (Freud, [1930] 1996, p. 116).

A história humana, como se sabe, não é somente uma sucessão de eventos temporais em que a violência aparece de forma episódica; pelo contrário, a História é, sobretudo, violência temporalmente organizada.

Para Freud, obviamente, a relação entre a violência e a história humana não decorre somente da luta de classes e do combate à apropriação privada dos meios de produção social[42]; para ele, o que está em questão, inclusive nas formas históricas de luta social contra a exploração, é a existência de um fator constitucional original que, por sua efetividade, põe em xeque a estabilidade das comunidades humanas historicamente constituídas.

> A existência da inclinação para a agressão, que podemos detectar em nós mesmos e supor com justiça que ela está presente nos outros, constitui o fator que perturba nossos relacionamentos com o próximo e força a civilização a um tão elevado dispêndio [de energia]. Em consequência dessa mútua hostilidade primária dos seres humanos, a sociedade civilizada se vê permanentemente ameaçada de desintegração (Freud, [1930]1996, p. 117).

Mas, se a tendência à agressividade é um fator constitucional extremamente poderoso a ponto de se tornar o maior impedimento ao desenvolvimento da civilização, quais os meios necessários para que essa inclinação constitucional seja, já que não há a possibilidade de livrar-se permanentemente dela, ao menos inibida? Nessa pergunta se prenuncia a tese fundamental de Freud a respeito da relação entre o sujeito e a civilização e que, não obstante, permanece como uma questão profundamente atual: esta última exige do primeiro uma renúncia muito penosa, a renúncia às satisfações pulsionais sexuais e agressivas em troca de satisfações culturais substitutivas.

Como se pode notar, não se trata de um gradativo aprimoramento da civilização que um dia chegará ao elevado patamar de prescindir da inclinação agressiva dos indivíduos que a compõem. Freud não tinha pretensões teleológicas nesse sentido; ao contrário, a questão central aqui é um problema estrutural do humano, de algo que o leva a cogitar que "[...]

---

[42] "Se a propriedade privada fosse abolida, possuída em comum toda a riqueza e permitida a todos a partilha de sua fruição, a má vontade e a hostilidade desapareceriam entre os homens. Como as necessidades de todos seriam satisfeitas, ninguém teria razão alguma para encarar outrem como inimigo; todos, de boa vontade, empreenderiam o trabalho que se fizesse necessário. Não estou interessado em nenhuma crítica econômica do sistema comunista; não posso investigar se a abolição da propriedade privada é conveniente ou vantajosa. Mas sou capaz de reconhecer que as premissas psicológicas em que o sistema se baseia são uma ilusão insustentável. Abolindo a propriedade privada, privamos o amor humano da agressão de um de seus instrumentos, decerto forte, embora, decerto também, não o mais forte; de alguma maneira, porém, alteramos as diferenças em poder e influência que são mal empregadas pela agressividade, nem tampouco alteramos nada em sua natureza. A agressividade não foi criada pela propriedade" (Freud, [1930] 1996, p. 117-118).

não se trata apenas da pressão da civilização, mas de algo da natureza da própria função que nos nega satisfação completa e nos incita a outros caminhos" (Freud, [1930] 1996, p. 110-111).

A civilização, portanto, ainda que se empenhe em fornecer os bens econômicos e culturais que porventura recompensariam o desconforto dos sujeitos causados pela renúncia às satisfações pulsionais, falha duplamente em tal empreendimento: primeiro, porque a própria esfera do trabalho material necessário à criação desses bens culturais e econômicos, em si mesmos, já é causa de sofrimento; e, segundo, porque a fruição desses bens, por si mesmas, não garante ao sujeito o sentimento de que sua renúncia narcísica tenha sido devidamente recompensada. Em outras palavras, a função erótica do pacto civilizatório é sempre inconsistente, sempre vacilante em termos de garantias duradouras, sendo necessária uma permanente "renegociação", mediante um chamamento à união promovida pelo trabalho de Eros, dos termos desse pacto sem que isso signifique necessariamente uma "inimizade" para com a civilização.

> Quando, com toda justiça, consideramos falho o presente estado de nossa civilização, por atender de forma tão inadequada às nossas exigências de um plano de vida que nos torne felizes, e por permitir a existência de tanto sofrimento, que provavelmente poderia ser evitado; quando, com crítica impiedosa, tentamos pôr à mostra as raízes de sua imperfeição, *estamos indubitavelmente exercendo um direito justo, e não nos mostrando inimigos da civilização*. Podemos esperar efetuar, gradativamente, em nossa civilização alterações tais, que satisfaçam melhor nossas necessidades e escapem às nossas críticas. Mas talvez possamos também nos familiarizar com a ideia de existirem dificuldades, ligadas à natureza da civilização, que não se submeterão a qualquer tentativa de reforma (Freud, [1930]1996, p. 120, grifo nosso).

Ainda que pareça um tanto óbvio, não deixa de ser interessante observar mais atentamente o estatuto dado por Freud às diversas formas de insatisfação e de descontentamento experimentados pelos sujeitos com as condições existentes e com os rumos da civilização: um *direito justo* e, portanto, *legítimo*. E é exatamente por sua obviedade que é fundamental nos determos um pouco mais nisso.

Como já foi dito, a existência da pulsão de morte, e, consequentemente, de uma inclinação para a agressividade e para a destrutividade como um importante fator constitucional do humano, pressupõe o sempre presente risco de desagregação do trabalho e da função de Eros; entretanto, não seria exatamente nesse hiato entre as demandas civilizatórias e as satisfações pulsionais do sujeito, promovido pelo silencioso trabalho da pulsão de morte, que criar-se-iam também as condições necessárias para uma nova "pactuação" dos termos entre a liberdade e a servidão no interior da civilização? Não seria exatamente a existência do *mal-estar* dos sujeitos que garantiria a operatividade dessa estranha e negativa hiância "dentro" da qual a efetividade do desconforto é já o momento necessário e possível de sua própria renegociação?

Obviamente, não se trata aqui de assumir a posição de uma valoração moral acerca do mal-estar no sentido de um pessimismo realista ou de um otimismo ingênuo e anti-intelectual. Ainda que, em Freud, a dialética da civilização — aquela em que o trabalho de Eros conduz os humanos a formações cada vez maiores e mais complexas, pavimentando, assim, o funcionamento disruptivo da pulsão de morte — permaneça como um impasse irresolvível e que seu inerente mal-estar seja incontornável, não temos motivos para fazer coro aos que elegem o mal-estar como forma de libertação (aqueles que, em uma atitude masoquista, elegem o sofrimento como um caminho privilegiado que os levará a uma existência ulterior em que toda dor não mais existirá), tampouco aos que o negam entregando-se como cordeiros às delícias do gozo descomprometido com o princípio da realidade, mas que, no entanto, sempre cobra o seu preço.

O que quero dizer é que, talvez, o ponto-chave na análise do problema do mal-estar freudiano seja exatamente a abertura dialética que ele proporciona, ou seja, trata-se menos da oposição positiva e simplista entre os registros do sujeito e da civilização e mais do espaço negativo entre os dois registros. Talvez seja por isso que o encaminhamento freudiano acerca da questão da liberdade seja feito, no texto de 1930, a partir do que poderíamos chamar de uma impossibilidade constitutiva: se num primeiro momento da humanidade (antes do advento daquilo que nomeamos e reconhecemos como civilização) a liberdade foi maior, ela não possuía valor porque os indivíduos não podiam defendê-la como tal (Freud, [1930] 1996, p. 102), depois, com o surgimento da civilização, a liberdade como um valor fundamental só poderia mostrar-se como tal se, e somente se, a ela fossem impostas restrições tais que a nenhum indivíduo, sob a pena de se cometer injustiça, fossem negadas essas determinações restritivas.

Desse modo, temos aí uma pequena pista daquilo que, por falta de palavra mais adequada, estou chamando de *fenda* promovida pela efetividade do mal-estar: esse "espaço negativo" onde opera essa estranha lógica aporética de que isso só é o que é porque isso não pode ser. Vejamos isso sob os termos de Freud:

> O que se faz sentir numa comunidade humana como desejo de liberdade pode ser sua revolta contra alguma injustiça existente, e desse modo esse desejo pode mostrar-se favorável a um maior desenvolvimento da civilização; pode permanecer compatível com a civilização. Entretanto, pode também originar-se dos remanescentes de sua personalidade original, que ainda não se acha domada pela civilização, e assim nela tornar-se a base da hostilidade contra a civilização. O impulso de liberdade, portanto, é dirigido contra formas e exigências específicas da civilização ou contra a civilização em geral (Freud, [1930] 1996, p. 102).

A "constelação psíquica da revolta", portanto, parece ter em Freud também uma dimensão produtiva — tal qual a moção pulsional que lhe impulsiona —, desde que, evidentemente, ela seja dirigida a demandas específicas da civilização, ou seja, às suas formas particulares e contingentes. Entretanto, talvez o próprio Freud não o tenha percebido, mesmo quando dirigida à civilização em sua totalidade, esse "impulso à liberdade", também denota uma dimensão produtiva importante que se relaciona a um aspecto do problema que está aqui sendo tratado: o caráter "naturalmente" insubmisso da subjetividade humana que, mesmo frente às fortes pressões da cultura, não se deixa domar totalmente pelas ingerências normativas da civilização. Mas que isso quer dizer?

Certamente, isso significa que a própria noção de subjetividade decorrente do trabalho de Freud não é passível de uma incorporação cultural completa e absoluta, isto é, no terreno do conflito entre as demandas do sujeito e as normas da civilização — o conflito entre lei e desejo do qual o mal-estar é expressão incontornável — surgem as condições psíquicas para a constituição de processos de subjetivação que não se deixam capturar totalmente pela normalização social imposta aos sujeitos. Em outras palavras, parece que o pensamento de Freud nos impõe a ideia de que há algo na subjetividade humana que resiste de forma obstinada aos processos de racionalização social, "resistência" essa que se dá, de uma forma geral, sob a forma de uma função negativizante do Inconsciente — afinal, o que são as chamadas estruturas clínicas em psicanálise senão diferentes modalidades de negação da castração?

Estamos, portanto, no período da experiência intelectual freudiana em que, após as observações clínicas que indicam a incidência de uma tendência para além do princípio do prazer, o "psíquico" passa a ser tomado, mais do que antes, como o lugar de uma espécie de indeterminação fundamental. Nesse sentido, qualquer tentativa séria de formular algo nessa direção passa, necessariamente, por um exame mais detido do conceito de pulsão de morte e algumas de suas consequências.

Embora já familiarizado com fenômenos clínicos ligados ao tema[43], foi somente em *Além do princípio do prazer* (1920) que Freud anunciou formalmente a sua descoberta de cunho metapsicológico mais importante e mais controversa: a pulsão de morte. Mais importante porque tal descoberta clínica exigiria uma reformulação metapsicológica definitiva do dualismo pulsional que até então existia (o que ocorrerá somente em 1923) e, mais controversa porque de uma reformulação dessa natureza era esperado que causasse grandes resistências não somente no movimento psicanalítico[44], mas na cultura em geral. O caráter experimental e o nível especulativo dessa nova hipótese são tão acentuados que Freud se vê na obrigação de fazer uma advertência aos seus leitores:

> O que se segue é especulação, às vezes especulação extremada, que cada um pode apreciar ou dispensar, conforme a atitude que lhe for própria. É, além do mais, uma tentativa de explorar consequentemente uma ideia, por curiosidade de ver aonde levará (Freud, [1920] 2010, p. 184).

---

[43] Embora ainda não atentasse para o paradoxo criado pela repetição no cerne do "aparelho mental" à época, já em *Lembrar, repetir, perlaborar* ([1914] 2017) Freud afirmava a existência de conteúdos psíquicos que, na impossibilidade de serem recordados, eram atuados. Ademais, segundo nos informa o seu editor inglês, James Strachey, Freud em uma intervenção de 9 de setembro de 1919 no Congresso Psicanalítico Internacional de Haia intitulada *Suplemento à teoria dos sonhos* que também anunciava, já ciente da temática do livro que seria lançado no ano seguinte, a existência de uma compulsão à repetição sem, entretanto, fazer nenhuma referência ainda à pulsão de morte (Freud, [1920] 1996, p. 13 – 15).

[44] Sem dúvida, a ideia de uma pulsão de morte não foi uma unanimidade à época de sua formulação e de seu anúncio em 1920 a ponto do próprio Freud ter tido que esperar uma década para afirmar que estava plenamente convencido de sua existência (Freud, [1930] 1996, p. 123). Talvez, o pós-freudiano mais eminente a recusar categoricamente tal conceito, em uma carta endereçada à Money-Kyrle em 1952, tenha sido Donald Winnicott (Rodman, 1990, p. 37). E mais recentemente, entre nós, coube ao filósofo e psicanalista André Martins sustentar, senão a inexistência, ao menos a perfeita dispensabilidade clínica e metapsicológica da pulsão de morte. Ver: *Pulsão de morte? Por uma clínica psicanalítica da potência*. Rio de Janeiro: UFRJ, 2010.

No entanto dificuldades e dissensões posteriores à parte, o fato é que Freud, munido de suas observações clínicas, estava disposto a sustentar a ideia da existência de uma tendência inerente à natureza da pulsão que o remeteria para um campo da pesquisa metapsicológica que se situava para além do princípio do prazer; e, para dar conta de tal disposição, anunciou uma explicação econômica.

> Na teoria psicanalítica, não hesitamos em supor que o curso dos processos psíquicos é regulado automaticamente pelo princípio do prazer; isto é, acreditamos que ele é sempre incitado por uma tensão desprazerosa e toma uma direção tal que o seu resultado final coincide com um abaixamento dessa tensão, ou seja, com uma evitação do desprazer ou geração de prazer. Se atentamos para esse curso, ao considerar os processos psíquicos que estudamos, introduzimos um ponto de vista econômico em nosso trabalho. Uma descrição que, junto ao fator topológico e dinâmico, parece-nos ser a mais completa que hoje podemos imaginar, merecendo a designação de *metapsicologia* (Freud, [1920] 2010, p. 162, grifos do autor).

Em virtude de esse problema ser, como afirma Freud, o ponto mais obscuro e inacessível da vida psíquica, decide então relacionar a quantidade de excitação — energia não ligada — com o prazer e o desprazer de modo que na equação freudiana o prazer corresponda a uma diminuição dessa quantidade de energia ao passo que o desprazer seja correspondente a um aumento dessa energia. O que está em questão aqui, nessa descrição em que o aparelho psíquico tende a manter em níveis constantes ou tão baixas quanto possíveis as excitações internas, é exatamente a noção de que o princípio da constância descrito por Fechner e que Freud toma na sua argumentação é a base de funcionamento do princípio do prazer, isto é, a tendência (e não *predominância!*) do aparelho psíquico a manter uma homeostase quanto às suas excitações internas é o fundamento econômico do princípio do prazer.

> Os fatos que nos levaram a crer que o princípio do prazer predomina na psique também acham expressão na hipótese de que o aparelho psíquico se empenha em conservar a quantidade de excitação nele existente o mais baixa possível, ou ao menos constante. É a mesma coisa, apenas em outra formulação, pois, se o trabalho do aparelho psíquico

> se dirige para manter baixa a quantidade de excitação, tudo o que tem a prioridade de aumentá-la será percebido como disfuncional, ou seja, como desprazeroso. O princípio do prazer deriva do princípio da constância; na realidade o princípio da constância foi deduzido dos fatos que nos impuseram a hipótese do princípio do prazer. E, ao aprofundar a discussão, veremos que esse empenho do aparelho psíquico, que nós supomos, subordina-se, como caso especial, ao princípio fechneriano da *tendência à estabilidade*, ao qual ele, Fechner, relacionou as sensações de prazer-desprazer (Freud, [1920] 2010, p. 164, grifos do autor).

Tendência *versus* predominância. É precisamente nessa oposição que se encontra o núcleo duro da questão freudiana a respeito da existência da pulsão de morte. Aqui poderíamos aplicar a regra da condicionalidade lógica do "*se...então*": ora, *se* não há de fato uma predominância do princípio do prazer no aparelho psíquico, ou seja, *se* não há homeostase no que se refere às excitações no interior do aparelho, *então* há algo que romperia o "fechamento do circuito" de modo a promover uma *abertura* no interior do aparelho psíquico, *então* há algo que operaria no sentido da promoção de uma *fenda* no psiquismo que somente se mostraria na observação de fenômenos clínicos de caráter disruptivo que prefigurariam tendências mortificantes do sujeito. A esse *algo* disruptivo, a *Isso* que tende ao nada, Freud chamará posteriormente de pulsão de morte.

Aqui fica clara a potência do trabalho clínico em Freud. Longe de ser uma terapêutica com vistas à promoção da adaptação do sujeito em sofrimento às engrenagens da vida social ou, no limite, de servilmente submeter os seus pressupostos metapsicológicos aos critérios positivistas e cientificistas de sua época, a clínica freudiana; ao contrário, nasce sob o signo da subversão, empurrando cada vez mais a reflexão clínica de encontro aos limites da epistemologia dominante. Não seria exatamente esse o caso quando Freud coloca no fundamento de sua metapsicologia e, portanto, da sua reflexão clínica aquilo que ele chamou de "especulação extremada"? Não seria exatamente sua fidelidade a esse espírito subversivo que habilita sua escuta clínica a ouvir os ecos psicopatológicos de algo mais primitivo que o princípio do prazer?

Após argumentar a respeito do paradigma do sofrimento neurótico como resultado da dialética do prazer-desprazer nos sistemas pré-consciente/consciente e dos sonhos traumáticos e das repetições presentes nas brincadeiras infantis (o famoso *fort-da*), Freud finalmente analisa a questão da repetição na transferência. Segundo ele, ao sujeito em processo analítico não é permitido recordar totalmente do material que outrora foi recalcado, e, portanto, resta ao sujeito como "alternativa" a atuação, isto é, na impossibilidade de lembrar do material recalcado, o sujeito repete na transferência com o analista o conteúdo recalcado dando-lhe um caráter atual. A esse fenômeno Freud chama compulsão à repetição.[45]

A compulsão à repetição, essa tendência mais elementar, mais primitiva e mais pulsional que o princípio do prazer, é aquilo que no sujeito o faz rememorar experiências pretéritas que não guardam nenhuma possibilidade de satisfação prazerosas, revelando, assim, no "coração" do sujeito humano, o seu poder demoníaco; ou seja, o que está em jogo aqui é a ideia de que, em Freud, ainda que já se tivesse conhecimento que o que poderia ser prazeroso para o sistema Inconsciente pudesse ser vivido com desprazer para o sistema Consciente/Pré-consciente e que, mesmo quando implica uma renúncia ao prazer, o princípio da realidade serve ao princípio do prazer, até então era impensável que pudesse existir um processo que causasse um profundo desprazer, mas que, no entanto, se impusesse insistentemente ao sujeito.

> É claro que a maior parte do que a compulsão à repetição faz reviver causa necessariamente desprazer ao Eu, pois traz à luz atividades de impulsos instintuais reprimidos, mas é um desprazer que já consideramos, que não contraria o princípio do prazer, é desprazer para um sistema e, ao mesmo tempo, satisfação para outro. Mas o fato novo e digno de nota, que agora temos de descrever, é que a compulsão à repetição também traz de volta experiências do passado que não possibilitam prazer, que também naquele tempo não pode ter tido satisfações (Freud, [1920] 2010, p. 179).

Se, no entanto, a compulsão à repetição subjuga o princípio do prazer mostrando, assim, sua "força demoníaca" é porque ela possui uma característica marcadamente pulsional (*triebhaft*), restando, portanto, a questão

---
[45] Um ano antes desse texto, em seu trabalho intitulado *O inquietante* (1919), Freud já fizera alusão a esse fenômeno: "Pois no inconsciente psíquico nota-se a primazia de uma compulsão à repetição vinda dos impulsos instintuais, provavelmente ligada à íntima natureza dos instintos mesmos, e forte o suficiente para sobrepor-se ao princípio do prazer, que confere a determinados aspectos da psique um caráter demoníaco, manifesta-se claramente ainda na tendência do bebê e domina parte do transcurso da psicanálise do neurótico" (Freud, [1919] 2010, p. 356).

de explicar o porquê de ela pressupor uma predicação dessa natureza. No intuito de resolver tal impasse, Freud lança mão da ideia de que a natureza da pulsão é conservadora, isto é, a pulsão tende a restaurar um estado anterior de coisas no sentido de uma volta à "inorganicidade da vida".

> Aqui se nos impõe a ideia de que viemos a deparar com uma ideia geral dos instintos, talvez de toda a vida orgânica, que até agora não foi claramente reconhecida ou, pelo menos, explicitamente enfatizada. *Um instinto seria um impulso, presente em todo organismo vivo, tendente à restauração de um estado anterior*, que esse ser vivo teve de abandonar por influência de perturbadoras forças externas, uma espécie de elasticidade orgânica ou, se quiserem, a expressão da inércia da vida orgânica (Freud, [1920] 2010, p. 201-202, grifos do autor).

Inorganicidade da vida. Essa expressão paradoxal não foi usada aqui de forma arbitrária. Ela expressa o paradoxo com o qual o próprio Freud está lidando na construção do seu conceito de pulsão de morte: se antes[46] a pulsão atuava como uma força que compelia o ser vivo ao movimento criativo no sentido da promoção de mudanças no curso do seu desenvolvimento, agora o que está em questão é o caráter conservador da pulsão, ou seja, a sua tendência à mesmidade, à repetição *ad infinitum* do mais arcaico estado inicial de coisas do qual o humano, em virtude de forças externas, se separa para ascender à vida — numa palavra, o retorno ao inanimado. Este é o paradoxo: se admitimos com Freud a natureza conservadora da pulsão e, consequentemente, que sua "função" seria promover indefinidamente a repetição do "mais do mesmo" inorgânico, como pensar, por exemplo, a questão da novidade e da diferença[47], necessárias para o surgimento da vida?

---

[46] "Podemos concluir, pois, que são as pulsões, e não os estímulos externos, os verdadeiros motores dos progressos que conduziram o sistema nervoso, com sua infindável capacidade de realização, ao seu tão elevado patamar atual de desenvolvimento. Certamente, nada nos impede de supor que as pulsões mesmas sejam, ao menos em parte, precipitados dos efeitos de estímulos externos que, no decurso da filogênese, atuaram de forma transformadora sobre a substância viva" (Freud, [1915] 2015, p. 23).

[47] Não deixa de ser interessante notar como os problemas da repetição e da diferença, problemas que em Hegel e em Freud ganham elaborações importantes, se constituem, a partir da década de 1960, sob novos e interessantes contornos; obviamente estou me referindo ao livro *Diferença e repetição* ([1968] 1988), de Gilles Deleuze. Neste trabalho fundamental, ao contrário de Hegel e Freud, Deleuze busca "desligar" a questão da diferença do problema da identidade e da negação e, para tal, afirma que não é a negatividade o motor da vida porque ela não consegue capturar o fenômeno da diferença. Nesse sentido, portanto, para Deleuze e sua recusa do indeterminado, a diferença é afirmação criativa e múltipla e, como tal, não pressupõe a existência de um tempo originário (Deleuze, [1968] 1988, p. 16).

Segundo Freud, em contraposição a esse equilíbrio estável, condição fundamental de toda substância inanimada, houve em algum momento da evolução da vida no planeta uma confluência de poderosos fatores externos que romperam esse equilíbrio e deram origem à vida que, no entanto, conservou em si essa tendência interna e natural em regressar ao estado de equilíbrio original como uma espécie de "destino". Logo, uma vez que a vida tenha aparecido sobre a superfície do planeta, o movimento em direção à morte agora é empreendido pelos seres viventes, e não em virtude de uma exterioridade.

> Os instintos orgânicos conservadores acolheram cada uma dessas mudanças impostas ao curso da vida e as preservaram para a repetição, e assim produzem a enganadora impressão de forças que aspiram à transformação e ao progresso, quando apenas tratam de alcançar uma antiga meta por vias antigas e novas. [...]. Seria contrário à natureza conservadora dos instintos que o objetivo da vida fosse um estado nunca antes alcançado. Terá de ser, isto sim, um velho estado inicial, que o vivente abandonou certa vez e ao qual ele se esforça por voltar, através de todos os rodeios de seu desenvolvimento. Se é lícito aceitarmos, como experiência que não tem exceção, que todo ser vivo morre por razões *internas*, retorna ao estado inorgânico, então só podemos dizer que o *objetivo da vida é a morte*, e, retrospectivamente, que *o inanimado existia antes do vivente* (Freud, [1920] 2010, p. 204, grifos do autor).

A pulsão de morte, essa tendência do vivente em retornar ao equilíbrio original do inanimado, não aceita atalhos para a sua realização; isso significa que uma morte causada por agentes externos seria profundamente contrária à sua tendência conservadora, ou seja, em Freud, o que está em questão não é a uma espécie de justificação velada das barbáries humanas em nome de uma pretensa "natureza", mas a ideia imperiosa de que a vida garanta o curso natural que conduza à morte, afinal, "[...] o organismo pretende morrer apenas a seu modo" (Freud, [1920] 2010, p. 206).

Até aqui vimos, por assim dizer, o caráter mortificante da pulsão de morte. Para finalizar, no entanto, gostaria de insistir em um ponto que me parece fundamental.

A existência da pulsão de morte, essa operatividade disruptiva decorrente da natureza conservadora e regressiva da pulsão, que promove uma fenda irredutível no cerne do psiquismo humano, essa *tendência* do aparelho psíquico ao além do princípio do prazer demarca, portanto, a existência de uma fenda irredutível no cerne da subjetividade humana. Isso nos leva a pensar em fenômenos clínicos como a compulsão à repetição, as fantasias sustentadas pelo par sadismo/masoquismo, os sonhos traumáticos etc. como "sinais" da impossibilidade de uma adaptação consistente à realidade, isto é, no que se refere à constituição do psiquismo, há sempre algo que foge à determinação, há sempre algo que parece *descoberto* pelo princípio da realidade.

Esse parece ser o caminho tomado por Freud após a sua virada metapsicológica dos anos 1920 e sua consequente indicação da existência de algo para além do princípio do prazer, de algo mais primitivo que tende ao disruptivo e que somente se mostra nos fenômenos mortificantes do sujeito. Caminho que mudará para sempre o debate a respeito dos fundamentos psíquicos dos processos de servidão e, paradoxalmente, das condições de possibilidade de se pensar a constituição e o aparecimento da liberdade humana como algo inteiramente novo e, de certa forma, independente dos cenários teóricos identificados com processos de racionalização social e de suas formas de coerção.

O Inconsciente como lócus da indeterminação. O inconsciente como abertura incontornável, como descontinuidade radical, pressupõe a necessidade de se pensar um conceito de subjetividade profundamente avesso à tendência de tomar o sujeito moderno como algo estabilizado, como algo cristalizado em uma identidade.

Mas, se em Freud esse "empuxo" a formas de subjetivação que trazem em seu bojo as marcas dos processos de constituição em que a força dessa indeterminação aparece de forma inequívoca, mas, ainda insuficientemente desenvolvida, o mundo teria que esperar um pouco mais para que se pudesse levar as últimas consequências a radicalidade do pensamento de Freud.

Ainda que o pensamento freudiano já fosse tomado, desde os anos 1920 na Alemanha, como um importantíssimo instrumento teórico de crítica da modernidade ocidental, sobretudo com Adorno e Horkheimer, foi na França da segunda metade do século 20 que se deu uma verdadeira querela a respeito do problema do sujeito moderno; contenda essa que, como se pode imaginar, tomava a radicalidade da experiência intelectual de Freud como uma linha de força fundamental.

É, portanto nesse contexto francês que interrogar-se-ão com virulência crítica os fundamentos teóricos do sujeito bem como o seu impasse ontológico: afinal, quando se toma o horizonte histórico da constituição do projeto de modernidade ocidental, pode-se perguntar: qual a "natureza do ser" que dele resultou?

PARTE II

A QUERELA DO SUJEITO: O "CASO FRANCÊS"

Il est des mort qu'il faut qu'on tue. Le langage, le discours ont tué les valeurs. Les sciences de l'homme ont tué l'homme, la littérature a tué les auters. C'est le langage qui parle, dans les livres, ces n'est plus le moi trop haïssable. Le moi et chose extérieure, la véritable pensée et la pensée du langage. Je parle, donc je ne suis pas. C'est l'um ou l'autre.

(Jean-Marie Auzias)

CAPÍTULO 4

A "MORTE DO SUJEITO"

Aceitamos, pois, a qualificação de esteta, por acreditarmos que a última finalidade das ciências humanas não é constituir o homem, mas dissolvê-lo.

(Claude Lévi-Strauss)

Como espero ter demonstrado, ainda que de maneira breve e insuficiente[48], o pensamento de Freud encerra uma tradição que remonta à própria formulação da concepção de sujeito autônomo identificado com o projeto de modernidade ao mesmo tempo que aponta os limites de realização desse projeto.

Afinal, se com Kant a questão era salvar o conhecimento metafísico de suas próprias armadilhas e do ataque cético de Hume liberando, assim, um conceito de razão que pudesse servir de farol no processo de esclarecimento e, portanto, de emancipação da humanidade do seu estado de menoridade; e se com Hegel tratava-se de uma radicalização/superação do projeto kantiano no sentido de historicizar as figuras dialéticas da consciência humana rumo à sua autorrealização e, assim, promover uma identidade entre lógica e ontologia que, no limite, liberaria o potencial dialético de transformação do real; finalmente, com Freud, esse iluminista

---

[48] Há, pelo menos, dois autores fundamentalmente críticos do projeto de modernidade ocidental que até agora não foram tratados aqui. O primeiro deles é Nietzsche: embora seja um autor que, como sustenta a interessante tese de Wotling (2013), oriente seu empreendimento filosófico não a partir da questão da verdade, e sim sob a ótica de uma problemática da civilização, ele vai na contramão da tradição exatamente por criticar duramente o princípio da subjetividade, o que, neste trabalho, pressuporia uma discussão sobre os limites e possibilidades de tal crítica e sua relação com o problema da "natureza" de um ato político efetivamente subversivo; ou seja, tomar o pensamento nietzschiano aqui exigiria uma substancial revisão dos próprios fundamentos políticos e epistemológicos sobre os quais este trabalho procura se assentar, exigência esta que em si já seria um outro livro. Talvez vá nesse sentido o comentário de Scarlet Marton a respeito de uma certa "fidelidade" ao se ler Nietzsche, onde se lê: "Acerca da questão 'como ler Nietzsche?', Deleuze e Lyotard tomam posição clara no Colóquio de Ceriry no início da década de 1970. Entendem que ele não se presta a comentários, como Descartes ou Hegel. Nele, a relação com o exterior não é medida pela interioridade do conceito ou da consciência; as palavras não valem como significações, representações das coisas. E querer comentá-lo, revelar o sentido de seu discurso, implica tomar partido pela interioridade e pela representação" (Marton, 2010, p. 35-36). Quanto ao segundo autor, Marx, ele será tratado na parte III deste livro.

sombrio, o problema seria a determinação inconsciente da vida psíquica do indivíduo racional e suas relações com o mal-estar incontornável proveniente da renúncia às satisfações narcísicas em prol da vida em civilização, problema que, em última instância, coloca no cerne do discurso psicanalítico a questão do fundamento psíquico dos fenômenos de servidão e, paradoxalmente, as próprias condições de realização da liberdade.

Ora, como se sabe, quando se trata da história das ideias, o verbo *encerrar* quase nunca mantém sua significação de transitividade direta pronominal; ao contrário, parece sempre rechaçar tal pronominalidade. Não seria exatamente esse o caso quando pensamos no contexto francês da segunda metade do século 20? Em outras palavras, o que quero dizer é que o período que Badiou (2015) denomina como "filosofia francesa contemporânea"[49] parece, entre outras coisas, retomar criticamente alguns importantes aspectos da tradição filosófica alemã nos termos de uma espécie de "querela do sujeito", querela essa que encontra, por assim dizer, seu ponto de convergência teórico, científico e político tanto no aparecimento de um "novo" paradigma nas ciências humanas — o estruturalismo — quanto na oposição entre Nietzsche e Hegel.

Neste capítulo, portanto, trata-se de avaliar o aparecimento do paradigma estruturalista como um fenômeno francês[50] que promove uma aparente revolução metodológica nas ciências humanas da segunda metade do século 20; "revolução" que, não por acaso, anuncia como seu ato político/científico originário as coordenadas de um programa que se pautaria por um feroz ataque à noção marxista de historicidade e por um eclipsamento da questão do sujeito. As aspas aqui significam apenas que a chamada revolução epistemológica operada pelo estruturalismo é uma retomada nas ciências humanas do programa neopositivista de Viena. Voltarei a isso.

---

[49] "Tomemos como exemplo dois momentos filosóficos particularmente intensos e identificados. Primeiro, o da filosofia grega clássica, entre Parmênides e Aristóteles, do século V a.C ao III a.C., momento filosófico criador, fundador, excepcional e, afinal, bastante curto no tempo. Em seguida, o momento do idealismo alemão, de Kant a Hegel, incluindo Fichte e Shelling: ainda um momento filosófico excepcional, entre o fim do século XVIII e o início do século XIX, um momento intenso, criador e que durou apenas algumas décadas. Digamos, pois, que vou batizar provisoriamente de 'filosofia francesa contemporânea' o momento filosófico na França que, situado essencialmente na segunda metade do século XX, deixa-se comparar, por sua amplitude e por sua novidade, tanto ao momento grego clássico quanto ao momento do idealismo alemão" (Badiou, 2015, p. 8).

[50] Devido aos limites deste trabalho, chamaremos aqui de "estruturalismo" somente a formalização de um "novo" método de análise dos fenômenos sociais que se desenvolveu na França a partir do trabalho de Saussure e de Lévi-Strauss. Isso significa que os debates a respeito de suas possíveis origens já presentes nas obras de clássicos da sociologia moderna tais como Weber, Durkheim ou Marx não serão considerados. Sobre isso, ver: BASTIDE, Roger [1959]. Introdução ao estudo do termo "Estrutura". *In:* BASTIDE, Roger. *Usos e sentidos do termo "estrutura":* nas Ciências Humanas e Sociais. Barcelona: Editora Herder; São Paulo: Editora da Universidade de São Paulo, 1971. p. 1-14.

Mas afinal, o que significava, no contexto francês do pós-Segunda Guerra Mundial, o termo "estruturalismo"? Qual era o poder de encantamento que esse significante reunia em torno de si que o fazia capaz de colocar sob a mesma insígnia nomes e campos de estudo tão diversos como os de Claude Lévi-Strauss, de Julia Kristeva, de Michel Foucault, de Roland Barthes, de Louis Althusser e de Jacques Lacan?

Talvez uma primeira tentativa de resposta breve a essa questão passe pelo *Zeitgeist* que varria a França nos idos anos de 1950. Após a devastação social e econômica causada pela Segunda Guerra Mundial, a França finalmente dava sinais de franca recuperação: o estabelecimento de medidas protecionistas aos produtos da sua indústria frente aos produtos estrangeiros fazia com que o país experimentasse um rápido desenvolvimento econômico que se igualava à taxa de crescimento alemã e ultrapassava a média europeia; apesar de haver nesse período a proliferação de movimentos de independência em diferentes colônias francesas, com destaque para o caso da Indochina (1946 – 1954) e para o caso da Argélia (1954 – 1962), esse período de prosperidade econômica e social na Europa provocava, inclusive entre os intelectuais parisienses, uma forte identificação à ideia de "progresso" e "modernização". Nesse sentido, afirma Hobsbawm:

> Todos os problemas que perseguiam o capitalismo em sua era da catástrofe parecem dissolver-se e desaparecer. O terrível e inevitável ciclo de prosperidade e depressão, tão fatal entre as guerras, tornou-se uma sucessão de brandas flutuações, graças a — era o que pensavam os economistas keynesianos que agora assessoravam os governos — sua inteligente administração macroeconômica. Desemprego em massa? Onde se poderia encontrá-lo no mundo desenvolvido da década de 1960, quando a Europa tinha uma média de 1,5% de sua força de trabalho sem emprego e o Japão 1,3%? [...] Pobreza? Naturalmente a maior parte da humanidade continuava pobre, mas nos velhos centros industrializados, que significado poderia ter o "De pé ó vítimas da fome!" da *Internationale* para trabalhadores que agora esperavam possuir seu carro e passar férias anuais remuneradas nas praias da Espanha? E se os tempos se tornassem difíceis para eles, não haveria um estado previdenciário universal e generoso pronto a oferecer-lhes proteção, antes nem sonhada, contra os azares da doença, da desgraça e mesmo da terrível velhice dos pobres? Suas rendas cresciam ano a ano, quase automaticamente. Não

> continuariam crescendo para sempre? A gama de bens e serviços oferecidos pelo sistema produtivo, e ao alcance deles, tornava antigos luxos itens de consumo diário. E isso aumentava a cada ano. Que mais, em termos materiais, podia a humanidade querer, a não ser estender os benefícios já desfrutados pelos povos favorecidos de alguns países aos infelizes habitantes de outras partes do mundo, reconhecidamente ainda a maioria da humanidade, que não haviam entrado no "desenvolvimento" e na "modernização"? (Hobsbawm, 1995, p. 262-263, grifos do autor).

Soma-se a isso um substancial deslocamento do campo semântico de questões que antes pertenciam à filosofia para um novo espaço institucional reivindicado pelas ciências humanas; deslocamento que expressava-se metaforicamente no gradual, mas irreversível, declínio da figura pública do intelectual politicamente engajado, personagem que nesse contexto francês era encarnada por Sartre[51]. Outra questão, talvez complementar a essa, é o caráter polissêmico do termo "estruturalismo": sob esse termo subsistia uma multiplicidade de projetos e experiências intelectuais que tinham em comum, por assim dizer, uma *atitude epistemológica* particular. Nesse sentido, talvez seja bastante ilustrativa as considerações de Joseph Hrában obdélník[52], integrante do Círculo Linguístico de Praga:

> O estruturalismo não é uma teoria nem um método; é um ponto de vista epistemológico. Parte da observação de que todo conceito num dado sistema é determinado por todos os

---

[51] Não se trata, evidentemente, de afirmar que os intelectuais franceses que sucederam Sartre não interviessem politicamente no contexto da época porque isso seria, no mínimo, absurdo: bastaria lembrar aqui, para dissipar essa impressão errônea, da famosa foto em que, ao lado de Sartre em uma passeata no maio francês, Foucault aparece com o megafone na mão lutando *pour refaire le monde*. O que quero dizer é que a figura do intelectual engajado ligado à tradição dialética começa a perder seu *status* hegemônico no contexto acadêmico francês do final da década de 1950, posteriormente cedendo lugar a outras formas de ativismo político. No entanto, isso não significa também que a força da tradição dialética não se fizesse mais presente: lembremos os diversos cartazes empunhados pelos revoltosos franceses onde se lia os famosos 3M's do maio de 1968 – Marx, Mao, Marcuse.

[52] "Structuralism is neither a teory nor a method; it is a epistemological point of view. It starts out from the observation that every concept in a given system is determined by all other concepts of that system and has no significance by itself alone; it does not become unequivocal until it is integrated into system, the structure, of wich it forms part and in wich it has definite fixed place. The scientific work of the structuralist is thus a synthesis of the Science of romanticism – wich achieved new cognition by deduction from its philosophic system wich *a posteriori* classified and evaluated the facts, ando f the empirical, positivist view – wich, on the contrary, constructs its philosophy from the facts wich it has ascertained empirically". Extraído de *A praque school reader on Esthetics, Literary Structure, and Style*, por Paul L. Garvin, Washington D.C.: Georgetown University Press, 1964. p. VIII.

> outros conceitos do mesmo sistema, e nada significa por si próprio. Só se torna inequívoco quando integrado no sistema, na estrutura de que faz parte e onde tem lugar definido. A obra científica do estruturalismo é, portanto, uma síntese da visão romântica — cuja base cognitiva é a dedução a partir de um sistema filosófico que classifica e avalia os fatos a **posteriori**, e a posição empírica do positivismo — que, ao contrário, constrói sua filosofia a partir dos fatos que comprovou pela experiência. [...] Da mesma sorte que nenhum conceito é inequívoco antes de integrado na sua estrutura particular, os fatos não são inequívocos em si mesmos. Por isso o estruturalista procura integrar os fatos num feixe de relações que ponham em evidência a sua inequivocidade dentro de uma superordenação e de uma subordinação. Numa palavra, a estrutura global é mais do que uma súmula mecânica das propriedades dos seus componentes, pois determina propriedades novas (Hráback, 1964, p. 8, grifos do autor, tradução nossa).

É importante perceber, no entanto, que o que estava em jogo na formalização desse método, ou mais especificamente, nessa atitude epistemológica, inaugurada na nascente ciências humanas por Lévi-Strauss não dependia exclusivamente de sua singularidade como pesquisador. Em um contexto marcadamente biologicista, no qual, não raras vezes, a antropologia francesa do fim do século 19 e início do século 20 se via intimamente vinculada a teorias abertamente racistas[53], era necessário um novo modelo de cientificidade que a elevasse ao patamar de uma ciência geral que desse conta da integração entre a natureza e a cultura.

É exatamente em meio a essa necessidade de confluência que, exilado em Nova York desde 1941 devido à ocupação alemã em Paris, Lévi-Strauss torna-se amigo de Jakobson e consolida de uma vez por todas a influência de Boas[54] em seu espírito, incorporando assim, a partir de então, o modelo linguístico ao seu trabalho. É aqui que se faz sentir a importância fundamental do pensamento de Saussure para o estabelecimento do estruturalismo francês.

---

[53] "Eu tenho uma resposta para isso, que me proponho apresentar-lhe. A antropologia biológica, física, compromete-se tanto com os racismos de todas as espécies, que era difícil recorrer a essa disciplina e basear nela essa miragem de uma ciência geral que integrasse tanto o físico quanto o cultural. Houve uma liquidação histórica da antropologia física, o que provocou a economia de um debate teórico. Claude Lévi-Strauss chega e o lugar foi limpo pela história" (Jean Jamin *apud* Dosse, 1993, p. 37).

[54] "A mais importante contribuição de Boas e sua influência sobre Lévi-Strauss terão sido a ênfase que deu à natureza inconsciente dos fenômenos culturais e a colocação das leis da linguagem no centro da inteligibilidade dessa estrutura inconsciente. O impulso linguístico estava dado, oriundo do campo da antropologia, a partir de 1911, e iria favorecer a fecundidade do encontro entre Lévi-Strauss e Jakobson" (Dosse, 1993, p. 37).

No entanto, ainda que seja tentador, qualquer tentativa de retomada sistemática do pensamento saussuriano revestir-se-ia imediatamente de uma dificuldade instransponível para os limites desse estudo. Essa dificuldade seria de ordem metodológica: como se sabe, o estruturalismo francês e, posteriormente, o estruturalismo europeu e norte-americano foram altamente devedores do sucesso da obra póstuma *Cours de linguistique générale*, publicado em 1916, atribuído a Saussure, mas escrito por três de seus alunos na Universidade de Genebra — Riedlinger, Bally e Sechehaye — a partir de notas tomadas durante as aulas nos anos letivos de 1907 até 1911, dois anos antes do falecimento do mestre genebrino.

Essa circunstância singular logo criou condições para o estabelecimento de uma acirrada discussão a respeito do "verdadeiro" Saussure, discussão que, se não for exagero dizer, retroalimentou a solidificação do paradigma linguístico saussuriano nas décadas seguintes. Um exemplo disso foi o "boom" fundamental do saussurianismo nas décadas de 1960 na França, onde apareceram várias publicações que se pautavam claramente pela tentativa ou de restabelecer o "*corpus* originário" do linguista genebrino[55] ou de desvelar a existência de um "outro" Saussure.

Logo, não haveria condições aqui de acompanhar toda a complexidade necessária para extrair o *tour de force* que o pensamento de Saussure experimentaria ao longo das décadas posteriores ao aparecimento do *Curso de Linguística Geral* (doravante chamado de CLG) na França ou nos EUA, sob pena de incorrer em uma superficialidade infértil ou, tanto pior, em uma digressão não condizente com os objetivos deste capítulo.

Mas, a despeito do tratamento das fontes saussurianas — verdadeiras ou não —, parece ser ponto pacífico de discussão o fato de que a contribuição de Saussure que resistiu ao escrutínio dos seus exegetas, antes e agora, tenha sido a sua teoria do valor, exatamente pelo seu status central para a compreensão geral do fenômeno linguístico, e também pelo forte impacto que tal noção teve no trabalho de Lévi-Strauss em particular e nos estruturalismos em geral. Vejamos mais de perto.

---

[55] Nesse sentido, foram fundamentais os famosos *Cahiers Ferdinand de Saussure*, uma série de publicações que contam 60 volumes editadas de 1967 a 2007 pela Universidade de Genebra e que se prestavam à descoberta de um "outro" Saussure. Destaco também o livro de Robert Godel intitulado *Sources manuscrites du Cours de linguistique générale* (1957) e a edição crítica do *Cours de linguistique générale*, Tullio de Mauro (1967), ambos editados também pela Universidade de Genebra.

Ora, como se sabe, desde 1789[56], o trabalho de Saussure se desenvolve a partir de uma oposição sistemática ao método histórico-comparatista em voga na sua época e vai em direção ao estabelecimento de uma linguagem inequívoca capaz de fazer uso de uma terminologia precisa, objetiva e de alcance universal como fundamento racional do estudo linguístico; afinal, como ele mesmo afirma, até então a linguística indo-europeia "[...] jamais se preocupou em determinar a natureza do seu objeto de estudo. Ora, sem essa operação elementar, uma ciência é incapaz de estabelecer um método para si própria" (Saussure, [1916] 2006, p. 10).

Nesse sentido, o que está em questão para Saussure no estabelecimento de uma linguagem universal como fundamento racional do estudo linguístico não é somente a circunscrição do campo semântico estrito que determinará a especificidade da linguística moderna, mas, sobretudo, trata-se precisamente da eleição do objeto privilegiado dessa disciplina, a língua. Diferentemente da fala (*parole*) que se situa na esfera individual, a língua (*langue*) assume um valor central para o pensamento de Saussure na medida em que ela é ao mesmo tempo uma instituição social e uma realidade sistemática e funcional.

Estamos aqui, portanto, imersos na famosa dicotomia saussuriana *langue/parole*. Antes, é importante destacar que essa dicotomia está em confluência com um importante debate sociológico da época: sob a pena de Saussure, parece que de um lado temos Durkheim e sua ideia de *fato social* articulados com a noção de *langue*, e, de outro, temos o pressuposto de Gabriel Tarde de que a Psicologia Social seria o fundamento da Sociologia como "fiadora" da noção de *parole*, promovendo uma espécie de conciliação entre as posições dos referidos autores. Nesse sentido, afirma Ilari (2007):

> A oposição entre atos linguísticos concretos e o sistema que lhes serve de suporte ficou conhecida como a "oposição *língua/fala* (ou oposição *langue/parole*)". Para melhor compreendê-la é útil referi-la a algumas distinções que foram elaboradas, no mesmo espírito, pelas ciências sociais. A referência mais óbvia são, nesse sentido, os estudos do sociólogo

---

[56] Sobre isso, ver os trabalhos de Saussure: (1879). *Mémoire sur le systeme primitif dans les langues indo-européennes*. London: Cambridge University Press, 2009 e (1881). *De l'emploi du genitif absolu en Sanskrit* (Thése pour le doctorat presentée à la Faculté de Philosophie de l'Université de Leipzig). London: Cambridge University Press, 2014. Para uma visão histórica mais abrangente do sistema de Saussure, ver: MILANI, Sebastião Elias. *Historiografia-Linguística de Saussure*. Goiânia: Kelps, 2011.

> francês Émile Durkheim sobre o suicídio. Nada é, à primeira vista, mais individual que o suicídio; entretanto, o suicídio só assume seu significado enquanto ato que se contextualiza no interior de uma determinada sociedade. Analogamente, os indivíduos que utilizam a linguagem o fazem sempre por iniciativa pessoal, mas sua ação verbal só tem os efeitos que tem pela existência de um sistema que o usuário compartilha com os outros membros da comunidade linguística de que faz parte. À luz dessa analogia, não admira que Saussure tenha qualificado a língua como um fenômeno social, e que tenha caracterizado a linguística como um ramo da psicologia social (Ilari, 2007, p. 58-59, grifos do autor).

Desse modo, a fala (*parole*) como um ato linguístico individual, e também por ser um fenômeno multifacetado e heterogêneo, a ponto de Saussure caracterizá-la no seu CLG como

> [...] um ato individual de vontade e inteligência, no qual convém distinguir: 1º, as combinações pelas quais o falante realiza o código da língua no propósito de exprimir seu pensamento pessoal; 2º, o mecanismo psicofísico que lhe permite exteriorizar essas combinações (Saussure, [1916] 2006, p. 22)

Não se presta a uma análise sistemática e, como tal, não forma sistema.

A língua (*langue*), por outro lado, como um sistema de signos distintos que exprimem ideias, corresponde a uma representação coletiva que se impõe de forma inexorável ao indivíduo na medida em que a sua unidade constitutiva — o signo — é social por natureza; isso significa dizer, portanto, que a língua é uma instituição social e, como tal, constitui-se como um elemento importante de organização social porque "propõe coercitivamente" (como qualquer outra instituição social) a coesão e a estabilidade da massa humana por meio de uma identidade linguística.

Dizer que a língua é uma instituição social que possui uma concretude não quer dizer evidentemente que nela não se reconheça uma certa multiplicidade; certamente os elementos da língua são variáveis. No entanto a variedade dos atos linguísticos sociais não representa, para Saussure, um índice de inconstância e heterogeneidade como os da fala ou do discurso (*parole*), por exemplo; ao contrário, somente a língua — por sua *natureza homogênea*[57] — pode ser objeto de um estudo rigorosamente científico exatamente porque seus elementos são recorrentes, constantes e sistemáticos.

> Ela [a língua] é um objeto bem definido no conjunto heteróclito dos fatos da linguagem. Pode-se localizá-la na porção determinada do circuito em que uma imagem auditiva vem associar-se a um conceito. Ela é a parte social da linguagem, exterior ao indivíduo, que, por si só, não pode nem cria-la nem modificá-la; ela não existe senão em virtude duma espécie de contrato estabelecido entre os membros da comunidade. Por outro lado, o indivíduo tem a necessidade de uma aprendizagem para conhecer-lhe o funcionamento; somente pouco a pouco a criança a assimila. A língua é uma coisa de tal modo distinta que um homem privado do uso da fala conserva a língua, contanto que compreenda os signos vocais que ouve. [...] A língua, distinta da fala, é um objeto que se pode estudar separadamente. [...] Não só pode a ciência da língua prescindir de outros elementos da linguagem como só se torna possível quando tais elementos não estão misturados (Saussure, [1916] 2006, p. 23).

Como se pode observar, dessa primeira e fundamental bifurcação saussuriana (*langue/parole*) advém a importância de estudar separadamente a língua como uma necessidade de fundamentação científica da linguística, já que "[...] esta é a primeira bifurcação que se encontra quando se procura estabelecer a teoria da linguagem" (Saussure, [1916] 2006, p. 28). Ora, não é de se estranhar que, por estar completamente consciente da natureza opositiva dos fenômenos linguísticos, Saussure nos conduza a uma outra oposição articulada com a primeira: trata-se do par *Sistema/Não sistema*.

Essa oposição se caracteriza exatamente pela equação *língua = sistema :: fala = não sistema*. A questão aqui é a garantia de que o sistema é maior que a individualidade concreta e que todos os elementos linguísticos devem ser estudados partindo da relação sincrônica com os outros elementos do sistema e de acordo com a sua funcionalidade no interior do sistema e não por suas características extralinguísticas. É bastante

---

[57] Infelizmente no CLG não há muitos esclarecimentos a respeito do caráter naturalmente homogêneo da língua. Lê-se somente essa passagem: "Enquanto a linguagem é heterogênea, a língua assim delimitada é de natureza homogênea: constitui-se num sistema de signos onde, de essencial, só existe a união do sentido e da imagem acústica, e onde as duas partes do signo são igualmente psíquicas" (Saussure, [1916] 2006, p. 23).

conhecida, por exemplo, a passagem em que Saussure usa a metáfora do xadrez na explicação dessa particularidade da sua teoria:

> No que concerne à Linguística interna, as coisas se passam de modo diferente: ela não admite uma disposição qualquer; a língua é um sistema que conhece somente sua ordem própria. Uma comparação com o jogo de xadrez fará compreendê-lo melhor. Nesse jogo, é relativamente fácil distinguir o externo do interno; o fato dele ter passado da Pérsia para a Europa é de ordem externa; interno, ao contrário, é tudo quanto concerne ao sistema e às regras. Se eu substituir as peças de madeira por peças de marfim, a troca será indiferente para o sistema; mas se eu reduzir ou aumentar o número de peças, essa mudança atingirá profundamente a "gramática" do jogo. Não é menos verdade que certa atenção se faz necessária para estabelecer distinções dessa espécie. Assim, em cada caso, formular-se-á a questão da natureza do fenômeno, e para resolvê-la, observar-se-á esta regra: é interno tudo quanto provoca mudança do sistema em qualquer grau (Saussure, [1916] 2006, p. 31-32).

O que temos aqui é a ideia de que qualquer elemento linguístico não deve levar em conta suas propriedades acidentais (estrutura acústica, variantes morfofonêmicas etc.), mas, antes, deve ser linguisticamente definido estritamente de acordo com as relações sintagmáticas (baseadas no caráter linear do signo linguístico em que se exclui a possibilidade de pronunciar dois elementos ao mesmo tempo, formando, então, a "cadeia da fala") e as relações paradigmáticas (nas quais cada elemento linguístico evoca no falante ou no ouvinte a imagem de outros elementos) que estes mantêm com outros elementos e, então, por sua função no interior do sistema.

Nesse sentido, portanto, podemos dizer que "[...] *a língua é uma forma e não uma substância*" (Saussure, [1916] 2006, p. 141, grifos do autor). É importante ressaltar que em Saussure o termo "forma" assume um valor filosófico e não estético, ou seja, está relacionada com a ideia de *essência* e não à *aparência*: a forma é constituída pelo arranjo, pela estrutura de relações entre os elementos linguísticos enquanto a substância é caracterizada pelos elementos desse arranjo. Vemos, pois, surgir um acréscimo na equação saussuriana onde agora pode-se ler: *língua = sistema = forma :: fala = não sistema = substância*. Isso é importante porque caracteriza de maneira exemplar a forma como Saussure define o seu paradigma linguístico; o que para os fins deste capítulo torna-se fundamental na medida em que é esse paradigma que posteriormente será o fundamento científico que Lévi-Strauss usará para a constituição do estruturalismo.

Após essa breve exposição, podemos ver com mais clareza a noção de valor em Saussure. Essa noção está relacionada fundamentalmente à ideia de forma e, diferentemente da significação (que está vinculada a uma ideia valorativa), estabelece que é somente nos termos de uma comparação entre os termos linguísticos que ela pode advir, já que uma palavra só pode ser comparada com outra palavra porque as duas têm a mesma "natureza". Sobre isso, afirma Saussure que

> [...] o valor de qualquer termo que seja está determinado por aquilo que o rodeia; nem sequer da palavra que significa "sol" se pode fixar imediatamente o valor sem levar em conta o que lhe existe ao redor; línguas há em que é impossível dizer "sentar-se ao sol" (Saussure, [1916] 2006, p. 135).

A noção de valor, portanto, está intimamente ligada à ideia saussuriana da natureza opositiva dos signos e, como tal, resulta de uma rede de oposições que as unidades linguísticas mantêm entre si no interior do sistema linguístico; nesse sentido, o valor linguístico é sempre um valor semântico significativo. Dito de outra maneira, um significante só tem valor diante de outro significante, e um significado só vale em relação a outro significado porque, sendo um elemento linguístico, cada signo possui seu próprio valor ao mesmo tempo em que determina o valor dos outros signos.

> Falar em *valor linguístico* a propósito de Saussure é, antes de mais nada, ressaltar a natureza opositiva do signo. o que fundamenta a especificidade de cada signo não é [...] o fato de que ele se aplica a certos objetos no mundo, e não a outros; é a maneira como a língua coloca esse signo em contraste com todos os demais. Nesse sentido, há uma diferença muito grande entre a teoria saussuriana do valor e a maneira tradicional de entender as unidades linguísticas, uma diferença que fica evidente tão logo se tenta caracterizar as mesmas realidades objetivas usando línguas diferentes (Ilari, 2007, p. 63, grifos do autor).

Saussure, portanto, ao destacar a relação significante/significado, postula que essa relação deve necessariamente ser pensada tendo como referência o sistema linguístico em que o signo se inscreve e, como consequência imediata disso, advém a necessidade de priorizar as relações lógicas que se estabelecem no interior do sistema linguístico; isso nos permite observar o quanto Saussure vai na contramão da tradição que pressupõe uma relação de equivalência entre as palavras e as ideias: ainda que o termo *estrutura* tenha um uso marginal no CLG (aparece somente três vezes!), há no texto do mestre genebrino indícios bastante evidentes da construção de um pensamento genuinamente estrutural (em termos lógicos, o sistema é mais fundamental que os objetos); no entanto, fica em suspenso a questão de saber se Saussure foi, de fato, como parece ser o entendimento geral, um *structuraliste avant la lettre*.

Como dito anteriormente, foi em seu exílio nova-iorquino que Lévi-Strauss passa a incorporar o paradigma linguístico ao seu trabalho; no entanto, o que isso significa? Ou, de maneira mais específica, como a perspectiva saussuriana da compreensão do fenômeno linguístico articula-se com a antropologia estrutural de Lévi-Strauss?

Como se sabe, o seu propósito ao tomar a Linguística como ciência-piloto estava intimamente associado não somente à pretensão de alçar as ciências humanas ao rigor científico das ciências naturais, mas, sobretudo, alcançar um método de análise que possibilitasse e garantisse o conhecimento dos fenômenos humanos em seu nível mais profundo já que

> No conjunto das ciências sociais ao qual pertence indiscutivelmente, a linguística ocupa, entretanto, um lugar excepcional: ela não é uma ciência social como as outras, mas a que, de há muito, realizou os maiores progressos; a única, sem dúvida, que pode reivindicar o nome de ciência e que chegou, ao mesmo tempo, a formular um método positivo e a conhecer a natureza dos fatos submetidos à sua análise (Lévi-Strauss, [1945] 2012, p. 43).

Antes, é necessário dizer, no entanto, que a perspectiva de Lévi-Strauss não se confunde nem com o culturalismo nem com o naturalismo na medida em que o objeto de sua antropologia pressupõe um duplo caráter da dimensão humana: a cultural e a natural (Lévi-Strauss, 2012); logo, é exatamente *entre* dois mundos que se situam os objetos aos quais se direcionam as suas investigações, é na passagem da natureza à cultura que se encontram as redes simbólicas somente inteligíveis mediante a análise estrutural dos fenômenos humanos. Em segundo lugar, é exatamente por se situar no espaço entre os mundos natural e cultural que as cadeias de relações simbólicas analisadas por Lévi-Strauss são estruturas essencialmente inconscientes e, como tais, necessitam de um recurso à metáfora como um elemento operador fundamental do simbólico.

Ora, uma compreensão dessa natureza traz consigo a necessidade de uma ultrapassagem da experiência sensível e dos níveis de racionalização a que estão impregnadas as experiências culturais para, enfim, ascender ao conhecimento científico das invariantes universais que dão unidade a toda diversidade de fenômenos humanos. Nesse sentido, afirma Lefebvre (1968), o método lévi-straussiano pressupõe uma

> [...] correspondência formal entre a estrutura da língua e a dos sistemas que o antropólogo e o sociólogo estudam. Essa correspondência, concebida como real ao mesmo tempo que como fundamento da inteligibilidade, assegura a coesão dos grupos sociais. A noção de Sistema, ligada às de coerência e de equilíbrio interno, passam para o primeiro plano, emprestando-se o protótipo (ou modelo) a linguística. A linguagem, com efeito, exige a coerência para garantir a comunicação e a "neutralização" de tudo aquilo que separa os indivíduos. O caráter sistemático da linguagem, isolado, acentuado, fornece assim o modelo geral do sistema (Lefebvre, 1968, p. 20-21).

Isso coloca, entre outras coisas, a questão da oposição Sistema *vs.* Estrutura no cerne da concepção do método lévi-straussiano. Se admitirmos resumidamente que o sistema é um conjunto concreto de elementos interdependentes que mantêm entre si relações funcionais e harmônicas (como parece ser o caso da língua em Saussure), podemos ver de uma maneira um pouco menos difusa a imagem da estrutura no pensamento de Lévi-Strauss na medida em que, a despeito das similaridades, aparece uma diferença importante: na concepção de estrutura salta aos olhos o seu caráter altamente abstrato de tal forma que ela não está necessariamente ligada à ideia de uma funcionalidade concreta, como é o caso de um sistema.

Em outras palavras, o conceito de estrutura em Lévi-Strauss é um modelo formal que atende a quatro condições fundamentais[58] e que corresponde a um todo formado por elementos solidários em que o que o que realmente importa é a relação lógica entre os seus elementos no interior da estrutura e não a uma realidade empírica particular.

> O princípio fundamental é que a noção de estrutura social não remeta à uma realidade empírica, e sim aos modelos construídos a partir dela. Fica assim aparente a diferença entre duas noções tão próximas que muitas vezes foram confundidas, isto é, *estrutura social* e *relações sociais*. As *relações sociais* são a matéria-prima empregada para a construção de modelos que tornam manifesta a própria *estrutura social*, que jamais pode, portanto, ser reduzida ao conjunto das relações sociais observáveis em cada sociedade (Lévi-Strauss, [1952] 2012, p. 301-302, grifos do autor).

A postura científica do pesquisador estruturalista vai ao encontro da adoção de uma atitude epistemológica capaz de traduzir as propriedades formais de uma estrutura em modelos abstratos passíveis de comparação independentemente dos elementos que a compõe, ou seja, não importando a natureza dos últimos, a tarefa do estruturalista é identificar e isolar os níveis de realidade que podem ser transladados em um modelo representacional abstrato. Trata-se menos do conteúdo dos elementos inter-relacionados que compõem a estrutura e mais da forma geral que essa estrutura assume como modelo.

Logo, a questão é a busca de leis gerais que possam explicitar os padrões de um fenômeno linguístico, cultural ou social qualquer. Isto é, na medida em que esse padrão, essa estrutura da qual decorre posteriormente a formulação de leis gerais, é subjacente ao fenômeno estudado, somente pode ser descoberto se for passível de uma decomposição analítica que demonstre e explique o *invariante universal* de cada fenômeno.

---

[58] "Consideramos que, para merecerem o nome de estrutura, modelos devem exclusivamente satisfazer a quatro condições. [...] Em primeiro lugar, uma estrutura apresenta um caráter de sistema. Consiste em elementos tais que uma modificação de qualquer um deles acarreta uma modificação de todos os demais. [...] Em segundo lugar, todos os modelos pertencem a um grupo de transformações, cada uma das quais correspondendo a um modelo da mesma família, de modo que o conjunto dessas transformações constitui um grupo de modelos. [...] Em terceiro lugar, as propriedades indicadas acima permitem prever de que modo reagirá o modelo em caso de modificação de um de seus elementos. [...] Finalmente, o modelo deve ser de tal modo construído que seu funcionamento possa dar conta de todos os fatos observáveis" (Lévi-Strauss, [1952] 2012, p. 302).

Nesse sentido específico, a estrutura é um sistema trans-histórico de transformações autorreguladas.

A busca do invariante universal[59] é, por assim dizer, uma obsessão metodológica em Lévi-Strauss porque é exatamente disso que advém toda a carga de rigor e cientificidade do método estrutural, ou seja, é pelo achado dos invariantes revelados ao nível dos modelos que se podem estabelecer o estudo sistemático das relações entre os objetos que, em si, não possuem quaisquer propriedades intrínsecas. Disso decorre um outro fator importante na constituição da concepção lévi-straussiana de estrutura que, infelizmente, não terei condições de tratar adequadamente aqui, mas que, ainda assim, gostaria ao menos de indicar: trata-se da influência decisiva da reorganização matemática empreendida por Nicolas Bourbaki[60] em seu pensamento.

De todo modo, devido à sua influência e à abrangência de seu uso, o conceito de estrutura formulado por Lévi-Strauss tornou-se, se não for exagero afirmar, um ponto de impossibilidade fundamental no pensamento sociológico da segunda metade do século 20, sobretudo na França, porque é a centralidade desse conceito que determinará não somente os rumos do que posteriormente será conhecido como antropologia estrutural, mas também de toda uma geração de intelectuais que procurarão, definitiva ou temporariamente, abrigar-se das "tempestades ideológicas" sob o guarda-chuva generoso da avassaladora paixão pelo sistema.

Após o até aqui exposto, acredito que agora terei condições de retomar sob outros termos a proposição crítica formulada no início deste capítulo: a de argumentar no sentido de que a chamada morte do sujeito em causa no programa estruturalista não é somente o *segundo round* de uma batalha anterior, mas, acima de tudo, é a dissimulação da verdade dessa luta. Em outras palavras, o que quero dizer é que a desvalorização da noção marxista de historicidade e o eclipsamento da questão do sujeito

---

[59] Tanto em sua tese *As estruturas elementares do parentesco*, publicada em 1949 e que imediatamente foi alçada ao posto de um clássico moderno, quanto na sua tese complementar publicada no ano seguinte intitulada *A vida familiar e social entre os Nambikwara*, Lévi-Strauss atribui ao incesto — tema central dos dois trabalhos — o status de invariante universal.

[60] Na verdade, Nicolas Bourbaki não é um nome próprio; é o pseudônimo de um grupo de matemáticos — majoritariamente de origem francesa — que, durante a década de 1930 na Escola Normal Superior de Paris, iniciaram a publicação de uma série de estudos com o objetivo de reorganizar a matemática moderna a partir da noção de estrutura. Sobre a influência dos trabalhos desse grupo no pensamento de Lévi-Strauss, ver: "Simetria e entropia: sobre a noção de estrutura em Lévi-Strauss", de Mauro W.B. de Almeida em *Revista de Antropologia* [online], Departamento de Antropologia da Faculdade de Filosofia, Letras e Ciências Humanas da Universidade de São Paulo, v. 42, n. 1-2, p. 163-197, 1999.

promovido pela análise estrutural é tão somente a consequência de um embate entre a dimensão ontológica da metafísica e o plano epistemológico da ciência que aparece sob uma forma reificada.

Nesse sentido, portanto, e na esperança de conseguir ilustrar melhor a minha posição a respeito desse problema — tão controverso quanto fascinante —, gostaria de elencar ao menos dois elementos intimamente relacionados e que a mim me parecem extremamente significativos.

O primeiro deles refere-se a uma certa tendência à fixidez temporal associada ao esvaziamento conteudístico dos objetos e ao obscurecimento do sujeito como questão. Em *As estruturas elementares de parentesco* ([1949] 1982), Lévi-Strauss afirma que as relações de parentesco se constituem como um sistema de trocas simbólicas que, em conjunto com as formas de comunicação presentes no interior desse sistema de trocas, são passíveis de interpretação sociológica a partir de sua infraestrutura inconsciente. Então, estudando as mais variadas relações de parentesco em diversas civilizações, Lévi-Strauss verificou que nesses sistemas simbólicos havia um princípio fundamental responsável pela organização das trocas simbólicas e que possibilitava a manutenção da base cultural da sociedade reatualizando assim as estruturas numa mesma direção, isto é, apesar da diversidade cultural existente nas civilizações, havia uma mesma relação fundamental que dava consistência à estrutura: a proibição do incesto.

Logo, o que está em questão é a existência em todas as sociedades de um sistema de trocas simbólicas articulados como uma estrutura de linguagem determinadas por uma lei inconsciente responsável pela realização da passagem para o âmbito da cultura e, como tal, pela instauração da ordem simbólica. Nesse sentido, afirma Lévi-Strauss:

> Mas em tudo isso deve haver, contudo, uma lógica, se os sistemas de parentesco são, realmente, sistemas e se, como todo o nosso trabalho procurou demonstrar, estruturas formais conscientes ou inconscientemente apreendidas pelo espírito dos homens, constituem a base indestrutível das instituições matrimoniais, da proibição do incesto pela qual a existência dessas instituições torna-se possível, e da cultura, da qual a proibição do incesto constitui um elemento (Lévi-Strauss, [1949] 1982, p. 483).

Dessa forma, é importante para o nosso autor a ideia de que em todas essas formas sociais, sejam elas relações de matrimônio, esportivas ou mesmo políticas, são

> [...] diferenças de grau e não de natureza, de generalidade e não de espécie. Para compreender sua base comum é preciso invocar certas estruturas fundamentais do espírito humano e não esta ou aquela região privilegiada do mundo ou período da história (Lévi-Strauss, [1949] 1982, p. 114).

Vê-se, desse modo, que o que a análise lévi-straussiana permite atingir é a estrutura inconsciente subjacente a cada instituição e/ou costume; porém, ao obter um princípio interpretativo válido (por seu valor formal) e aplicável em quaisquer relações sociais, não estaria Lévi-Strauss abrindo um precedente para que a pesquisa das estruturas se confunda com a das leis invariáveis no tempo?

Há razões para acreditar que sim. Talvez a principal delas seja a explícita disposição lévi-straussiana em sacrificar o sentido da História no altar epistemológico da ciência: afinal, não seria exatamente disso que se trata na consideração de que toda a realidade social é um conjunto de sistemas simbólicos/comunicacionais que só se torna adequadamente inteligível pelo método da linguística moderna e, portanto, de que toda particularidade das ciências humanas deve ser submetida ao rigor científico de uma semiologia geral? Em *História e etnologia*, vemos uma posição que corrobora esse argumento porque parece ir em direção a uma espécie de conceito de "razão transcendente" que tem na estrutura da linguagem um modelo de código universal que permite rastrear "traços humanos" independentemente da história e do sujeito.

> Se, como cremos, a atividade consciente do espírito consiste em impor formas a um conteúdo, e se essas formas são fundamentalmente as mesmas para todos os espíritos, antigos e modernos, primitivos e civilizados (como mostra tão claramente o estudo da função simbólica tal como expressa na linguagem), é necessário e suficiente atingir a estrutura inconsciente, subjacente a cada instituição e a cada costume, para obter um princípio de interpretação válido para outras instituições e outros costumes, contanto, evidentemente, que se avance suficientemente na análise (Lévi-Strauss, [1949b] 2012, p. 35).

O problema, evidentemente, não é somente a busca pelo excessivo rigor científico que a análise estrutural se dispõe a perseguir e sustentar; é, antes, a concessão que tal pretensão exige. Em primeiro lugar, temos a suposição do afastamento radical de toda atividade subjetiva (a famosa metáfora do "olhar distanciado"[61]) que seria extremamente necessária para a tarefa do antropólogo estruturalista porque o permitiria descrever, sem as obscurantistas "paixões ideológicas", o grupo de transformações da qual extrair-se-ia o invariante universal. Temos também, em um segundo momento, um substancial esgotamento da dimensão temporal que reduz a História somente a uma série de variantes idiossincráticas que levam à pressuposição de que exista — como queria Marx — um sujeito histórico indiscutivelmente ligado à noção de classe social; fato que em Lévi-Strauss deve ser relativizado em favor das estruturas inconscientes, pois, se a História encarrega-se do real tal como aparece nos eventos (políticos, religiosos etc.), cabe à antropologia estrutural a investigação das condições de possibilidade desse real.

A utilização de uma terminologia kantiana na caracterização do objetivo maior do estruturalismo não é, de modo algum, arbitrária. Ela se deve exatamente ao que acredito ser o carro-chefe do programa lévi--straussiano: a anulação completa de todo resquício humanista que porventura pudesse restar do sujeito transcendental kantiano (e, claro, de toda tradição humanista posterior, incluindo Hegel, Marx e Sartre), limpando assim — via dissolução da subjetividade humana projetada no mundo pela Razão — todo o "odor" metafísico do conhecimento científico. Vemos então que se em Hume e Kant a metafísica tradicional (pré-crítica) é impossível como ciência porque a realidade em si é incognoscível, na perspectiva científica de Lévi-Strauss é a própria metafísica (inclusive àquela constituída a partir da crítica kantiana) que deve desaparecer porque a ela não cabe nenhum objeto passível de ser conhecido; se no primeiro caso estabeleceu-se um limite à própria razão, no segundo houve uma substituição da razão filosófica pela razão científica: o estruturalismo seria, portanto, o "momento francês" da morte da metafísica.

Nesse sentido, afirma Lévi-Strauss:

> O estruturalismo reintegra o homem na natureza e, se permite fazer abstração do sujeito — insuportável *enfant gâté* que tem ocupado tempo demais na cena filosófica e impedido qualquer reflexão séria, ao exigir atenção exclusiva —,

---

[61] Lê-se em *Tristes Trópicos* a afirmação de que "[...] para alcançar o real, é preciso primeiro repudiar o vivido" (Lévi-Strauss, [1955] 1957, p. 84).

> parece não ter sido notado que tem outras consequências [...]. Pois o estruturalismo é resolutamente teleológico. Após uma longa proscrição, por um pensamento científico ainda imbuído de mecanicismo e empirismo, foi ele que devolveu à finalidade o seu lugar e a tornou novamente respeitável. Os que nos criticam em nome dos valores sagrados da pessoa humana, se fossem coerentes consigo mesmos, argumentariam de outro modo. Deveriam dizer: se a finalidade postulada por todos os seus procedimentos não está nem na consciência nem no sujeito, aquém dos quais você pode situá-la, onde estaria, a não ser fora deles? (Lévi-Strauss, [1983] 2011, p. 160, grifos do autor).

Desse modo, parece ser bastante pertinente a famosa tese de Ricoeur (1963)[62] de que o estruturalismo seja um "kantismo sem sujeito transcendental". De fato, o procedimento metodológico que Lévi-Strauss desenvolve e leva adiante em suas análises antropológicas vai na direção da construção de uma noção de humanidade que não faz apelo a um sistema de referência particular (a estrutura é sem referente) e, portanto, constitui-se como um sistema pensado sem pensamento-pensante (sem sujeito) ao mesmo tempo que promove um esvaziamento dos objetos já que é somente pela extração dos seus conteúdos significativos que eles podem adequar-se à formalidade do sistema abstrato.

Resta agora, para concluir, passar ao segundo elemento que me dispus a discutir e que foi parcialmente inspirado no trabalho do saudoso Carlos Nelson Coutinho (2010): certamente, trata-se da pretensão ontológica do estruturalismo.

O programa estruturalista de Lévi-Strauss apresenta-se inequivocamente como uma expressão necessária da natureza epistemológica do seu objeto de análise, isto é, na medida em que nega toda e qualquer possibilidade de transcendência no interior dos processos sociológicos, exibe-se como o único e revolucionário *método imanente* capaz de garantir um processo de racionalização estritamente científico dos fenômenos sociais. Ora, isso pressupõe fundamentalmente a determinação da natureza da própria realidade enquanto tal; o que, nesse caso, acabou por fundar uma concepção global essencialmente semiológica da realidade social.

---

[62] Para a resposta de Lévi-Strauss, ver: *Autour de la Pensée Sauvage: Réponses à quelques questions*. Etretien du "groupe philosofique" d'Esprit avec Claide Lévi-Strauss (novembro 1963).

> De um ponto de vista mais teórico, a linguagem também se apresenta como uma condição da cultura, na medida em que esta possui uma arquitetura similar à da linguagem. Ambas se constroem por intermédio de oposições e correlações ou, em outras palavras, de relações lógicas. De modo que a linguagem pode ser considerada como uma fundação, destinada a receber as estruturas, às vezes mais complexas, mas do mesmo tipo que as suas, que corresponde à cultura tomada em seus vários aspectos (Lévi-Strauss, [1953] 2012, p. 80).

Pode-se observar, desse modo, que, igualmente ao seu amigo Jakobson[63], a questão fundamental para o nosso autor é a afirmação de que a determinação da realidade objetiva é essencialmente semiológica já que esta última não é senão um conjunto formal e abstrato de sistemas simbólicos/comunicacionais. O pesquisador estruturalista concentra-se não mais na análise do objeto (desprovido de conteúdo e de uma racionalidade imanente), mas puramente na descrição formal dos processos racionais que, como condição mesma de sua própria efetivação enquanto tal, deve necessariamente estabelecer limites para a atividade cognoscente.

Isso significa que a realidade humana objetiva (em seu sentido histórico), para Lévi-Strauss, é completamente caótica e desprovida de sentido, sendo necessário, inclusive, para uma busca científica da inteligibilidade dos invariantes, sair dela sem destruí-la por completo; de tal ato metodológico (e também político) deriva, portanto, sua pretensão "ontológica": uma espécie de *ontologização da estrutura* que nega de forma determinada ao sujeito, direta ou indiretamente, qualquer possibilidade de ação emancipatória e que, em última instância, acaba por esvaziar o próprio conteúdo da noção de liberdade humana.

> Basta reconhecer que a história é um método ao qual não corresponde um objeto específico e, por conseguinte, recusar a equivalência entre a noção de história e a de humanidade que nos pretendem impor com o fito inconfessável de fazer da historicidade o último refúgio de um humanismo transcendental, como se, com a única condição de renunciar aos *eus* por demais desprovidos de consciência, os homens pudessem reencontrar no plano do nós a ilusão de liberdade. [...] De fato, a história não está ligada ao homem nem a

---

[63] "No mais, só se pode concordar com nosso amigo N. McQuown, que compreendeu perfeitamente que não há igualdade entre os diferentes sistemas de signos e que o sistema semiótico mais importante, a base de todo o restante, é a linguagem: a linguagem é de fato o próprio fundamento da cultura. Em relação à linguagem, todos os outros sistemas de símbolos são acessórios ou derivados" (Jakobson, 1969, p. 18).

> nenhum objeto particular. Ela consiste, inteiramente, em seu método, cuja experiência prova que ela é indispensável para inventariar a integralidade dos elementos de uma estrutura qualquer, humana ou não-humana. Portanto, longe de a busca da inteligibilidade levar à história como seu ponto de chegada, é a história que serve de ponto de partida para toda a busca de inteligibilidade. Tal como se diz de algumas carreiras, a história leva a tudo mas com a condição de sair dela (Lévi-Strauss, [1962] 1989, p. 290-291, grifos do autor).

Vemos surgir aqui, como em um passe de mágica, dois momentos distintos, mas intimamente relacionados de um curioso processo de reificação relacionado ao embate entre ontologia e epistemologia.

Em primeiro lugar, podemos observar de maneira explicita sua *aparência*: como um método que pretendia ser um porto seguro para a análise científica dos fenômenos sociais contra as "tempestades ideológicas" promovidas pelo humanismo/historicismo marxista converte-se, ele mesmo, em uma ideologia ou, segundo a feliz expressão de Lefebvre, em um novo eleatismo[64]? Em um segundo momento, podemos ver a *verdade* dessa operação ideológica na medida em que ocorre uma inversão que vai no sentido de colocar no primeiro plano da realidade social categorias epistemológicas e não mais — como vinha sendo a tradição desde Marx — questões ontológicas, ou seja, a questão não seria mais, a partir de então, a ideia de que a racionalidade subjetiva manteria uma relação dialética com as leis imanentes do ser social em sua realidade ontológica e sim a projeção na realidade social objetiva de configurações epistemológicas formais e abstratas oriundas da necessidade de aplicação metodológica e, em última análise, da própria subjetividade do pesquisador estruturalista.

Mas, se o contexto parisiense da segunda metade do século 20 produziu um programa que se pautaria pela morte do sujeito, não devemos estranhar o fato de que essa experiência também produziria, no interior do seu bojo, as condições de uma ultrapassagem desse horizonte e, no limite, de uma formidável reordenação das linhas de força que definirão para sempre os termos do debate a respeito do problema do sujeito e dos temas a ele associados.

---

[64] "Que visa, portanto, o novo eleatismo? Ele não quer mais contestar, como o antigo, o movimento sensível, negá-lo e rejeitá-lo para o aparente. Ele contesta os movimentos na história. Não se contenta mais com negar a história como ciência; contesta a historicidade fundamental concebida por Marx ao considerá-la como uma ideologia desvalorizada. Este repúdio constitui a nova ideologia, apresentada com o vocabulário do rigor, da precisão, da ciência. Com a historicidade, caem a procura do sentido, a contradição dialética e o trágico" (Lefebvre, 1968, p. 17-18).

CAPÍTULO 5

UM FUNERAL INCONCLUSO

Eu gostaria de dizer, antes de mais nada, qual foi o objetivo do meu trabalho nos últimos vinte anos. Não foi analisar o fenômeno do poder nem elaborar os fundamentos de tal análise. [...] Meu objetivo, ao contrário, foi criar uma história dos diferentes modos pelos quais, em nossa cultura, os seres humanos tornaram-se sujeitos.

(Michel Foucault)

No capítulo anterior, vimos algumas questões acerca da constituição do paradigma estruturalista (mais precisamente sobre o conceito mesmo de estrutura) bem como alguns aspectos de sua aplicabilidade ao estudo das sociedades e, possivelmente de maneira breve e talvez um tanto difusa, o espectro dos seus limites. No que se refere a este último ponto, procurei salientar que, como um sistema de pensamento sem pensamento-pensante, o método estrutural e sua política de ataque ao conceito de historicidade e à noção de sujeito, acabava por reduzir a História – mesmo sem descartá-la completamente — a uma dimensão fenomênica caracterizada pela aparência e pela ilusão de comportar em si as promessas de uma realização emancipatória; portanto, ao sujeito não caberia nenhuma ação política que realizasse a liberdade humana.

O estruturalismo começa a ruir como programa acadêmico/político hegemônico na França[65] a partir das irrupções do Maio de 1968 (esse seria, ao menos, seu marco simbólico); no entanto, como se sabe desde Freud e sua noção de *urvater*, há mortes que não significam necessariamente o pronto desaparecimento do morto; ao contrário, há mortes que produzem cadáveres consideráveis que continuam assombrando os viventes. Não

---

[65] A despeito disso, é interessante notar que a partir dos anos 1960, na América Latina em geral e no Brasil em particular, houve um franco desenvolvimento de estudos econômicos ligados ao paradigma estrutural que foram (e ainda são) muito importantes na formulação e caracterização de teorias políticas e econômicas vinculadas à noção de subdesenvolvimento: trata-se da "Escola Cepalina", nome dado às contribuições de um grupo de intelectuais, entre eles o brasileiro Celso Furtado, ligados à Comissão Econômica para a América Latina e o Caribe (CEPAL). Sobre isso, ver: RODRIGUEZ, Octavio. **O estruturalismo latino-americano**. Tradução de Maria Alzira Brum Lemos. Rio de Janeiro: Civilização Brasileira, 2009.

seria esse o caso da tão propalada morte do sujeito operada pelo estruturalismo? Não seria exatamente em meio ao seu cortejo fúnebre que o moribundo misteriosamente daria sinais de vida fazendo com o que seu funeral fosse inconcluso?

Se a resposta a essa questão for afirmativa, temos razões para acreditar que essa experiência de quase-morte só foi realmente possível devido ao trabalho de dois franceses que, se antes pareciam estar convencidos do mortal diagnóstico, agora caminhavam na direção da ideia de que o paciente ainda respirava e, mais importante, era necessário que assim permanecesse: estou me referindo a Michel Foucault e Jacques Lacan.

Neste capítulo trata-se de discutir as razões do *tournant* do primeiro. Os termos dessa discussão, no entanto, não podem se dar no sentido de uma espécie de reconstrução das linhas de força que constituem o problema do sujeito no pensamento de Foucault em sua totalidade pois, devido à sua abrangência histórica e à complexidade temática do seu pensamento, isso soaria demasiado pretensioso e, pior, seria completamente impossível. Ainda que possa parecer estranho a alguns, é bastante sensata a ideia de que a escritura de um texto também possa ser um bom exercício diário de evitação de uma certa vaidade narcísica da qual somos todos acometidos — nós, os *escrevinhadores*; nesse sentido, acredito que o feliz reconhecimento de uma boa dose de incompetência é uma condição fundamental para a realização de um bom trabalho.

Meu objetivo é bem mais simples, embora não menos trabalhoso. A questão aqui é apresentar, na medida do possível, uma dimensão extremamente importante do trabalho de Foucault (que a meu juízo, guarda uma similaridade estratégica com Freud e Lacan) e que se torna bastante evidente na última fase do seu pensamento: trata-se da ideia de que a constituição do *sujeito de si* como sujeito ético pressupõe necessariamente, para a sua realização, a existência da liberdade não somente como condição de possibilidade das relações de saber/poder, mas também como uma espécie de *fenda* criadora de um "espaço de fuga", de uma resistência possível a essas determinações.

Como se sabe, a perspectiva analítica de Foucault a respeito desse problema insere-se dentro de um contexto de crítica à noção tradicional do sujeito, isto é, àquela noção moderna que afirmava que o sujeito é autorreferente, dotado de autonomia e das capacidades teórico/práticas da razão e, portanto, um sujeito *já dado* e desde sempre disposto a atuar no mundo (o sujeito cartesiano-kantiano), Foucault apresenta uma concepção de sujeito heterogêneo e descentrado, finito e historicamente situado. Ora, essa concepção vai em um sentido diametralmente oposto da tradição universalista das filosofias "antropologizantes" que acabam por reduzir o *homem* às investigações pautadas pelo par "empírico/transcendental" que promove, em última instância, uma espécie de "sono antropológico" da filosofia moderna.

> [...] a função transcendental vem cobrir com sua rede imperiosa o espaço inerte e fosco da empiricidade: inversamente, os conteúdos empíricos animam-se, restabelecem-se um pouco, levantam-se e são subsumidos logo num discurso que leva longe a sua presunção transcendental. E eis que nessa Dobra um novo sono se apoderou da Filosofia; não já o do Dogmatismo, mas o da Antropologia. Todo o conhecimento empírico, desde que diga respeito ao homem, passa a valer como campo filosófico possível, onde deve descobrir-se o fundamento do conhecimento, a definição dos seus limites e, finalmente, a verdade de toda a verdade. A configuração antropológica da filosofia moderna consiste em desdobrar o dogmatismo, reparti-lo em dois níveis diferentes que se apoiam um no outro e se limitam um pelo outro: a análise pré-crítica do que é o homem em sua essência converte-se na analítica de tudo o que pode dar-se em feral à experiência do homem (Foucault, [1966] 1999, p. 470-471).

Uma outra importante questão relacionada a essa é a noção, tão cara à crítica de Nietzsche[66] ao ideário iluminista de um homem universal/transcendental, de que o sujeito em Foucault é um sujeito temporal, historicamente constituído como um "ser" situado e dependente, para sempre marcado por sua dimensão finita, provisória e atual; por causa disso, para Foucault, não caberia buscar na história uma origem (*Ursprung*) como dimensão privilegiada de uma verdade essencial e escondida[67]. Em outras palavras,

---

[66] "De agora em diante, senhores filósofos, guardemo-nos bem contra a antiga, perigosa fábula conceitual que estabelece um 'outro sujeito do conhecimento, isento de vontade, alheio à dor e ao tempo', guardemo-nos dos tentáculos de conceitos contraditórios como 'razão pura', 'espiritualidade absoluta', 'conhecimento em si'; – tudo isso pede que se imagine um olho que não pode absolutamente ser imaginado, um olho voltado para nenhuma direção, no qual as forças ativas e interpretativas, as que fazem com que ver seja ver-algo, devem estar imobilizadas, ausentes; exige-se do olho, portanto, algo absurdo e sem sentido" (Nieztsche, [1887] 1998, p. 109)

[67] Ver: FOUCAULT, Michel. Nietzsche, a Genealogia e a História (1971). *In:* FOUCAULT, Michel. **Arqueologia das ciências e história dos sistemas de pensamento (ditos e Escritos II)**. Rio de Janeiro: Forense Universitária, 2013.

o sujeito em Foucault, não podendo ser o autor da História porque ela o precede, é, sobretudo, um vivente da história já que seus processos de (in)determinação estão mergulhados nela. Nesse sentido, afirma Foucault que

> É preciso se livrar do sujeito constituinte, livrar-se do próprio sujeito, isto é, chegar a uma análise que possa dar conta da constituição do sujeito na trama histórica. É isto que eu chamaria de genealogia, isto é, uma forma de história que dê conta da constituição dos saberes, dos discursos, dos domínios do objeto, etc., sem ter que se referir a um sujeito, seja ele transcendente com relação ao campo de acontecimentos, seja perseguindo sua identidade vazia ao longo da história (Foucault, [1978] 1979, p. 7).

No entanto é bom que se diga que a crítica ao sujeito constituinte empreendida por Foucault não significa que ele rompa definitivamente com os grandes debates acerca das relações entre humanismo e o problema do sujeito (ele próprio se pronunciou a esse respeito[68]); o sentido da crítica ao sujeito torna-se indispensável para Foucault na medida em que é o sujeito transcendental o principal alicerce de uma concepção de história linear e causal e, portanto, que se fundamenta em uma espécie de *continuidade* teleológica dos processos históricos.

> A história contínua é o correlato indispensável à função fiadora do sujeito: a garantia de que tudo que lhe escapou poderá ser devolvido; a certeza de que o tempo nada dispensará sem reconstitui-lo em uma unidade recomposta; a promessa de que o sujeito poderá, um dia — sob a forma da consciência histórica —, se apropriar, novamente, de todas essas coisas mantidas a distância pela diferença, restaurar seu domínio sobre elas e encontrar o que se pode chamar sua morada. Fazer da análise histórica o discurso do contínuo e fazer da consciência humana o sujeito originário de todo o devir e de toda prática são as duas faces de um mesmo sistema de pensamento. O tempo é aí concebido em termos de totalização, onde as revoluções jamais passam de tomadas de consciência. Sob formas diferentes, esse tema representou um papel constante

---

[68] "Ora, creio que justamente se pode opor a essa temática, tão frequentemente recorrente e sempre dependente do humanismo, o princípio de uma crítica e de uma criação permanente de nós mesmos em nossa autonomia; ou seja, um princípio que está no cerne da consciência histórica que a *Aufklärung* tinha tido dela mesma. Desse ponto de vista, eu veria mais uma tensão entre a *Aufklärung* e o humanismo do que uma identidade. [...] Em todo caso, confundi-los me parece perigoso; e, além disso, historicamente inexato" (Foucault, [1984b] 2013, p. 363).

desde o século XIX: proteger, contra todas as descentralizações, a soberania do sujeito e as figuras gêmeas da antropologia e do humanismo (Foucault, [1969] 2008, p. 14).

A crítica a essa noção de continuidade histórica que parece ir no sentido do que poderíamos chamar de "determinação indeterminada" da história e, consequentemente, do sujeito em Foucault (que em certa medida se aproxima daquela proposta por Marx[69]) é importante porque garante um espaço de complexidade discursiva na qual o sujeito é o produto dessa complexidade que se materializa em um determinado contexto histórico. Nesse sentido, portanto, a questão do sujeito no trabalho de Foucault corresponde a uma ampla análise histórica que o objetiva (o sujeito) a partir de três caminhos, a saber: em sua fase arqueológica, o sujeito se constitui pelo saber; em sua fase genealógica, são as relações de poder que possibilitam uma ação constitutiva do sujeito; e, finalmente, em sua fase ética o sujeito constitui-se a partir de si mesmo.

A partir de meados da década de 1970, Foucault opera um reordenamento das suas pesquisas arqueológicas para o contexto da determinação dos traços mais significativos do que ele nomeou como sociedade disciplinar. Isso pressupunha, entre outras coisas, uma discussão mais precisa a respeito de uma noção de poder que se desse fora dos parâmetros instituídos pela tradição jurídica-filosófica, isto é, para captar a operacionalidade das técnicas disciplinares, seria fundamental que essa noção de poder pudesse escapar de uma certa dimensão negativa — a "hipótese repressiva" —, para tornar-se, então, um radical questionamento desse paradigma.

Em um contexto político francamente adverso a uma ruptura dessa envergadura[70], Foucault então passa à crítica dessa noção majoritária de

---

[69] "A burguesia não pode existir sem revolucionar incessantemente os instrumentos de produção, por conseguinte, as relações de produção e, com isso, todas as relações sociais. [...] Essa subversão contínua da produção, esse abalo constante de todo o sistema social, essa agitação permanente e essa falta de segurança distinguem a época burguesa de todas as precedentes. Dissolvem-se todas as relações sociais antigas e cristalizadas, com seu cortejo de concepções e de ideias secularmente veneradas; as relações que a substituem tornam-se antiquadas antes de se consolidarem. Tudo que é sólido e estável se desmancha no ar, tudo o que era sagrado é profanado e os homens são finalmente obrigados a encarar sem ilusões a sua posição social e suas relações com os outros homens" (Marx; Engels, [1848] 2010, p. 43).

[70] "Não vejo quem — na direita ou na esquerda — poderia ter colocado este problema do poder. Pela direita estava somente colocado em termos de constituição, de soberania, etc., portanto, em termos jurídicos; e, pelo marxismo, em termos de aparelhos de Estado. Ninguém se preocupava com a forma como ele se exerce concretamente e em detalhes, com sua especificidade, suas técnicas e suas táticas. Contentava-se em denunciá-lo no 'outro', no adversário, de uma maneira ao mesmo tempo polêmica e global: o poder no socialismo soviético era chamado por seus adversários de totalitarismo; no capitalismo ocidental, era denunciado pelos marxistas como dominação de classe; mas a mecânica do poder nunca era analisada" (Foucault, 1979, p. 6).

poder. Ele não entende o poder a partir de sua concepção tradicional, na qual ele é uma espécie de substância passível de apropriação e que, portanto, passa a atuar sob a forma do Estado e de maneira fundamentalmente coercitiva e vertical sobre o corpo da sociedade; ao contrário, para o nosso autor, o poder é descentralizado, porque não se reduz à forma estatal já que podemos encontrá-lo em outras formações sociais como a família etc., é dinâmico, já que tem ampla circularidade no tecido social, e positivo, na medida em que produz sistematicamente sujeitos dóceis. Em sua *Microfísica do poder*, ele afirma que:

> O poder deve ser analisado como algo que circula, ou melhor, como algo que só funciona em cadeia. Nunca está localizado aqui ou ali, nunca está localizado nas mãos de alguns, nunca é apropriado como uma riqueza ou bem. O poder funciona e se exerce em rede. Nas suas malhas os indivíduos não só circulam mas sempre estão em posição de exercer este poder e de sofrer a sua ação: nunca são o alvo inerte ou consentido do poder, são sempre centros de transmissão. Em outras palavras, o poder não se aplica aos indivíduos, passa por eles (Foucault, 1979, p. 183).

Nesse sentido, o exercício do poder em Foucault jamais deve ser tomado em uma relação de equivalência à noção de tirania porque o poder, como já foi dito, é positivo: o seu exercício não se destina à repressão dos indivíduos, mas, antes, à sua docilização, isto é, pretende ser uma "instância imaterial" que garanta a aquisição de certas competências e a reprodução de determinadas condutas. Em outra passagem de sua extensa obra, afirma Foucault a esse respeito que

> O poder, no fundo, é menos da ordem do afrontamento entre dois adversários, ou do vínculo de um em relação ao outro, do que da ordem do "governo". Devemos deixar para este termo a significação bastante ampla que tinha no século XVI. Ele não se referia apenas às estruturas políticas e à gestão dos Estados; mas designava a maneira de dirigir a conduta dos indivíduos ou dos grupos. [...] Ele não recobria apenas formas instituídas e legítimas de sujeição política ou econômica; mas modos de ação mais ou menos refletidos e calculados, porém todos destinados a agir sobre as possibilidades de ação de outros indivíduos (Foucault, 1995, p. 244).

Estamos, como se pode notar, no âmbito da concepção foucaultiana do ordenamento de um poder que constitui a Modernidade e que se desenvolve, no pensamento de Foucault, a partir de uma "instância reflexiva" sobre os modos de governar: a biopolítica[71]. Dessa concepção fundamental, que aqui será tratada somente em termos evocativos, decorre um duplo deslocamento bastante significativo no que se refere à tradição da filosofia política ocidental: em primeiro lugar, na medida em que a chave da compreensão do fenômeno do poder não deveria ser buscada nos planos de uma problemática da soberania e da lei, observa-se um "passo a mais" dado por Foucault ao propor, em detrimento da centralidade até então dada à figura do poder encarnado no Estado (o *Príncipe* de Maquiavel seria essa figura por excelência), que o problema do poder deveria ser tomado nos termos de um deciframento dos seus mecanismos de produção e realização, pois, em sua analítica do poder, trata-se fundamentalmente de pensá-lo em termos de correlação de forças (Foucault, [1976] 1988, p. 91).

O segundo deslocamento, intimamente relacionado ao anterior, vai na direção da extração das consequências teóricas e políticas estratégicas do rompimento com esse esquema binário "dominantes/dominados" consolidados pela tradição. Na medida em que o poder é positivo e, como tal, produtor de coordenadas que determinam não somente a ação individual dos sujeitos assujeitados pelas técnicas de governamentabilidade, como também o horizonte possível do seu campo de ação individual, trata-se, sobretudo, de pensar nas possibilidades de resistência a essas relações de poder; em última análise, o que está colocado como problema aqui é a relação entre poder e liberdade.

Essa relação, em Foucault, adquire uma configuração bastante específica porque ela não se dá sob a rubrica do antagonismo que ao insistir na especificidade absoluta de um dos termos acaba por excluir quaisquer possibilidades de relação entre as partes; ao contrário, Foucault sustenta que, embora conflituosas em sua constituição, o relacionamento entre poder e liberdade é agonisticamente imanente às mesmas tramas e, por-

---

[71] "O termo 'biopolítica' designa a maneira pela qual o poder tende a se transformar, entre o fim do século XVIII e o começo do século XIX, a fim de governar não somente os indivíduos por meio de um certo número de procedimentos disciplinares, mas o conjunto dos viventes constituídos em população: a biopolítica – por meio dos biopoderes locais – se ocupará, portanto, da gestão da saúde, da higiene, da alimentação, da sexualidade, na natalidade, etc., na medida em que elas se tornam preocupações políticas" (Revel, 2005, p. 26). Para acompanhar a complexidade dada por Foucault ao tratamento desse conceito, ver: *Nascimento da biopolítica*. São Paulo: Martins Fontes, 2008.

tanto, íntima e reciprocamente implicadas. Nesse sentido, em *O Sujeito e o poder* (1995), afirma Foucault que:

> Não há, portanto, um confronto entre poder e liberdade, numa relação de exclusão (onde o poder se exerce, a liberdade desaparece); mas um jogo muito mais complexo: neste jogo a liberdade aparecerá como condição da existência do poder (ao mesmo tempo sua precondição, uma vez que é necessário que haja liberdade para que o poder se exerça, e também seu suporte permanente, uma vez que se ela se abstraísse inteiramente do poder que sobre ela se exerce, por isso mesmo desapareceria, e deveria buscar um substituto na coerção pura e simples da violência); porém, ela aparece também como aquilo que só poderá se opor a um exercício de poder que tende, enfim, a determiná-la inteiramente. [...] A relação de poder e a insubmissão da liberdade não podem, então, ser separadas (Foucault, 1995, p. 244).

Logo, o exercício do poder passa a ser definido como um modo específico de "ação sobre a ação dos outros", já que, se o poder somente pode ser exercido sobre sujeitos livres, então a forma como se constitui o horizonte histórico no qual as contingências determinam o campo de experiências possíveis passa a se caracterizar a partir de uma nova e singular racionalidade política que agora expressa-se como uma razão de Estado, definida por Foucault como *governamentabilidade*[72]. Isso pressupõe uma interessante relação entre as concepções de biopolítica e governamentabilidade porque o que está no cerne dessa articulação é a noção de *população*, isto é, em seu sentido estritamente foucaultiano, a população é um objeto construído historicamente e sobre o qual se destina uma política de gestão global da vida dos indivíduos e das coletividades.

Desse modo, o conceito de população exige que o seu tratamento se dê sob a forma de uma análise da constituição histórica dos modos de relações que esses sujeitos assujeitados pelas relações de saber/poder mantêm com eles mesmos e com os outros indivíduos, isto é, o que está em questão para Foucault, para ser mais explícito, é que "[...] a reflexão sobre a noção de governamentabilidade não pode deixar de passar, teórica e praticamente, pelo elemento de um sujeito que se definiria pela relação de si consigo" (Foucault, 2006, p. 306).

---

[72] Sobre isso, ver: Aula de 1ª de fevereiro de 1978. In: *Governo, território, população: Curso dado no Collège de France* (1977 – 1978) ou o capítulo XVII intitulado A governamentabilidade. In: *Microfísica do poder*.

Mas, se é exatamente a partir dessa questão que podemos, enfim, passar ao problema da constituição do sujeito de si, foi necessário, no entanto, que Foucault operasse uma importante inflexão no percurso teórico de seu projeto de uma história da sexualidade: se antes o projeto se caracterizava pela análise histórica da experiência de reconhecimento por parte dos sujeitos como portadores de uma sexualidade (uma "história do homem de desejo"), agora o problema seria caracterizado pelo estudo da formação, desde a antiguidade clássica, de uma "hermenêutica de si", isto é, pela busca de processos de inteligibilidade que dessem conta das condições de possibilidade históricas de assunção de técnicas de si capazes de conjugar na mesma equação a existência de sujeitos éticos e processos efetivos de resistência às determinações das relações de poder/saber. Sobre isso, afirma Foucault:

> Um deslocamento teórico me pareceu necessário para analisar o que frequentemente era designado como processos de conhecimento: ele me levava a interrogar-me sobre as formas de práticas discursivas que articulavam o saber. E foi preciso também um deslocamento teórico para analisar o que frequentemente se descreve como manifestações do "poder": ele me levava a interrogar-me sobretudo sobre as relações múltiplas, as estratégias abertas e as técnicas racionais que articulam o exercício dos poderes. Parecia agora que seria preciso empreender um terceiro deslocamento afim de analisar o que é designado como "o sujeito": convinha pesquisar quais são as formas e as modalidades da relação consigo através das quais o indivíduo se constitui e se reconhece como sujeito (Foucault, 1984, p. 10).

Esse deslocamento teórico empreendido por Foucault parecia ser resultado de um impasse no interior de seu projeto, impasse esse que o levava, para utilizar a expressão de Deleuze, ao descortinamento de uma "terceira dimensão"[73] de seu pensamento como alternativa ao problema do assujeitamento operado pelas determinações externas das relações de saber-poder. Em outras palavras, segundo Deleuze, o que estaria em questão para Foucault nesse momento não era somente garantir ao sujeito histórico possibilidades de resistência aos modos de assujeitamento, mas, sobretudo, investigar de onde as suas condições históricas brotavam e como elas eram de fato possíveis. Em uma entrevista a Eribon, afirma Deleuze que:

---

[73] Ver: DELEUZE, Gilles. As dobras ou o lado de dentro do pensamento (subjetivação). *In: Foucault*. São Paulo: Brasiliense, 2005.

> Mas toda questão é: por que Foucault terá necessidade de uma outra dimensão, por que será que ele vai descobrir a subjetivação como distinta tanto do saber quanto do poder? Então se diz: Foucault retorna ao sujeito, redescobre a noção de sujeito, que antes ele sempre negado. Não é nada disso. Seu pensamento de fato atravessou uma crise, sim, em todos os sentidos, mas foi uma crise criativa e não um arrependimento. A partir de *A vontade de saber* Foucault tem cada vez mais o sentimento de estar se fechando nas relações de poder. E por mais que invoque pontos de resistência como contraposição aos focos de poder, de onde vêm essas resistências? Foucault se pergunta: como transpor a linha, como ultrapassar as próprias relações de força? Ou será que estamos condenados a um face a face com o Poder, seja detendo-o, seja estando submetidos a ele? (Deleuze, 1992, p. 122-123, grifos do autor).

A afirmação de Deleuze parece nos remeter a dois conjuntos de questões a respeito dessa fase do trabalho de Foucault que implicar-se-iam mutuamente: o primeiro deles referir-se-ia a uma imagem de que as determinações externas produzidas pelas relações de saber-poder criariam extensas dificuldades, talvez até mesmo uma certa impossibilidade, de assunção de formas de resistências possíveis porque, aparentemente, "nenhuma" liberdade teria o sujeito no interior das práticas arqueológicas da episteme ou mesmo das relações de saber-poder — uma imagem bastante próxima daquilo que ficou amplamente conhecido com a "jaula de ferro" de Weber[74]; o segundo conjunto de questões estaria relacionado, portanto, ao problema da força dessas determinações no interior dos processos históricos de formação das práticas de subjetivação, isto é, em última instância, tratar-se-ia de analisar, na constituição mesma das técnicas de si, o poder de indeterminação no interior desse processo de formação de práticas subjetivas.

No entanto, como não é o objetivo aqui fazer uma digressão a esse respeito, tomarei brevemente a argumentação de Fréderic Gros sobre o

---

[74] O termo "jaula de ferro" aparece em *A ética protestante e o "espírito" do capitalismo* (1905) de Weber e refere-se especificamente à burocratização como uma forma de racionalização inerente ao capitalismo, ou seja, à forma de racionalização que teria por objetivo a produção e o controle das ações sociais dos indivíduos de acordo com as metas do sistema. Essa expressão, na verdade, é uma tradução imprecisa feita por Parsons para a edição norte-americana do livro de Weber onde se encontra a expressão alemã "*Stahlhartes Gehäuse*", que em seu sentido estrito estaria mais próxima de "rija crosta de aço" ou "concha de aço". Sobre isso, ver a tábua de correspondência vocabular no final da edição brasileira de 2004 da Companhia das Letras do referido livro de Weber.

primeiro conjunto dessas questões como uma tentativa provisória — haja vista que não tenho condições de seguir essa linha até as últimas consequências — de estabelecer um campo "seguro" no qual possa caminhar. Esse autor, que foi responsável pelo estabelecimento e pela edição do texto do curso dado por Foucault no Collège de France em 1981 e 1982, afirma que:

> Foucault não "descobre" em 1980 a liberdade nativa de um sujeito que teria até então ignorado. Não poderíamos sustentar que Foucault teria, de súbito, abandonado os processos sociais de normalização e os sistemas alienantes de identificação a fim de fazer emergir, em seu virginal esplendor, um sujeito livre se auto-criando no éter a-histórico de uma autoconstituição pura. [...] Ora, o que constitui o sujeito numa relação consigo determinada são justamente técnicas de si historicamente referenciáveis também elas historicamente datáveis. De resto, o indivíduo-sujeito emerge tão-somente no cruzamento entre uma técnica de dominação e uma técnica de si. Ele é a dobra dos processos de subjetivação sobre os procedimentos de sujeição, segundo duplicações, ao sabor da história que mais ou menos se recobrem (Gros, 1982, p. 637).

Podemos ver imediatamente que para Gros a "alegoria weberiana" não condiz com o procedimento metodológico, tampouco com o objetivo do empreendimento teórico perseguido por Foucault. Ademais, a afirmação do nosso autor parece ir na direção de que o a questão fundamental para Foucault é menos a de saber se a força de si na relação consigo compõe relações com o saber-poder ou dobra-se sobre si mesmo, como indica Deleuze[75], e mais a de demonstrar que essa força não é da ordem das relações com o saber e nem com o poder (embora delas se constitua), ou seja, que essa força estaria para além dessas determinações e, como tal, seria ela mesma, por definição, *indeterminada*. Nesse sentido, poderíamos perguntar: que força é essa?

---

[75] "Foucault não emprega a palavra sujeito como pessoa ou forma de identidade, mas os termos "subjetivação" no sentido de processo, e "Si", no sentido de relação (relação a si). E do que se trata? Trata-se de uma relação da força consigo (ao passo que o poder era a relação da força com outras forças), trata-se de uma "dobra" da força. Segundo a maneira de dobrar a linha de força, trata-se da constituição de modos de existência, ou da invenção de possibilidades de vida que também dizem respeito à morte, a nossas relações com a morte: não a existência como sujeito, mas como obra de arte. Trata-se de inventar modos de existência, segundo regras facultativas, capazes de resistir ao poder bem como se furtar ao saber, mesmo se o saber tenta penetrá-los e o poder tenta apropriar-se deles" (Deleuze, 1992, p. 116).

Essa força de indeterminação atende pelo nome de liberdade. Mas, em Foucault, essa noção de liberdade não se confunde com a concepção de uma autodeterminação do sujeito apartada da história, como se fosse uma propriedade ontológica constitutiva (como queria Sartre[76]); trata-se de uma concepção de liberdade que toma como seu "objeto" um sujeito cujo aparecimento é historicamente referenciável e que faz retornar sobre si, para além das determinações externas, suas ações: é o sujeito do cuidado de si que toma o seu próprio Eu como objeto das práticas de subjetivação. Sobre isso, em *A hermenêutica do sujeito* (2006), pergunta Foucault:

> Ora, qual o objeto que se pode querer livremente, absolutamente e sempre? Qual o objeto para o qual a vontade poderá ser polarizada de maneira tal que irá exercer-se sem estar determinada por coisa alguma do exterior? Qual o objeto que a vontade poderá querer de modo absoluto, isto é, sem querer nada mais? Qual o objeto que a vontade poderá em, quaisquer circunstâncias, querer sempre, sem ter que modificar-se ao capricho das ocasiões e do tempo? O objeto que se pode querer livremente, sem ter que levar em conta as determinações exteriores, é evidentemente um só: o eu. Que objeto é esse que se pode querer absolutamente, isto é, sem colocá-lo em relação com qualquer outro? O eu. Que objeto é este que se pode sempre querer, sem ter que trocá-lo conforme o decorrer do tempo ou o fluxo das ocasiões? O eu (Foucault, 2006, p. 164).

O Eu assume, portanto, para Foucault um valor extremamente significativo porque coloca como questão uma espécie de "conversão a si" como estratégia de "fuga" das determinações exteriores, isto é, parece que o Eu seria o lugar em que o embate pelo domínio e pela posse de si recolocaria em um horizonte histórico referenciável o problema da liberdade como indeterminação de si mesmo, independentemente das configurações societais em que esse sujeito estaria submetido, tais como religião e classe social.

Se não for exagero afirmar, podemos observar nessa concepção foucaultiana uma posição profundamente vinculada a uma questão

---

[76] "Com efeito, sou um existente que aprende sua liberdade através de seus atos; mas sou também um existente cuja existência individual e única temporaliza-se como liberdade. [...] Assim, minha liberdade está perpetuamente em questão em meu ser; não se trata de uma qualidade sobreposta ou uma propriedade de minha natureza; é bem precisamente textura do meu ser" (Sartre, 1998, p. 542-543).

democrática de resistência possível, já que, como ele afirma ao comentar os textos estoicos e epicuristas, a universalidade do princípio do cuidado de si pressupõe que todos os indivíduos são capazes de praticar em si e por si próprios o cuidado de si de maneira independente de seu status na sociedade (Foucault, 2006, p. 146), ou seja, para Foucault, é somente por meio dessa ação sobre o Eu, dessa relação consigo constituída pelo cuidado de si, que o ato de querer livremente passa a ser querer sem qualquer determinação exterior.

É necessária, entretanto, uma boa parcela de cautela ao tratar dessa questão exatamente pela sutileza que ela traz consigo. Muito embora possa-se dizer com tranquilidade que o sujeito do cuidado de si conjuga ética e liberdade em *ato* no sentido de que a ética do cuidado de si é uma prática de liberdade, isso não quer dizer que haja uma relação sinonímica entre liberdade e liberação. Vejamos.

É bastante conhecida uma certa interpretação *finalista* de Marx na qual o comunismo, como superação positiva da propriedade privada, seria a forma histórica em que ocorreria o reencontro da humanidade com a sua própria natureza, e, como resultado, a humanidade estabeleceria finalmente uma relação de plenitude consigo mesma porque sua essência estaria novamente reintegrada à natureza; ora, o encaminhamento desse problema em Marx jamais se dá nos termos de uma discussão antropocêntrica e essencialista da natureza humana. Essa visão equivocada, no entanto, tornou-se bastante popular a ponto de converter-se em uma espécie de "tradição hermenêutica" — bastante difundida, aliás, pelo movimento stalinista russo do pós-Segunda Guerra Mundial.

Não estaria Foucault exatamente contrapondo-se a essa visão "congelada" e essencialista das possibilidades de efetivação histórica da liberdade humana quando adverte criticamente sobre o erro (pouco lembrado, costumeiramente repetido e ainda não elaborado) de tomar apaixonadamente o instante do rompimento como a *já dada* estabilização da fissura? Acredito que se trata fundamentalmente disso quando ele nos aponta essa espécie de hiância entre a prática da liberdade e os processos de liberação.

Comentando a respeito de certas formas históricas em que as relações de poder parecem fechar-se em si mesmas e dar lugar a estados de dominação, Foucault afirma que:

> É lógico que, em tal estado, as práticas de liberdade não existem, existem apenas unilateralmente ou são extremamente restritas ou limitadas. Concordo, portanto, com o senhor que a liberação é às vezes a condução política ou histórica para uma prática de liberdade. Se tomarmos o exemplo da sexualidade, é verdade que foi necessário um certo número de liberações em relação ao poder do macho, que foi preciso se libertar de uma moral opressiva relativa tanto à heterossexualidade quanto à homossexualidade; mas essa liberação não faz surgir o ser feliz e pleno de uma sexualidade na qual o sujeito tivesse atingido uma satisfação completa e satisfatória. *A liberação abre um campo para novas relações de poder, que devem ser controladas por práticas de liberdade* (Foucault, [1984c] 2004, p. 267, grifo nosso).

Acredito que essa dissensão operada por Foucault é aquela que fundamenta, entre outras coisas, o plano conceitual no qual são estabelecidas historicamente a vinculação entre poder e liberdade e, em última análise, a própria concepção de relações de poder como um conjunto de ações que se refletem sobre outras ações. Fica clara, portanto, sua recusa da "hipótese repressiva" de um poder que se estabelece a partir de uma concepção negativa em detrimento da ideia de que o poder — tal como ele se exerce nas relações sociais — tem uma dimensão fundamentalmente positiva. As relações de poder, assim entendidas, tornam-se um mecanismo propositivo de realidades nos seus mais variados graus porque produzem também uma verdade sobre esses sujeitos.

Então, há uma intrínseca vinculação entre poder e liberdade que se expressa a partir de uma dupla (in)determinação: se por um lado o poder atua como um operador que possibilita ao sujeito o desenvolvimento de uma ação sobre a ação garantindo assim um espaço historicamente contingente, por outro é a liberdade que passa a ser tomada como condição de possibilidade do exercício do poder. Em outras palavras, poder e liberdade no pensamento de Foucault estão tão intimamente relacionadas a ponto de se afirmar que onde há o estabelecimento de relações de poder há necessariamente um espaço de liberdade que se abre como possibilidade de resistência possível aos sujeitos assujeitados.

> O problema central do poder não é o da "servidão voluntária" (como poderíamos desejar ser escravos?): no centro da relação de poder, "provocando-a" incessantemente,

> encontra-se a recalcitrância do querer e a intransigência da liberdade. Mais do que um "antagonismo" essencial, seria melhor falar de um "agonismo" — de uma relação que é, ao mesmo tempo, de incitação recíproca e de luta; trata-se, portanto, menos de uma oposição de termos que se bloqueiam mutuamente do que de uma provocação incessante (Foucault, 1995, p. 244-245).

Um combate agônico. É disso que se trata a ética do cuidado de si em Foucault: um combate historicamente determinado, mas que não se esgota nessa determinação porque o sujeito do cuidado de si situa-se no plano de uma dimensão fissurada, no plano de uma fenda aberta pelo próprio sujeito em sua relação consigo; uma luta que se abre no plano das contingências históricas provocadas no ato de um sujeito que deseja livremente e que vive (n)a indeterminação de sua liberdade possível. Talvez seja exatamente nessa confluência que se torne possível para Foucault a ética e a política.

Nesse sentido, não me parece absurdo afirmar que aquilo que Foucault denomina como o sujeito do cuidado de si é, entre outras coisas, um "ponto de ancoragem" fundamental e derradeiro daquilo que ele chamará como sua *ontologia do presente*, ou seja, a grande chave histórica e interpretativa sob a qual os eixos do saber, do poder e da ética poderão ser, enfim, analisados em sua especificidade e intrincamento.

> Em outros termos, a ontologia histórica de nós mesmos deve responder a uma *série aberta* de questões; ela se relaciona com um número *não definido* de pesquisas que é possível *multiplicar* e precisar tanto quanto se queira; mas elas responderão à seguinte sistematização: como nos constituímos como sujeitos de nosso saber; como nos constituímos como sujeitos que exercem ou sofrem as relações de poder; como nos constituímos como sujeitos morais de nossas ações (Foucault, [1984b] 2013, p. 367, grifo nosso).

Indefinição... Abertura. Ainda que essas palavras sejas tomadas aqui em sua significação ordinária, gostaria de insistir que esse ponto é fundamental. Porque, a meu juízo, é exatamente disso que se trata em toda experiência intelectual marcada pela radicalidade do pensamento: certamente, Foucault é um desses casos (cada vez mais raros) em que a inquietação intelectual está intimamente relacionada à força de uma experiência prática em que a busca de toda a liberdade possível aparece como ponto central do seu projeto teórico, ou seja, é como se — para usar a metáfora que estou explorando neste livro — sua preocupação teórica fundamental fosse uma espécie de aprofundamento prático da *fratura* presente nas tessituras das discursividades históricas que constituem as realidades sociais e o sujeito dessas realidades enquanto tal.

Afinal, não foi à toa que Foucault até o fim de sua vida manteve-se fiel a esse espírito de subversão: em uma entrevista dada em 1983, um ano antes de sua morte, ele afirmava a respeito da atualidade:

> O que eu gostaria também de dizer, a propósito dessa função do diagnóstico sobre a modernidade, é que ela não consiste em caracterizar o que somos, mas, seguindo as linhas de vulnerabilidade da atualidade, em conseguir apreender por onde e como isso que existe hoje poderia não ser mais o que é. E é nesse sentido que a descrição deve sempre ser feita de acordo com essa espécie de fratura virtual, que abre um espaço de liberdade, entendido como espaço de liberdade concreta, ou seja, de transformação possível (Foucault, [1983] 2013, p. 341).

CAPÍTULO 6

SUBJECT POSTMORTEM

> *Logo que o sujeito chega a ser, ele o deve a um certo não-ser sobre o qual ele ergue o seu ser. E se ele não é, se ele não é algo, é que ele testemunha, evidentemente de alguma ausência, mas ele permanecerá sempre devedor desta ausência, quero dizer que ele terá de dar a aprova disto, na falta de dar prova da presença.*
>
> (Jacques Lacan)

Até aqui tentei demonstrar brevemente que à proposição estruturalista da "morte do sujeito" no altar da epistemologia semiológica de Lévi-Strauss insurgiram-se algumas vozes dissonantes, entre elas a de Foucault: para além da centralidade da crítica ao sujeito universalista e a-histórico das filosofias que caíram no "sono antropológico" da razão, a sua concepção de sujeito ético pressupõe não somente a existência de uma fissura na tessitura da discursividade histórica que determina a realidade, mas também que essa fissura cria um campo aberto de possibilidades de formas e modos de *rexistências* práticas possíveis às relações de saber-poder.

Mas Foucault não foi o único. Nessa grande querela a respeito do sujeito na França da segunda metade do século 20, há também uma outra voz dissonante que se fez ouvir: a de Jacques Lacan. Sua voz, no entanto, é marcada por uma modulação diferente. Ainda que se valesse das análises e dos comentários a respeito das grandes elaborações e debates científicos e filosóficos, o compasso de sua experiência intelectual é fundamentalmente marcado por um outro ritmo, o da experiência analítica.

O problema do sujeito, questão fundamental e permanente da clínica psicanalítica, foi, a partir da década de 1950, marcado pela centralidade do significante como o epicentro sob o qual gravitou todo o conjunto de reflexões a respeito da articulação da experiência analítica com a dimensão da linguagem. Nesse sentido, em termos epistemológicos, o projeto teórico de Lacan nesse período visava responder o problema do inconsciente lévi-straussiano, isto é, à questão de que, devidamente despido de sua indumentária "natural" via ação do significante, a noção freudiana de inconsciente "coincidiria" com o funcionamento intersubjetivo da estrutura da ordem simbólica.

É no interior desse amplo debate com o estruturalismo, discussão sempre submetida às "provas" da experiência clínica, que se pode entender não somente os limites do projeto teórico de Lacan, mas também os impasses que o levarão à ultrapassagem da circunscrição estruturalista rumo ao primado do Real. Esse capítulo, portanto, visa discutir em que medida o noção de Real emerge do intenso diálogo com o estruturalismo como uma necessidade de dar conta da função do sujeito, ou seja, como o reaparecimento do Real em Lacan, como algo para além da linguagem e que impõe um tensionamento com a racionalidade estruturalista, articula-se com a questão do sujeito.

Uma boa maneira de começar uma discussão dessas é perguntando: mas, afinal, do que se fala quando falamos em uma concepção de sujeito em psicanálise? Ou mais especificamente: quando falamos de sujeito em psicanálise, quais são as balizas clínicas e teóricas que fundamentam o seu estatuto conceitual?

Ora, como se sabe, embora a questão do sujeito na psicanálise remonte à própria formulação freudiana do conceito de inconsciente, ela carece de uma definição formal clara, aparecendo sub-repticiamente no texto de Freud como contraponto ao *cogito* cartesiano e à hegemonia do *Eu*; coube a Lacan, portanto, extrair do texto freudiano as coordenadas teóricas para a realização do sujeito na psicanálise. Essa formalização, exatamente por se dar sob a insígnia do famoso "retorno à Freud", obedecia à necessidade epistemológica de recolocar a práxis psicanalítica em um horizonte de confrontação com os seus próprios fundamentos como tentativa de reconquista do núcleo central da experiência freudiana — por isso a racionalidade estruturalista, marcadamente as noções lévi-straussianas de linguagem e estrutura, constitui-se como um plano conceitual fundamental para Lacan nesse período.

Mas por quê? Responder a essa questão passa necessariamente pela realização de uma espécie de inventário psicanalítico no período, inventário esse que teria de levar em consideração o amplo debate entre o estatuto da ciência moderna e a tentativa de parte dos pós-freudianos de adequação subserviente aos seus fundamentos — o que, em última análise, descaracterizaria a radicalidade da experiência freudiana.

No entanto pode-se dizer, ao menos, que em meio à situação caótica do pós-Segunda Guerra Mundial, reaparecia no cenário mundial uma psicanálise um tanto quanto diferente daquela formulada por Freud ao longo de sua obra: uma psicanálise que, seguindo a necessidade pragmática que toda reconstrução pressupõe, parecia ter cedido ao cientificismo triunfalista desse novo momento da modernidade ocidental, ou, nas palavras de Roudinesco: "[...] um freudismo que, após ter sobrevivido ao fascismo, soubera adaptar-se à democracia a ponto de não mais reconhecer a violência de suas origens" (Roudinesco, 2000, p. 11).

O não reconhecimento das suas premissas metapsicológicas radicais, e, consequentemente, do seu *savoir-faire* subversivo, levou o discurso psicanalítico tal qual era formulado na época a se identificar acriticamente com um modelo de cientificidade que tomava o trabalho clínico somente como um campo de atuação em que, geralmente, o que estava em questão era o Eu em sua relação com o mundo.

Há, é verdade, razões que justificam tal procedimento no interior da própria teoria freudiana; entretanto me parece que essa tendência adaptativa do *freudismo* nos anos de 1950 também se deve a uma *demanda civilizatória*: com a derrocada do fascismo e a polarização do mundo em dois blocos antagônicos, era necessário garantir uma certa estabilidade para a *reconstrução subjetiva* do "mundo livre", isto é, a prática da psicanálise obedece às coordenadas do paradigma pragmático reinante nas sociedades capitalistas do pós-guerra. Nesse sentido, afirma Dosse (1993, p. 127) que:

> A conjuntura global é, com efeito, favorável: ela já não oferece mais a perspectiva mobilizadora e digna de crédito para a mudança coletiva da sociedade, e isso favorece uma atitude social feita de recuo, de retorno de cada pessoa a si mesma. A psicanálise torna-se o novo "Eldorado" no final dos anos 50.

Em outras palavras, a situação da psicanálise nesse período, na medida em que incorporava cada vez mais em seu escopo teórico/prático uma perspectiva evolutiva/maturacional do funcionamento psíquico, acabava por desempenhar na prática uma função adaptativa em detrimento da radicalidade do mal-estar, o que significava uma negação de seus próprios fundamentos metapsicológicos e epistemológicos.

Em seu sentido mais fundamental — aquele em que está em questão a clínica psicanalítica —, o preço de tal afastamento se traduzia, por assim dizer, em três níveis relacionados, conforme aponta Felizola (2009):

> Três aspectos tão em uso na psicanálise da época acabaram por fazer o analista desviar-se dos fundamentos da fala: **a função do imaginário**, relacionada às fantasias de transferência e na constituição do objeto nas diferentes fases do desenvolvimento psíquico levou os investigadores a adotarem a abordagem das estruturas pré-verbais; **a noção das relações libidinais de objeto**, que renovando a ideia do progresso na análise, remanejava surdamente sua conduta, fazendo a psicanálise desembocar em numa fenomenologia existência e, por último; as questões sobre **contra-transferência e formação do analista**, aqui o embaraço se deu em função do final da análise didática, onde se apontava de um lado o ser do analista e do outro a importância do inconsciente (Felizola, 2009, p. 78, grifos da autora).

Dentro desse contexto, e no que se refere especificamente às razões de Lacan, o diálogo com o estruturalismo nos anos 1950 se justificava, resumidamente, por dois conjunto de questões interligadas: se, em um primeiro momento, momento em que Lacan discutia o surgimento do sujeito como um processo de objetificação que, mediante a função central das imagens, teria como efeito o aparecimento do Eu, o que está em questão é a necessidade epistemológica da busca por um fundamento concreto para uma ciência do sujeito[77], e, por conseguinte, de um rompimento com a relação sinonímica entre o Eu e o sujeito pela via de um tratamento kojèviano a essa questão[78]; posteriormente, o diálogo com a racionalidade estruturalista permitia reconduzir as conquistas freudianas sobre a experiência desejante do humano à centralidade da função da fala e ao campo da experiência linguajeira — o que, em última análise,

---

[77] Essa parece ser a posição de Sales (2007) ao afirmar: "Assim, se essa 'nova ciência psicológica'[...] se quer concreta, só pode abordar a perspectiva do indivíduo em segundo plano, pois, sendo o fato concreto o fato total, seus olhos estarão voltados, em primeira linha, para aquilo que, *de fora*, o determina. Ou seja, a despeito de a imago ser um conceito mais próximo do indivíduo configurando o projeto de uma psicologia, o fundo geral desse projeto já se constitui como uma abertura para a radicalização de um ponto de vista externalista: aquele que será posteriormente fornecido pelo estruturalismo. Lacan não quer, justamente, fazer uma sociologia – seu propósito continua a ser, como sempre, [...] construir uma ciência do sujeito – e a questão passa a ser: como dar conta do processo constitutivo do indivíduo, e não do grupo, sem apelar para o que nele é interno e, portanto, abstrato?" (Sales, 2007, p. 23-24, grifo da autora).

[78] "Se o ego é uma função imaginária, não se confunde com o sujeito. O que é que chamamos de um sujeito? Muito precisamente, aquilo que, no desenvolvimento da objetivação, está fora do objeto" (Lacan, [1953-54] 2009, p. 254). Ou, como afirma Ogilvie (1991), "[...] é Kojève e sua leitura de Hegel quem dá aqui a Lacan o meio para formular a ideia de que a estrutura reacional não está ligada à situação que a permitiu de maneira ocasional, mas de maneira essencial, na medida em que ela já a contém em si mesma. O sujeito não é anterior a este mundo de formas que o fascinam: ele se constitui em primeiro lugar por elas e nelas. O exterior não está lá fora, mas no interior do sujeito, o outro está nele [...]" (Ogilvie, 1991, p. 110-111).

conferia à práxis psicanalítica o estatuto de "ciência concreta" devido à materialidade do significante.

É o que se pode observar, por exemplo, quando se lê o texto que marca o início de seu ensino público, "Função e campo da fala e da linguagem em psicanálise" (1953), no qual Lacan reafirma, entre outras coisas, a importância da chave linguística/estrutural no trato da coisa analítica:

> A linguística pode servir-nos de guia nesse ponto, já que é esse o papel que ela desempenha na vanguarda da antropologia contemporânea, e não poderíamos ficar-lhe indiferentes. [...]. A forma de matematização em que se inscreve a descoberta do *fonema*, como função dos pares de oposição compostos pelos menores elementos discriminativos captáveis da semântica, leva-nos aos próprios fundamentos nos quais a doutrina final de Freud aponta, numa conotação vocálica da presença e da ausência, as origens subjetivas da função simbólica. [...] E a redução de todas as línguas ao grupo de um grupo pequeníssimo dessas oposições fonêmicas, dando início a uma formalização igualmente rigorosa de seus mais elevados morfemas, coloca a nosso alcance uma abordagem estrita de nosso campo (Lacan, [1953] 1998, p. 285, grifo do autor).

Trata-se, como se pode notar, não somente de um chamamento aos analistas, "praticantes da função simbólica", a ocuparem os seus lugares no trato das funções da fala, mas, sobretudo, é a circunscrição própria do campo psicanalítico que está sendo redefinida nesse instante. Nesse sentido, a psicanálise sob a "vertente" estruturalista pode ser traduzida como uma potente crítica ao formalismo das sociedades psicanalíticas de então e, mais ainda, uma tentativa de renovação do objetivo e da técnica psicanalítica que demonstra a sua preocupação com todo um campo de investigações ligado ao problema da formação do analista.

Ora, se o *Discurso de Roma* é um texto seminal que propõe a retomada da experiência freudiana obliterada pela poeira da tradição, então sua marca pode se fazer sentir somente nos termos de um corte. Esse sinal de descontinuidade podemos vislumbrar com precisão na tarefa[79]

---

[79] "Afirmamos, quanto a nós, que a técnica não pode ser compreendida nem corretamente aplicada, portanto, quando se desconhecem os conceitos que a fundamentam. Nossa tarefa será demonstrar que esses conceitos só adquirem pleno sentido ao se orientarem num campo de linguagem, ao se ordenarem na função da fala" (Lacan, [1953] 1998, p. 247).

que a proposição linguística/estrutural de Lacan espera operar no corpus da doutrina, qual seja, a ênfase no registro do simbólico como estratégia de formalização do sujeito do inconsciente a partir da articulação com a linguagem; tarefa que, como é o caso de toda subversão, também reordenaria os próprios fundamentos da clínica psicanalítica. É o que se pode depreender da afirmação de que

> [...] para admitir um sintoma na psicopatologia psicanalítica, seja ele neurótico ou não, Freud exige o mínimo de sobredeterminação constituído por um duplo sentido, símbolo de um conflito defunto, para-além de sua função, num conflito presente *não menos simbólico*, e se ele nos ensinou a acompanhar, no texto das associações livres, a ramificação ascendente dessa linguagem simbólica, para nela detectar, nos pontos em que as formas verbais se cruzam novamente, os nós de sua estrutura, já está perfeitamente claro que o sintoma se resolve por inteiro numa análise linguajeira, por ser ele mesmo estruturado como uma linguagem, por ser a linguagem cuja fala deve ser libertada (Lacan, [1953]1998, p. 270, grifo do autor).

Ou, em um outro momento do texto em que Lacan faz referência à dimensão sincrônica em sua articulação com a psicopatologia, onde se lê:

> A referência à linguística nos introduzirá ao método que, ao distinguir as estruturações sincrônicas das estruturações diacrônicas na linguagem, pode permitir-nos compreender melhor o valor diferente que a nossa linguagem adquire na interpretação das resistências e da transferência, ou então diferenciar os efeitos típicos do recalque e a estrutura do mito individual na neurose obsessiva (Lacan, [1953] 1998, p. 288).

São inúmeras as referências de Lacan nesse período à linguística estrutural e, mais especificamente, ao conceito de estrutura que ele "incorpora" cada vez mais aos seus trabalhos: basta ver, por exemplo, o uso feito por ele de todo um novo vocabulário proveniente do CLG na sua conferência de 1957[80], em que retoma de Jakobson as duas figuras retóricas da metáfora e da metonímia para explicar não somente o desenvolvimento do discurso, mas o próprio fundamento do inconsciente; ou na definição

---

[80] Trata-se do texto *A instância da letra no inconsciente ou a razão desde Freud* contido nos *Escritos*.

do termo "estrutura" como palavra-chave do seu relatório de 1958 (mas que ganha sua versão definitiva em 1960), intitulado *Observações sobre o relatório de Daniel Lagache: psicanálise e estrutura da personalidade*, no qual ele afirma categoricamente que a estrutura é uma máquina que põe o sujeito em cena[81].

Pode-se dizer mesmo que há nesse período da reflexão lacaniana uma relação de coextensividade na tríade *estrutura – linguagem – sujeito*. Se, em seu *Pequeno discurso no ORTF*, Lacan afirma que "[...] o Inconsciente é o discurso do Outro, eis minha fórmula. Ele é estruturado como uma linguagem – o que é um pleonasmo exigido para eu me fazer entender, já que linguagem é estrutura" (Lacan, [1966] 2003, p. 228), é para, logo em seguida, definir o sujeito como estrutura na medida em que afirma que

> [...] se mantenho o termo sujeito em relação ao que essa estrutura constrói, é para que não persista nenhuma ambiguidade quanto ao que se trata de abolir, e para que isso seja abolido a ponto de seu nome ser redestinado àquilo que o substitui (Lacan, [1966] 2003, p. 231).

Obviamente, não é o caso aqui de tentar acompanhar em toda a sua extensão as importantes consequências teórico/clínicas do diálogo de Lacan com a racionalidade estruturalista, até porque para os limites deste trabalho tal pretensão assumiria um caráter de impossibilidade; no entanto, apenas para se ter uma ideia da amplitude das questões envolvidas nesse diálogo, podemos observar, conforme afirma Sales (2007), que essa articulação se deu de uma forma riquíssima, já que o que estava em questão era

> Separação entre sujeito epistemológico e sujeito do desejo, literalização do significante e crítica ao conhecimento e à compreensão, distinção de um mecanismo específico da psicose, universalização do Édipo pela via da transcendentalidade dos significantes, especificação do desejo como desejo puro unido à Lei, distinção de uma nova forma de apresentação da negação capaz de se relacionar com a presença do sujeito, eis aí aspectos teóricos diversos porém epistemologicamente interrelacionados de modo essencial

---

[81] "Pois, é ou não o estruturalismo aquilo que nos permite situar nossa experiência como o campo em que isso fala? Em caso afirmativo, 'a distância da experiência' da estrutura desaparece, já que opera nela não como modelo teórico, mas como a máquina original que nela põe em cena o sujeito" (Lacan, [1960] 1998, p. 655).

porquanto resultantes de um mesmo movimento: o encontro da psicanálise com o estruturalismo (Sales, 2007, p. 212).

Desse modo, o que pretendo ao indicar a baliza geral dessa aproximação é evidenciar, na medida do possível, o fato de que Lacan, ao "incorporar" os termos "linguagem", "significante" e "estrutura", o faz a partir de um horizonte subversivo, isto é, sempre tendo em vista as condições de possibilidade de assunção, pela fala, do sujeito.

Em outras palavras, acredito que o que está em jogo na aproximação com a racionalidade estruturalista, nesse momento do ensino de Lacan em que o registro do simbólico ganha uma ênfase fundamental, é a tensa relação entre a própria concepção de estrutura praticada pelos estruturalistas e a função central do sujeito em seu registro real na clínica psicanalítica. Vejamos mais de perto.

No que se refere à questão do sujeito, o afastamento ocorre em virtude da própria concepção de estrutura: enquanto que para os estruturalistas *stricto sensu* esse termo, apesar de inflacionado[82], ainda mantivesse uma significação muito particular que se expressava na delimitação precisa de seu objeto de estudo (a língua), delimitação que obliterava a assunção da fala e do sujeito dentro desse campo de investigação, para Lacan era exatamente essa dimensão negada pelo programa estruturalista aquilo que a experiência analítica jamais poderia abrir mão pois, desde Freud, é somente por meio da fala do paciente, via associação livre, que o sujeito do inconsciente pode emergir.

Isso, como se pode notar, já delimita uma certa dissensão com o paradigma estruturalista porque, para Lacan, sujeito e estrutura são categorias coextensivas: o sujeito é determinado tantos pelos significantes ordenados logicamente na estrutura quanto pela dimensão gozante que o divide. O sujeito, portanto, se por um lado é determinado pelos efeitos da estrutura, por outro é *não todo* determinado por ela.

O corte na cadeia significante é único para verificar a estrutura do sujeito na descontinuidade do real. Se a linguística nos promove o significante, ao ver nele o determinante do

---

[82] Como destaca Bastide (1959), na ocasião do discurso inaugural do Colóquio de Paris sobre o tema do estruturalismo, uma das intervenções de Moulin foi exatamente no sentido de indicar uma crescente pluralidade das acepções que o termo "estrutura" tinha: "Termos de uso corrente como 'grupo', 'classe', 'poder' ou 'estrutura' não têm hoje, dois, três, quatro significados fundamentais — o que normal —, mas tantas acepções como autores, acepções estas inteiramente irredutíveis a um denominador comum, quando não totalmente antinômicas" (Bastide, 1959, p. 1).

significado, a análise revela a verdade dessa relação, ao fazer dos furos do sentido os determinantes de seu discurso (Lacan, [1960a] 1998, p. 815).

Desse modo, ao longo deste texto, podemos acompanhar Lacan deduzir da cadeia significante a incidência do sujeito na estrutura linguística, afinal é disso que se trata quando ele se pergunta: "Uma vez reconhecida a estrutura da linguagem no inconsciente, que tipo de sujeito podemos conceber-lhe?" (Lacan, [1960a] 1998, p. 814). Isso significa, entre outras coisas, que a incidência do sujeito só poderá se fazer notar nos intervalos entre os significantes, no hiato entre eles, ou, melhor dizendo, na descontinuidade da cadeia significante. Precisamente falando: não é que o sujeito esteja oculto na linearidade temporal da cadeia significante em sua positividade enquanto fala falada sob transferência em uma situação analítica, sujeito escondido à espera de ser descoberto; o sujeito de que se trata aqui é a própria descontinuidade da cadeia, é o sujeito que responde à inscrição da falta no oco da palavra[83].

Decorrente da subversão do significante saussuriano, a formulação do significante lacaniano pressupõe, na descoincidência com a consciência, um sujeito *descompletado* que em sua função desejante não é causa, mas efeito do significante na cadeia.

> Nossa definição do significante (não existe outra) é: um significante é aquilo que representa o sujeito para outro significante. Esse significante, portanto, será aquele para o qual todos os outros significantes representam o sujeito: ou seja, na falta desse significante, todos os demais não representam nada. Já que nada é representado senão para algo. [...] Ora, estando a bateria dos significantes, tal como é, por isso mesmo completa, esse significante só pode ser um traço que se traça por seu círculo, sem poder ser incluído nele. Simbolizável pela inerência de um (-1) no conjunto dos significantes (Lacan, [1960a] 1998, p. 833).

---

[83] "Que o sujeito como tal está na incerteza em razão de ser dividido pelo efeito da linguagem, é o que lhes ensino, eu enquanto Lacan, seguindo os traços da escavação freudiana. Pelo efeito da fala, o sujeito se realiza sempre no Outro, mas ele aí já não persegue mais que uma metade de si mesmo. Ele só achará seu desejo sempre mais dividido, pulverizado, na destacável metonímia da fala. O efeito de linguagem está o tempo todo misturado com o fato, que é o fundo da experiência analítica, de que o sujeito só é sujeito por ser assujeitamento ao campo do Outro, o sujeito provém de seu assujeitamento sincrônico a esse campo do Outro" (Lacan, [1964] 2008, p. 184).

Eis o cerne da dissensão entre a racionalidade estruturalista e Lacan no que se refere à questão da articulação entre sujeito e estrutura: enquanto para os estruturalistas a noção de estrutura diz respeito a um constructo abstrato que salvaguardaria a pesquisa social das "tempestades ideológicas" mediante o descobrimento dos invariantes universais, para o psicanalista parisiense o termo "estrutura" não é uma construção.

A estrutura linguística é causa que preexiste a cada sujeito: é, por assim dizer, o pré-natal social de cada sujeito em seu devir e, como tal, como *causação*, produz efeitos. Em termos mais específicos, poderíamos dizer mesmo que para Lacan a incidência do sujeito na estrutura se dá por meio de um paradoxo que é formalizada no matema S(A): no significante da falta no Outro, na medida em que também é barrado, expressa-se a ideia de que não há possibilidade de o sujeito garantir para si um acesso ao gozo pleno (não há Outro do Outro), resultando daí não somente a subversão do sujeito tal qual Lacan nele imprime, mas também a subversão da própria noção de estrutura.

Nesse sentido, é por meio da formulação freudiana do complexo de castração que reside a reelaboração lacaniana da hipótese estruturalista na medida em que o que está agora em questão na concepção de estrutura é a organização sincrônica dos significantes e a sua continuidade diacrônica; em uma frase: na estrutura lacaniana o que se inscreve é a linguagem e a fala, reabilitando, portanto, a dimensão do sujeito. Lembremos que desde o CLG de Saussure — postura que posteriormente foi seguida pelos estruturalistas — o campo privilegiado de estudos linguísticos é a língua e não o sujeito da fala; enquanto para Lacan a fala tem a função central de implicar o sujeito em seu endereçamento ao Outro, em reconhecê-lo e em articular a demanda e o desejo em relação ao outro por meio das palavras. Sobre isso, afirma Lacan já na década de 1950:

> Quer se pretenda agente de cura, de formação ou de sondagem, a psicanálise dispõe de apenas um meio: a fala do paciente. A evidência desse fato não justifica que se o negligencie. Ora, toda fala pede uma resposta. [...] Mostraremos que não há fala sem resposta, mesmo que depare apenas com o silêncio, desde que ela tenha um ouvinte, e que é esse o cerne de sua função na análise. [...] Mas, se o psicanalista ignorar que é isso que se dá na função da fala, só fará experimentar mais fortemente seu apelo, e, se é o vazio que nela se faz ouvir inicialmente, é em si mesmo

que ele experimentará, e é para-além da fala que irá buscar uma realidade que preencha esse vazio (Lacan, [1953] 1998, p. 248-249).

Além do problema do sujeito, há um outro ponto importante de dissidência entre Lacan e o estruturalismo que se dá, como um desdobramento lógico da questão anterior, pela via da centralidade do registro do Real. Ora, se ao contrário dos estruturalistas em que a noção de estrutura responde a um certo apelo à totalidade e à coerência (ao sentido), e se Lacan a subverte atribuindo-lhe um caráter antinômico e descompletado, não seria de se esperar que no seu processo de formalização essa dimensão de impossibilidade não somente aparecesse como tal, mas viabilizasse a existência de um resto impossível de ser simbolizado que é o fundamento de toda atividade desejante do sujeito?

Presente no ensino lacaniano desde 1953[84] como aquilo que escapa, a noção categorial de Real sofre ao longo do tempo diversas reformulações até a concepção de que esse registro se refere à ordem do impossível, como aquilo "[...] que não pára de não se escrever" (Lacan, [1972 – 73] 2008, p. 155), ou seja, do real como (causa) *contingente*: de algo que na estrutura se inscreve enquanto furo no imaginário e falta no simbólico, esse *a* resistente a toda e qualquer possibilidade de simbolização.

Mas o que significa isso? Significa que agora o que está em voga como questão fundamental não é mais a possibilidade de inter-relação epistemológica entre estruturalismo e psicanálise (apesar de se tratar precisamente dos seus efeitos de subversão); o que toma corpo aqui, ao tomarmos o Real como *a*-causa do sujeito, é o coração pulsante da clínica psicanalítica e suas coordenadas fundamentais na direção da cura. Dito de outra forma: trata-se para Lacan, nesse movimento de "descoincidência" com a racionalidade estruturalista, de salvaguardar a sua noção de Real como *a*-causa do sujeito não penas em sua acepção formal, mais do que isso, como *a*-causa "[...] material da posição do sujeito na estruturação do fantasma" (Godino Cabas, 2009, p. 197). Segundo o autor, a dupla deter-

---

[84] "Em primeiro lugar, uma coisa não poderia nos escapar, a saber, que há na análise toda uma parte de real em nossos sujeitos que nos escapa. Nem por isso ela escapava a Freud quando este tinha que lidar com cada um de seus pacientes; porém, naturalmente, estava igualmente fora de sua apreensão e alcance" (Lacan, [1953b] 2005, p. 13). Para uma visão de conjunto a respeito da categoria do Real no "primeiro ensino" de Lacan, ver: *O estatuto do real em Lacan: dos primeiros escritos ao seminário VII, a ética da psicanálise* (2006), de Wilson Camilo Chaves.

minação do Real – como causa formal e material — era extremamente importante para Lacan

> Porque as recomendações freudianas relativas à direção da cura — particularmente as que se referem à análise do fantasma — representam um conjunto de diretivas oriundas da prática e amparadas no peso da experiência. E nesse ponto temos de convir que, mesmo que a voz da experiência seja um fato de grande importância, só pode render um conselho bem inspirado, não conseguindo transmitir as razões que determinam a escolha de uma estratégia clínica e, muito menos, declinar dos fundamentos que a animam. Principalmente no que se refere ao dispositivo analítico. Ocorre que a voz da experiência não basta. Basicamente porque não consegue soletrar os cálculos nos quais se apoia o manejo da transferência, nem os princípios que determinam a lógica da cura. Portanto, vistas dessa perspectiva, as ditas recomendações valem como um conselho destinado a orientar a conduta do praticante, e mais, representam uma elaboração de saber — sim —, mas uma elaboração que é incapaz de revelar os fundamentos sobre os quais se assenta. Em consequência, é um saber que tem o valor e o peso de uma tradição; e *isso equivale a dizer que se trata de um tipo de saber que opera às cegas* (Godino Cabas, 2009, p. 197-198, grifo meu).

Em suma, nesse período de sua experiência intelectual, no qual Lacan se debatia com um certo risco de eclipsamento do trabalho analítico, pois, sem uma rigorosa formalização dos seus operadores epistemológicos e teóricos, a clínica psicanalítica — tendo em vista a transmissibilidade de sua experiência em um contexto de ensino — incorria no perigo de se ver transformada em uma mistificação, era necessário apostar na cisão do sujeito como *pathos* no qual ele estaria irremediavelmente enlaçado, isto é, como causa real que tem como efeito um resto que descompleta o sujeito na linguagem fazendo com que seja apontada a proeminência do Real como *a*-causa do desejo, do sujeito e do gozo. Nesse sentido, afirma Lacan que:

> Se digo que o pequeno *a* é o que causa o desejo, isto quer dizer que dizer que ele não é dele o objeto. Não é o complemento direto nem indireto, mas apenas essa causa que, para brincar com a palavra como fiz no meu primeiro Discurso

de Roma, essa causa que causa sempre. O sujeito é causado por um objeto que só é notável por uma escritura, e é assim que um passo é dado na teoria. O irredutível disto, que não é efeito da linguagem, pois o efeito da linguagem é o patema, é a paixão do corpo. Mas, da linguagem, é inscritível, é notável naquilo que a linguagem não tem d'efeito, essa abstração radical que é o objeto, o objeto que designo, que escrevo com a figura de objeto pequeno *a*, e do qual nada é pensável, com o senão apenas de que tudo que é sujeito, sujeito de pensamento que se imagina ser Ser, é por isso determinado (Lacan, [1974 – 75], lição de 21/01/1975).

Podemos ver que, surgindo como efeito de inserção do sujeito na sua estrutura, o objeto *a*, causa do desejo, é o "dispositivo" conceitual lacaniano que permite, para além da linguística[85], a realização da subversão da noção de estrutura porque há, operada pelo sujeito do inconsciente, a transformação da estrutura em que ele foi inserido, isto é, uma subjetivação da estrutura pelo próprio sujeito inserido nela.

Para finalizar, gostaria de insistir que se o período de diálogo com o movimento estruturalista foi marcado por impasses e dissensões, não nos resta outra posição senão a de concordar com Lacan quando afirma que "[...] o que é próprio dos impasses é que eles são fecundos [...]" (Lacan, [1958 – 59] 2016, p. 119): pois não foi exatamente por causa deles que Lacan, ao retomar a radicalidade da experiência psicanalítica, teve que matar o sujeito da tradição pós-freudiana — o sujeito identificado com as noções de identidade e de empiricidade — para dessa morte fazer advir uma espécie de *subject postmortem*, um sujeito cuja materialidade não admite sua redução a uma substancialidade concreta?

É desse sujeito, em sua dimensão própria, que trataremos agora.

---

[85] "A linguística fornece o material da análise, ou o aparelho com que nela se opera. Mas um campo só é dominado por sua operação. O inconsciente pode ser, como disse, a condição da linguística. Esta, no entanto, não tem sobre ele a menor influência." (LACAN, [1970] 2003, p. 407).

CAPÍTULO 7

A NEGATIVIDADE DO SUJEITO DO INCONSCIENTE E A FORMALIZAÇÃO DO OBJETO *A*

De todos os espíritos que negam
O maligno é o que menos me pesa.
A atividade do homem facilmente adormece,
E ele logo cai no repouso indolente;
Por isto lhe dou o diabo como companheiro,
Que espicaça, produz e cria."
(Johann W. von Goethe)

No capítulo anterior, vimos, em linhas gerais, que se o movimento teórico de Lacan em seu diálogo com a racionalidade estruturalista deveu-se à necessidade de refundação do discurso psicanalítico em bases epistemológicas concretas, pode-se vislumbrar também que esse diálogo provocou uma dissensão fundamental de seu projeto com esse paradigma na medida em que, ao submeter os termos dessa articulação às provas da clínica, mostrou-se necessária uma nova racionalidade que desse conta do problema do Real do sujeito e seu lugar na estrutura que o constitui. Trata-se agora de examinar mais detidamente as consequências dessa reordenação conceitual do estatuto do inconsciente em seu registro próprio, ou seja, o objetivo deste capítulo é avaliar como o primado do Real articula-se com a dimensão do sujeito e com o objeto que o causa.

Ao que tudo indica, Freud não foi um leitor de Hegel[86]. Como é sabido, Lacan o lê nos idos de 1930 pelas lentes da antropologia filosófica

---

[86] "Deve-se reconhecer que não houve influência histórica de Hegel sobre o fundador da psicanálise. Tudo indica que Freud não tenha lido Hegel. Não podemos aproximar desta 'lacuna', numa cultura tão vasta, sua confidência de se haver recusado a ler Nietzsche, apesar dos prazeres que daí pudesse fruir, para não arriscar-se à sua influência, na originalidade de suas descobertas?" (Hyppolite, 1989, p. 59).

de Kojève[87], o que, pelo menos na fase inicial de sua obra, significaria que o problema da constituição do sujeito seria uma coextensão da questão hegeliana da autorrealização[88]. Deixemos, por enquanto, esse problema em suspenso.

É importante ressaltar, no entanto, a ampla dimensão que esta questão traz consigo. Estamos às voltas aqui com as tensas relações entre a psicanálise e a filosofia: se por um lado é largamente conhecido o "desprezo" que Freud nutria pela filosofia, isso não impediu a inscrição singular da sua disciplina na tradição racionalista; por outro, no que se refere ao ensino lacaniano, trata-se da recepção francesa, primeiro via Kojève e, depois, através de Hyppolite, do pensamento hegeliano.

Mas, se levarmos em conta a experiência inicial da psicanálise — o *acontecimento* Freud, para usar a terminologia de Badiou[89] —, poderíamos perguntar: se Freud não leu Hegel, como a sua influência aparece de forma tão consistente nos escritos do próprio Freud? A aposta aqui é avaliar essa questão a partir do tema da negatividade. Nesse sentido, creio não ser absurdo afirmar aqui que, de um ponto de vista epistemológico, a psicanálise (tal como o marxismo) inscreve-se na história das ideias de uma forma *negativizante*, isto é, pode ser assim considerada se confrontada com a longa tradição do pensamento ocidental que se apoia, não sem resistências, na supremacia do *logos* e em sua potência como fundamento último do saber.

Em outras palavras, isso significa dizer que o estatuto epistemológico do inconsciente freudiano mantém seu caráter de negatividade na medida em

---

[87] "É, realmente, a título de uma nova antropologia que o pensamento de Kojève participa da elaboração das teses lacanianas. Mais especificamente, de uma *teoria da antropogênese*, que tem a vantagem de pensar o sujeito humano na sua generalidade – quase que se poderia dizer, com Mauss, na sua 'totalidade concreta' –, ultrapassando, assim, a perspectiva evolucionista que Lacan pensara ter encontrado em Lévy-Bruhl, mas que dizia respeito apenas a uma hierarquia das formas de conhecimento, se bem que se estendesse sobre suas consequências para a quase totalidade dos fatos psíquicos e sociais [...]. Além disso, é, definitivamente, da *constituição do sujeito* que se trata aí" (Simanke, 2002, p. 398).

[88] "Nisto está dito tudo: *a constituição do sujeito é a rigor uma auto-afecção*. Não por acaso, perguntando-se por que as interpretações de Lacan nunca se referem à estrutura interna do indivíduo mas à sua experiência, um observador das idiossincrasias lacanianas, responde reparando que o indivíduo lacaniano típico reage a si mesmo ou ao seu próprio ser" (Arantes, 2003, p. 46, grifos do autor).

[89] Para Alain Badiou, o termo événement denota um sentido de irrupção, de algo que *acontece* inesperadamente e que, por isso, convoca a uma reflexão outra que necessariamente leve em consideração esse ponto de fratura. Nesse sentido, sigo aqui a indicação de Dias (2011) e mantenho o uso do termo *acontecimento*, a despeito da tradutora brasileira da obra O Ser e o Evento (1996), de Badiou, que optou pela tradução de événement como evento. Segundo Dias (2011, p. 5), o uso do termo *evento* não possui o caráter irruptivo que a palavra em francês conjuga, além de também ser pouco precisa em demarcar a diferença do uso que dela faz Badiou em relação à tradição filosófica francesa da segunda metade do séc. 20, sobretudo no que se refere à Deleuze e Derrida. Sobre a questão do "evento" na tradição filosófica francesa, ver o capítulo 4 de *Pós-Estruturalismo* (2013), de James Willians.

que o recalque, o operador fundamental do psiquismo, define o ser a partir do seu negativo, do não ser[90]. Talvez não seja à toa, portanto, que o que se convencionou chamar, em psicanálise, de estruturas clínicas (neurose, psicose, perversão) sejam procedimentos diferenciados de *negação* da castração.

Antes de continuar, entretanto, julgo ser pertinente pelo menos indicar uma diferença fundamental sobre o estatuto da negação na filosofia hegeliana e na psicanálise freudo-lacaniana, isto é, entre a *Selbstbewuasstsein* de Hegel e o *Unbenwusstein* psicanalítico: enquanto em Hegel a negação é imanente ao processo de desenvolvimento da consciência, para autores como Freud e Lacan a negação é pensada como resultado da relação com o Outro. Ainda que isso seja importante exatamente porque coloque em questão na constituição do sujeito o papel fundamental dos procedimentos de negação e sua relação com a linguagem, esse problema teve que esperar, desde Freud, quase 30 anos para ser retomado.

O texto de Freud intitulado *A Negativa* (1925) é geralmente tomado apenas em seu sentido técnico — como chave interpretativa das associações dos pacientes em situação analítica —, talvez devido ao seu caráter profundamente denso e, não raras vezes, obscuro. Para nossos fins, é importante ressaltar que ele representa, no interior da produção metapsicológica freudiana, um ponto em que o psicanalista e o filósofo se encontram de maneira inequívoca: estou me referindo ao conceito de *aufhenben* (suprassunção). Desse modo, segundo Hegel:

> Por *aufhenben* entendemos primeiro a mesma coisa que '*hinwgräumen*' [ab-rogar], '*negieren*' [negar], e por conseguinte dizemos, por exemplo, que uma lei, um dispositivo são '*aufgehoben*' [ab-rogados]. Mas além disso significa também o mesmo que *aufbewahen* [conservar], e nesse sentido dizemos que uma coisa está 'wohl aufgehohen' [bem conservada] (Hegel, [1830]1995, p. 194).

Portanto, na dialética de Hegel o verbo *aufheben* (suprassumir), como nos informa Hyppolite[91], mantém em si a tripla significação de negar, elevar e conservar. Nesse sentido, suprassumir algo é retirá-lo de uma

---

[90] Fica em suspenso aqui para desenvolvimentos posteriores a relação entre ética e ontologia do Inconsciente na perspectiva de Freud e Lacan. Mais especificamente sobre a tese de que a teoria freudiana das pulsões é uma ontologia negativa, ver: *Ontologia negativa em psicanálise: entre ética e epistemologia* (2007), de Christian Dunker e *Teoria das pulsões como ontologia negativa* (2007), de Vladimir Safatle.

[91] Ver: HYPPOLITE, Jean. **Ensaios de Psicanálise e Filosofia**. Rio de Janeiro: Livraria Taurus – Timbre Editores, 1989. p. 47- 58.

situação de imediaticidade para a complexidade de uma determinação positiva resultante da anterior, ou seja, neste momento dialético, há ao mesmo tempo uma determinação positiva e negativa no que se refere ao conceito. No texto freudiano, portanto, segundo nosso intérprete, o que está em questão no uso do termo "denegação" (*Verneinung*) é precisamente um dos momentos da suprassunção (*aufhebung*) hegeliana, ou seja, trata-se da ideia de que "isso só é isso exatamente porque isso não poder ser". Vejamos o que afirma Freud:

> Portanto, um conteúdo de representação ou de pensamento recalcado pode abrir caminho até a consciência, sob a condição de que seja *negado*. A negação é uma maneira de tomar conhecimento do recalcado; na verdade, é já uma suspensão do recalcamento [*Verdrängung*], mas evidentemente não é uma admissão do recalcado [*Verdrängten*] (Freud, [1925] 2016, p. 306, grifos do autor).

Tomando o papel fundamental da denegação, Freud continua sua investigação da função geral e da efetividade do pensamento judicativo na constituição da subjetividade, isto é, sua preocupação é "compreender" como se dá a gênese do pensamento humano.

> A função do juízo [*Urteilsfunktion*] tem, essencialmente, duas decisões a tomar. Ela deve atribuir ou desatribuir uma qualidade a uma coisa, e ela deve aceitar ou contestar a existência de uma representação na realidade. A qualidade, sobre a qual se deve decidir, poderia ter sido originariamente boa ou má, útil ou nociva. Na linguagem das mais antigas pulsões orais seria assim expresso: "Isto eu quero comer ou quero cuspir", e em uma tradução [*Übertragung*] mais ampla: "Isto eu quero introduzir em mim e isto eu quero tirar de mim". O Eu-Prazer [*Lust-Ich*] originário quer, como desenvolvi em outro lugar, introjetar-se tudo que é *bom* e jogar fora [*werfen*] tudo o que é mau. *Em princípio, o que é mau, o que é alheio ao Eu e o que se encontra fora dele é-lhe idêntico* (Freud, [1925] 2016, p. 307, grifo nosso).

Freud não poderia ser mais claro aqui no que se refere ao papel da denegação e sua articulação com a *aufhebung* hegeliana: se antes, no processo de fusão imaginária com o Outro experimentado (*Nebemensch*), ao "sujeito" tudo pertencia no sentido de nada ser-lhe estranho, será por meio de uma ação judicativa (em certo sentido, *negadora*) que será demarcada a diferença entre o que é do "sujeito" e aquilo que se refere ao mundo externo. Vemos, portanto, que na própria constituição da subjetividade em Freud está o papel central da negatividade; entretanto, essa negação (*Verneinung*) é, por assim dizer, um "segundo tempo" da negação, isto é, uma denegação (*Aufhebung*), já que seria uma operação intelectual de aceitação parcial do conteúdo recalcado "[...] com manutenção do essencial quanto ao recalcamento" (Freud, 1925[2016], p. 306). Segundo Hyppolite:

> Apresentar o seu ser num modo de não sê-lo é realmente do que se trata nesta *Aufhebung* do recalcamento, que não é uma aceitação do recalcado. Aquele que fala diz "Eis o que não sou". Não haveria mais ao recalcamento, se recalcamento significa inconsciência, já que é consciente. Mas o recalcamento subsiste quanto ao essencial, sob a forma de não aceitação (Hyppolite, 1989, p. 49, grifo do autor).

Depreende-se dessa análise *a posteriori* da *Verneinung* freudiana feita por Hyppolite a pedido de Lacan em 1954, duas coisas importantes: o papel central das operações de negação e da linguagem. Tendo isso em conta, pode-se dizer também que no texto freudiano está em jogo, além da denegação (o par juízo de atribuição/juízo de existência), uma outra negação, uma espécie de "negação primária" formada pelo par "afirmação primordial/expulsão" (*Bejahung/Ausstossung*).

Vejamos, portanto, agora na versão lacaniana, as consequências da aproximação entre Freud e Hegel mediada pelo ensino de Kojève.

Em sua leitura de Hegel, Kojève considera que a negatividade é um momento necessário para o rompimento da relação de imediaticidade entre o saber de si e o saber de algo estranho a si; isso seria atribuir ao negativo a determinação do ser como algo não estático, que não toma a si mesmo como fim e que se autorrealiza a si mesmo com um ser criativo mediante o uso da palavra.

"Compreender o homem pela compreensão de sua origem é, portanto, compreender a origem do Eu revelado pela palavra" (Kojève, 2002, p. 11). Quer dizer, é nesse movimento de negação da identidade consigo mesmo — negação do ser imediato — que há uma cisão entre sujeito e objeto que será significada pelo discurso.

Nesse sentido, pela sua natureza essencialmente discursiva, ao humano é impossível apreender imediatamente a realidade *toda* precisamente porque o trabalho do pensamento, no processo de determinação da própria realidade, dá-se mediante a união e separação de palavras; daí a importância da negatividade:

> [o homem] é o resultado do esforço de uma força absoluta, e é essa força; ele é negativamente encarnada, ou como diz Hegel, 'entidade negativa — ou — negadora' (*das Negative*). Só quando se compreende o homem como negatividade, ele é compreendido em sua especificidade humana "miraculosa", que dele faz um Eu que pensa e fala (Kojève, 2002, p. 511).

Para Kojève, portanto, é a *ação negadora* que define o ser enquanto criação dialética mediada pela linguagem porque é o trabalho do negativo que opera a constituição da capacidade discursiva do humano e o coloca em diametral oposição à sua condição natural de animalidade de ser dado. Importante ressaltar que até aqui autores como Hegel, Kojève, Freud e Hyppolite, apesar de suas diferenças, destacam o papel da negatividade na "humanização do homem".

Lacan, ex-aluno de Kojève nos anos de 1930, também concederá um papel importante ao tema da negatividade, sobretudo na primeira fase do seu ensino em que a influência hegeliana era, na verdade, uma das chaves interpretativas do seu projeto de "reconquista" do pensamento freudiano.

Freud (1925[2016]) afirma que além da denegação há uma negação prévia, uma "negação primordial" que se caracteriza pela oposição entre a afirmação (*Bejahung*) e a expulsão (*Ausstossung*). Ora, Lacan, assim como Kojève, também atribui à linguagem um papel fundamental porque é somente dentro de uma rede simbólica que o sujeito pode advir. Parece-me, portanto, que no tratamento dessa questão em Lacan seguirá esse caminho. Em sua interpretação da *Verneinung* freudiana, Lacan sustenta o caráter decisivo do fator linguístico na medida em que se a negação constitui o conteúdo negado, ainda que não seja admitido pelo sujeito, o conteúdo existe efetivamente como presença na enunciação da negação, ou seja, trata-se aqui, como afirma Hyppolite, de uma distinção entre uma negação que pertence ao campo da enunciação (portadora da verdade do sujeito) e outra negação pertencente ao campo da lógica formal.

Aqui já se vislumbra uma cisão expressada pela linguagem na medida em que um conteúdo é enunciado (reconhecido simbolicamente), mas não reconhecido pelo Eu como portador de existência real. Isto é, trata-se aqui de um tempo *mítico* da constituição do sujeito em que se dá sua entrada no simbólico e, simultaneamente, constitui-se também o real enquanto um registro que não foi simbolizado.

É nesse sentido que podemos entender essa anterioridade lógica contida na ideia de um tempo *mítico*, afinal:

> Lacan, então, toma o termo alemão *Bejahung* para se referir ao momento mítico de uma afirmação originária relacionada ao primeiro juízo de atribuição que separou o real, como o fora, de tudo aquilo que pode vir a fazer parte de cadeias significantes inconscientes (Sales, 2007, p. 217).

Trata-se aqui, portanto, de uma temporalidade lógica em que o que está em questão são as operações mais primitivas da constituição do sujeito e que determinará, inclusive, o "destino" da estrutura do sujeito por vir[92]. Segundo Lacan, seria necessário considerar que na *Verneinung* freudiana

> [...] não se trata de um desmentido de pertencimento, mas de uma negação formal: em outras palavras, de um fenômeno típico de desconhecimento e sob a forma invertida em que insistimos, forma cuja expressão mais habitual – Não vá pensar que... – já nos fornece essa relação profunda com o outro como tal, que valorizaremos no Eu (Lacan, [1946] 1998b, p. 179-180).

Nesse sentido, se há nessa operação a suposição de um outro com o qual o Eu se relaciona de maneira invertida e, assim, com ele se "mede" é exatamente porque já houve o acolhimento de um Outro, isto é, houve uma *Bejahung*; entretanto, há nesse momento também uma expulsão (*Ausstossung*): à instituição das primeiras representações (*Vorstellungen*) — afirmação daquilo que é o ser, simbolizável — segue-se simultaneamente a inscrição de algo para fora desse campo de representação possível, algo exterior não simbolizável resultado, portanto, de uma expulsão primordial.

---

[92] "O que desponta nesse raciocínio é a necessidade de se distinguir três tipos de negação: *Aut[]ossung* – negação que corresponde à expulsão no momento da *Bejahung*; *Verneinung* – a negação intelectual em que alguém rejeita um conteúdo recalcado pelo uso verbal do "não"; *Verwerfung* – a negação específica do mecanismo implicado na psicose" (Sales, 2007, p. 217).

Após essa breve exposição do problema da negação na constituição psíquica, podemos avaliar o sentido metapsicológico e algumas consequências clínicas da retomada lacaniana do texto *A Negativa* (1925), de Freud.

O recurso à *Verneinung* freudiana pode ser entendido como uma estratégia maior usada por Lacan para começar a estabelecer a *forclusion* como um mecanismo específico e, assim, sustentar as "bases" metapsicológicas da sua teoria da psicose a partir dos impasses deixados por Freud nessa questão: lembremos que em 1924 Freud publica dois textos fundamentais para a distinção clínica/conceitual entre neurose e psicose (*Neurose e Psicose* e *A perda da realidade na neurose e na psicose*) que têm como ponto fundamental a investigação sobre a existência de um mecanismo psíquico diferente do Recalque (*Verdrängung*). Nesse sentido, no que se refere à contribuição de Lacan, trata-se de situar a *Verwerfung* freudiana (*forclusion*) na dialética na *Verneinung* em oposição à *Bejahung*, o que forneceria ao discurso lacaniano elementos para operar uma delimitação consistente entre o real e o simbólico.

> A *Verwerfung*, portanto, corta pela raiz qualquer manifestação da ordem simbólica, isto é, da *Bejahung* que Freud enuncia como o processo primário em que o juízo atributivo se enraíza, e que não é outra coisa senão a condição primordial para que, do real, alguma coisa venha a se oferecer à revelação do ser, ou, para empregar a linguagem de Heidegger, seja deixando-ser (Lacan, [1954] 1998b, p. 388, grifos do autor).

Em um sentido muito parecido ao dado por Freud (1925) ao termo *Ausstossung*, vemos, no seminário sobre as psicoses, Lacan conceder à *Verwerfung* o sentido anverso da *Bejahung* estabelecendo-a a partir de uma operação de rejeição (não simbolização) de um significante primordial do ser do sujeito por vir, ou seja, estabelece o real como aquilo que é irredutível à estruturação significante.

> Ao nível da Bejahung pura, primitiva, que pode realizar-se ou não, estabelece-se uma primeira dicotomia — o que teria sido submetido à *Bejahung*, à simbolização primitiva, terá diversos destinos, o qual cai sob o golpe da *Verwerfung* terá um outro. [...] Há portanto, na origem, *Bejahung*, isto é, afirmação do que é, ou *Verwerfung* (Lacan, [1955-56] 1988, p. 98, grifos do autor).

Outra consequência da retomada da *Verneinung* por Lacan, também em sua dimensão filosófica, por assim dizer, refere-se à ideia da existência de um paradoxo que perpassa toda a obra freudiana: a presença/ausência que será o fundamento da *falta*.

Isto é, se consideramos em Freud os efeitos constitutivos causados pela perda do objeto primordial (*das Ding*), podemos dizer, a partir dos desenvolvimentos lacanianos sobre a *Verwerfung*, que essa operação de perda se dá mediante a expulsão primordial, via ação judicativa, ou seja, pode-se relacionar o problema do objeto (e do desejo) ao campo do que está excluído do simbólico, ao campo do real.

Nesse sentido, é fundamental levar em consideração o deslizamento conceitual operado por Lacan no sentido de formalizar a existência de um particular objeto que leve em consideração o problema da negatividade em psicanálise e suas possíveis relações com a questão do real do sujeito. Vejamos.

Certamente, a questão do objeto em psicanálise é um tema para onde convergem inúmeras e apaixonadas discussões. Talvez isso se deva ao fato de Freud nunca ter formulado uma definição conceitual unívoca de objeto, o que possivelmente levou a uma polissemia do uso desse conceito[93]. Tal fato aparentemente acabou por produzir uma espécie de procedimento *standard* no que se refere ao objeto: há, de fato, naquilo que se convencionou chamar de escola das relações de objeto[94], uma tendência

---

[93] Andre Green sustenta que o objeto em Freud é "[...] polissêmico, existe mais de um objeto e, como um todo, eles cobre vários campos e realizam funções que não podem ser abarcadas por um só conceito." (GREEN, 2000, p. 9). Sobre essa questão, ver também Coelho Jr (2001): "Utilizando-se dos recursos próprios da língua alemã para a formação de palavras, Freud apresenta em suas obras uma série de noções que anunciam a riqueza e a variedade do uso do objeto na construção de sua teoria. Assim, encontramos, numa lista não exaustiva, noções como Objektwahl (escolha de objeto), Determinierung des Objectwahl (determinação da escolha de objeto), Identifizierung als Vorstufe der Objektwahl (identificação como grau elementar da escolha de objeto), infantile Objektwahl (escolha de objeto infantil), inzestuöse Objektwahl (escolha de objeto incestuosa), homossexuele Objektwahl (escolha de objeto homossexual), Anlehnungstypus der Objektwahl (escolha anaclítica de objeto), narzissistische Objektwahl (escolha narcísica de objeto), Objektfindung (encontro do objeto), Objektbesetzung (investimento de objeto), Objekt-Libido (objeto de libido), Objekttriebe (objeto de pulsões), Objektliebe (objeto de amor), Objektwechsel (troca de objeto), Objektwerbung (recrutamento do objeto), Objektverzicht (renúncia do objeto), Objektverlust (perda do objeto), Objektvermeidung (ato de evitar o objeto) e Mutterbrust als erstes Objekt (seio materno como primeiro objeto)" (Coelho Jr., 2001, p. 39).

[94] "Depois da segunda guerra mundial e das Grandes Controvérsias que dividiram em três a British Psychoanalytical School (BPS), a clínica das relações de objeto assumiu tamanha amplitude que, ao mesmo tempo, ultrapassou o kleinismo e o annafreudismo: falou-se então de uma *Object – Relations Scholl* [...], ilustradas pelos trabalhos de Michel Balint, Wilfred Ruprecht Bion, Ronald Fairbairn, Donald Wood Winnicott e, em termos mais gerais, pelo grupo dos independentes" (Roudinesco; Plon, 1998, p. 553).

a priorizar uma certa modalidade de tratamento caracterizada por uma relação de complementaridade imaginária entre o Eu e o objeto.

O que chamo de procedimento *standard* não se deve necessariamente à eleição de uma maneira única de conceber teoricamente o objeto no interior das experiências clínicas que animavam essa tradição — obviamente havia diferenças —, mas à articulação dessas concepções ao problema do final de análise. A questão era (e, ao que tudo indica, continua sendo!) a consequência ético/política da concepção adotada e sua articulação com a direção do tratamento: da relação aparentemente estável e madura que o Eu deveria manter com seu objeto, passou-se a uma espécie de proposição geral de que uma boa análise deveria (re)conduzir o sujeito para uma relação harmônica com o mundo e, portanto, seria tarefa analítica adaptar o *indivíduo* à realidade.

De maneira geral, é dentro desse contexto que Lacan anuncia o tema do seu seminário de 1956: *as relações de objeto e as estruturas freudianas*. Esse título já demonstra, pelo menos, duas coisas importantes: primeiro, além da questão clínica do conceito de objeto no interior da experiência analítica e seus desdobramentos no que se refere à direção da cura, há também o problema da querela institucional da Société Psychanalytique de Paris (SPP), da qual Lacan foi "excomungado"; e segundo, mas não menos importante, esse título também aponta para a complexa e singular relação que Lacan estabelece com o estruturalismo francês.

Como se sabe, Lacan afirma no *Seminário 4* que a questão da relação de objeto ocupa, na teoria e na prática psicanalítica, uma posição central (Lacan, 1956-57 [1995], p. 9). Talvez isso se deva à utilização de uma dupla estratégia discursiva: se por um lado ressalta a fundamental importância do problema na história da psicanálise, por outro o faz exatamente para subverter a questão e, assim, abrir caminho para sua crítica à noção de "relação de objeto" no debate psicanalítico da época e, mais especificamente, ao trabalho de Maurice Bouvet.

As proposições críticas de Lacan ao longo do seminário vão no sentido de estabelecer uma alternativa para pensar o objeto e sua relação com o desejo de maneira radicalmente diferente daquela tradição pós-freudiana de então (mais especificamente àquelas de Klein e de Winnicott), ou seja, não se trata em absoluto de uma integração do sujeito numa relação de objeto total[95], tampouco de fazer surgir na análise o *verdadeiro self* mediante o funcionamento do analista como mãe suficientemente boa[96]; trata-se, antes, de sustentar uma relação de inadequação fundamental entre objeto e desejo, inadequação marcada indelevelmente pela dimensão da perda.

Para que fique mais clara a demarcação teórico/clínica da diferença dada por Lacan a esse problema, talvez seja necessário ressaltar que o projeto lacaniano de "reconquista" da experiência freudiana se dá, sobretudo, em duas frentes: a leitura cuidadosa dos textos de Freud — "[...] o sentido de um retorno à Freud é o retorno ao sentido de Freud" (Lacan, [1955] 1998, p. 406) — e a articulação desta leitura ao panorama da modernidade intelectual francesa da época. E mais especificamente no que se refere ao tema do objeto, este empreendimento dialoga (ao menos nesse momento de sua obra), sobretudo com as questões hegelianas herdadas do ensino de Kojève — como a temática do reconhecimento, por exemplo — e com sua filiação à racionalidade estruturalista, marcada pelo problema kantiano do transcendental[97].

Em outras palavras, o estabelecimento de uma relação de inadequação entre o desejo e o objeto torna-se fundamental para a operação de ruptura com a noção, tão cara à tradição pós-freudiana, de empiria do objeto e a consequente substancialização do sujeito; tal necessidade leva Lacan a operar analiticamente segundo as coordenadas de uma noção de desejo que não cede à transitividade, ou seja, uma noção de desejo que opera uma "transcendência negativa do sujeito" (Safatle, 2006) ou, ao menos, o conduz a um plano transcendental (Sales, 2009). Ao explicitar a escolha "metodológica" sobre o tratamento que dará ao tema do objeto, afirma Lacan que:

---

[95] "O tratamento visa proporcionar que a mãe uma vez percebida como objeto total, possa servir ao processo de integração do sujeito, será pelo manejo da transferência no aqui e agora, que serão explicitadas ao analisante suas defesas contra a integração de sua ambivalência e, consequentemente, sua dependência de objetos bons" (Fernandes, 2002, p. 67).

[96] "O vislumbre do bebê e da criança vendo o eu (self) no rosto da mãe e, posteriormente, num espelho, proporcionam um modo de olhar a análise e a tarefa psicoterapêutica. Psicoterapia [...] é um derivado complexo do rosto que reflete o que há para ser visto. Essa é a forma pela qual me apraz pensar em meu trabalho, tendo em mente que, se o fizer suficientemente bem, o paciente descobrirá seu próprio eu (self) e será capaz de existir e sentir-se real. Sentir-se real é mais do que existir; é descobrir um modo de existir como si mesmo, relacionar-se aos objetos como si mesmo e ter um eu (self) para o qual retirar-se, para relaxamento" (Winnicott, 1971, p. 161).

[97] Obviamente, não seria possível explorar a complexidade de tais questões neste texto. Entretanto, como a produção conceitual de Lacan parece partir necessariamente do tensionamento de tais questões, tentarei cotejar, na medida do possível, algumas consequências disso no que se refere ao aparecimento daquilo que trará uma nova dimensão à sua proposta de restituir a falta como experiência central da clínica psicanalítica: o conceito de objeto *a*.

> O objeto se apresenta, inicialmente, em uma busca do objeto perdido. O objeto é sempre objeto redescoberto, o objeto tomado ele próprio numa busca, o que se opõe da maneira mais categórica à noção de sujeito autônomo, onde desemboca a ideia de objeto acabado (Lacan, [1956-7] 1995, p. 25).

Esse lançar-se à procura de algo ausente acaba por gerar uma tensão irredutível, marca do sujeito que remonta às experiências de satisfação descritas no Projeto (Freud, [1895] 1996, p. 32), que deve ser apaziguada por uma espécie de nostalgia que, segundo Lacan, "[...] liga o sujeito ao objeto perdido, através da qual se exerce todo o esforço da busca. Ela marca a redescoberta do signo de uma repetição impossível, já que, precisamente, este não é o mesmo objeto, não poderia sê-lo" (Lacan, [1956-57] 1995, p. 13).

Não poderia sê-lo exatamente porque cada encontro com um objeto traz a marca da sua inadequação, de uma espécie de distância intransponível que faz com que este falhe em "tampar" o buraco que marca a sua ausência, isto é, trata-se da ideia de que é exatamente essa impossibilidade que é constitutiva do objeto: daí a proposição da falta de objeto como fundamento do Seminário IV, afinal o próprio Lacan ressalta que "[...] jamais em nossa experiência concreta da teoria analítica, podemos prescindir de uma noção de falta de objeto como central. Não é um negativo, mas a própria mola da relação do sujeito com o mundo" (Lacan, [1956-57] 1995, p. 35).

Nesse sentido, Lacan propõe "[...] três tempos lógicos distintos da transmissão da falta e cada tempo engloba e ressignifica o anterior, ampliando as possibilidades de circulação discursiva do sujeito" (Frageli; Petri, 2004, p. 120), ou seja, na sua análise das respostas estruturais (fobia e do fetichismo) ante a falta do objeto, o que está colocado como questão é que para Lacan a articulação dos três diferentes registros da falta que constituem o sujeito se dá mediante um processo dialético. É importante observar que a demarcação desses registros se articula com a discussão do conceito de castração no âmbito da sua teoria do significante, ou seja, parece tratar-se para Lacan do problema do estatuto da falta nos registros Real, Simbólico e Imaginário.

Eis, portanto, de modo esquemático, o cenário da transmissão da falta conforme nos apresenta Lacan no *Seminário 4*. Na privação a manifestação da falta é real, mas o objeto da privação é simbólico. Vemos aqui o primeiro (des)encontro entre o desejo da mãe e a necessidade da criança na medida em que

> [...] a mãe se vê privada da criança como representante do objeto do seu desejo, ou seja, como objeto simbólico. Já a criança é privada da mãe, enquanto objeto real da satisfação de sua necessidade (leite). O agente da privação para ambas é o pai imaginário, ou seja, qualquer movimento que venha interferir e romper com o transitivismo característico desta relação inicial entre a mãe e a criança (Fragelli; Petri, 2004, p. 120).

No que se refere à frustração, a falta é imaginária, mas o objeto da frustração é real. Mediante a simbolização do real e a introdução da criança na ordem simbólica (Lacan, [1956-57] 1995, p. 55), os objetos reais (leite, por exemplo) oferecidos à criança pela mãe passam a ter um estatuto simbólico, isto é, por essa via simbólica — significante — à criança é dada a possibilidade de fazer trocas/substituições de objetos permitindo então que ela possa reivindicar aquilo que não está presente. Entretanto essa reivindicação porta uma radical impossibilidade de satisfação, já que, sendo o pênis "[...] o protótipo de tal objeto, é justamente sob a forma de frustração que a menina vive sua ausência. Num sentido mais geral, a criança vive a ausência de pênis na mãe como uma frustração" (Dor, 1989, p. 83).

Enfim, na castração a falta é simbólica, mas o objeto da castração é imaginário. Estamos diante da possibilidade de estruturação simbólica que regulamenta as trocas humanas mediante a operação da lei do incesto: a partir daqui a falta reveste-se de um estatuto de "motor psíquico", pois é

> [...] a partir da incidência da operação simbólica da função paterna, o falo, objeto imaginário da dialética da frustração, é elevado ao estatuto de objeto simbólico e pode, então, ser buscado tanto pelo menino quanto pela menina. Depois dessa operação de castração, a criança sai marcada com um sinal de mais ou menos (Frangelli; Petri, 2004, p. 126).

O que está em questão nessa complexa rede de significação é exatamente o modo de relação que o sujeito manterá com o objeto que lhe falta e que lhe causa enquanto um significante, afinal, como afirma Roudinesco e Plon (1998, p. 106):

> Do ponto de vista do objeto, a castração só pode ser a representação simbólica da ameaça de desaparecimento na medida em que esta não concerne ao pênis, objeto real, mas ao falo, objeto imaginário. Esse deslocamento permite a Lacan estabelecer uma inexistência de diferença entre a menina e o menino do ponto de vista do desenrolar do Édipo, ambos desejando, num primeiro momento, ser o falo da mãe, posição incestuosa da qual têm que ser desalojados pelo "Pai simbólico", marca incontornável do significante, antes de se chocarem com o "Pai real", portador do falo e reconhecido com tal pela mãe.

Porque o pai real surge sempre como o detentor do falo, dá-se a sua inserção concomitantemente à demarcação da falta em sua perspectiva imaginária. Vemos surgir então sob a pena lacaniana a assunção do falo, elemento imaginário com "vocação simbólica", como objeto central da economia libidinal porque a partir do complexo de castração, ao operar uma função de lei, é que o sujeito é inscrito na ordem simbólica enquanto dividido e desejante. É nesse sentido que podemos compreender, em *A significação do falo*, a afirmação de Lacan de que "[...] o complexo de castração inconsciente tem uma função de nó" (Lacan, [1958] 1998, p. 692).

Esse texto retoma a problemática do falo como um significante[98] e discute a sua primazia na constituição tanto de homens quanto de mulheres, ou seja, tal como Freud, não leva em conta a diferença anatômica entre os sexos; trata-se, portanto, de um esforço de Lacan para estabelecer um lugar real para o falo nas teorizações freudianas.

> O falo é aqui esclarecido em sua função. Na doutrina freudiana, o falo não é uma fantasia, caso se deva entender por isto um efeito imaginário. Tampouco é, como tal, um objeto (parcial, interno, bom, mau etc) na medida em que este termo tende a prezar a realidade implicada numa relação. E é menos ainda o órgão, pênis ou clitóris, que ele simboliza. E não foi sem razão que Freud extraiu-lhe a referência do simulacro que ele era para os antigos (Lacan, [1958] 1998a, p. 696).

---

[98] Segundo Rabinovich (2005), em *A significação do falo* (1958), Lacan retoma e amplia as suas teorizações acerca do falo, discussão essa iniciada no último capítulo do Seminário 3, passando pelo Seminário 4 – o falo como objeto primordial entre outros na constituição do sujeito – e Seminário 5 quando articula sexualidade, desejo, Édipo e castração.

Lacan segue, portanto, afirmando que ainda que o falo tenha uma dimensão imaginária relacionada ao pênis (ereção/detumescência), pode-se observar, mesmo nessa origem, sua função significante, isto é, uma função constitutiva que introduz o sujeito em sua posição sexual. Para que isto se dê, contudo, é necessária a existência de um significante que possa operar o reconhecimento do desejo do sujeito, homem ou mulher, afinal: "O falo é o significante privilegiado dessa marca, onde parte do logos se conjuga com o advento do desejo" (Lacan, [1958] 1998, p. 692).

Vemos Lacan, pois, ressaltar constantemente, ainda que de maneira esparsa ao longo das obras posteriores, que o estatuto do objeto em Freud remete fundamentalmente à falta e, nesse sentido, o falo aparece como marca inexorável dessa operação. Nesse sentido, acompanhamos Lacan — não sem dificuldades — em um percurso que vai de forma progressiva, mas não linear, de deslizamento que vai da falta de objeto para a emergência de um objeto da falta, entretanto, como afirma Darriba (2005),

> [...] não sem antes examinar o conceito da 'Coisa', trabalhado por Lacan no resgate da noção de 'das Ding' freudiana. É com tal conceito que ele inicialmente aborda o real, estabelecendo as bases para a entrada em cena do objeto *a* (Darriba, 2005, p. 66).

Como tentei mostrar até aqui, um dos desdobramentos lógicos da proposição de Lacan de que a questão do objeto em Freud deve ser tomado radicalmente pela via da falta é referente ao estatuto do desejo: este não pode mais ser pensado a partir de uma relação de imanência com objeto "[...] já que é precisamente a falta dele que opera" (Darriba, 2005, p. 66). Em seu seminário sobre a ética, vemos Lacan afirmar que esse tema o permite aprofundar imensamente suas investigações sobre o campo da falta:

> Nossa experiência conduziu-nos a aprofundar, mais do que jamais fora feito antes de nós, o universo da falta. [...] Na verdade, é impossível dissociar esse aspecto [a morbidez] do universo da falta como tal, e o elo da falta com a morbidez não deixou de marcar com seu selo toda uma reflexão moral em nossa época. É até mesmo algumas vezes singular [...] ver aqueles que, nos meios religiosos, tratam de reflexão moral serem acometidos de não sei quê vertigem diante da nossa experiência (Lacan, [1959-60] 2008, p. 12).

Ainda que o problema da ética neste seminário remonte às críticas feitas à questão do objeto e à proposta adaptativa que essa noção pressupõe, poderíamos perguntar em que medida a retomada do *das Ding* freudiano, objeto para sempre perdido, possibilita o aprofundamento do universo da falta ao qual Lacan se refere a partir de um plano ético. Talvez não seja um absurdo afirmar que a via da ética é tomada exatamente para colocar em questão a distinção freudiana entre o princípio do prazer e o princípio da realidade com a finalidade de "fazer trabalhar" a ideia de uma mudança que vai da centralidade da falta na experiência psicanalítica à própria concepção de falta que esta experiência comporta.

Em outras palavras, ao tomar Kant com Sade para abordar aquilo que está além do princípio do prazer, Lacan busca a fundação de uma ética que "liberte" o desejo da empiricidade da Coisa para sempre perdida e coloque em primeiro plano sua condição de possibilidade no real. Por isso retoma o *das Ding* freudiano.

Ao descrever a experiência do bebê com o *próximo*, Freud (1895) afirma que essa experiência pode ser decomposta em duas vertentes: "[...] num componente não assimilável (A Coisa), e num componente conhecido do Eu através de sua própria experiência – o que chamamos de compreensão" (Freud, [1895] 1996, p. 491); para Lacan, *das Ding* indica a falta na origem do desejo, pois, como nos afirma Darriba (2005):

> A falta, portanto, não é relativa ao objeto primordial, mas está ela mesma na origem da experiência do desejo, ou seja, é condição de possibilidade desta última. Assim, *das Ding* se configura como uma falta central no registro do desejo, consistindo em centro e índice de exterioridade a um só tempo (Darriba, 2005, p. 67, grifos do autor).

A essa "coisa" estranha que está no âmago do sujeito e fora ao mesmo tempo, a essa exterioridade íntima Lacan chama de *extimidade*: "O *Ding* como *Fremde*, estranho e podendo ser hostil num dado momento, em todo caso o primeiro exterior, é em torno do que se orienta todo o encaminhamento do sujeito" (Lacan, [1959-60] 2008, p. 69, grifos do autor); vemos, portanto, na sua tentativa de apreender a estrutura psíquica do sujeito, Lacan fazer uso de um recurso topológico — o centro exterior. Mas como situar este objeto, inacessível porque desde sempre perdido? Afirma Lacan:

> [...] *das Ding* no centro, e em volta o mundo subjetivo do inconsciente organizado em relações significantes, para vocês verem a dificuldade de sua representação topológica. Pois esse *das Ding* está justamente no centro, no sentido de estar excluído. Quer dizer que, na realidade, ele deve ser estabelecido como exterior, esse *das Ding*, esse Outro pré-histórico impossível de esquecer, do qual Freud afirma a necessidade da posição primeira sob a forma de alguma coisa que é *entfremdet*, alheia a mim, embora esteja no âmago desse eu, alguma coisa que, no nível do inconsciente, só uma representação representa (Lacan, [1959-60] 2008, p. 92, grifos do autor).

Extimidade da Coisa... Desde o início perdida, o sujeito se lança numa busca de encontrar o que jamais poderá ser reencontrado, ou, na melhor das hipóteses, "[...] reencontramo-lo no máximo como saudade" (Lacan, [1959-60] 2008, p. 69) exatamente porque reencontrá-lo *de fato* seria um prazer extremo que colocaria o sujeito ante a morte; entretanto, é a sua busca que possibilita a circulação do desejo humano.

> Trata-se para nós não apenas de aproximar *das Ding*, mas seus efeitos, sua própria presença no âmago da tramoia humana, ou seja, de se ir vivendo no meio da floresta dos desejos, e dos compromissos que tais desejos estabelecem com uma certa realidade, seguramente não tão confusa quanto se possa imaginar (Lacan, [1959-60] 2008, p. 132).

Entretanto, *das Ding*, esse extimo, articula-se à trama significante precisamente por configurar-se com centro exterior, pois serve como suporte "[...] à designação de um real inacessível que é a condição da linguagem" (Darriba, 2005, p. 68). Sobre isso, afirma Lacan que:

> *Das Ding* é originalmente o que chamamos de o fora-do-significado. É em função desse fora-do-significado e de uma relação patética a ele que o sujeito conserva sua distância e constitui-se num mundo de relação, de afeto primário, anterior a todo recalque (Lacan, [1959-60] 2008, p. 70).

A Coisa, aquilo que "do real padece do significante" (Lacan, [1959-60] 2008, p. 152), torna-se condição de linguagem porque sua delimitação enquanto tal é da ordem do inacessível, isto é, sua separação de tudo possibilita ao sujeito a nomeação. Aqui entra em questão a relação do *das*

Ding com a Lei. Conforme afirma Darriba: "A Coisa ausente indica a fenda aberta no real pela articulação significante. E na experiência analítica [...] é a Lei que presentifica o real. Não que a Lei seja a Coisa [...] Mas não se conhece a Coisa senão pela Lei" (Darriba, 2005, p. 68).

A articulação entre a Lei e o desejo (e o gozo!) se dá em Lacan como tributária de um momento de "viragem" do seu pensamento: o que está em questão é a proposição de um objeto concebido a partir da articulação significante em torno de um vazio central — lugar excluído do *das Ding* — que "organiza" a experiência do desejo. A Lei é tomada aqui em sua articulação com *das Ding* a partir de uma criativa reflexão entre a noção de experiência moral em Kant e a questão do gozo perverso em Sade.

De um modo geral, a ética kantiana é considerada como uma ética deontológica que afirma como princípio do fazer ético a renúncia ao prazer como fundamento da razão pura, pois, como afirma o próprio Kant (1995): "Age de tal modo que a máxima da tua vontade possa valer sempre ao mesmo tempo como princípio de uma legislação universal" (Kant, [1788] 2011, p. 42). Ora, se tal lei moral rompe com a ideia de uma relação de equivalência entre a felicidade e a virtude, a que ela se destina?

Para Kant, o Bem (*das Gute*), o bem pleno e completo, nasce da lei moral na medida em que a capacidade de "desejar superior" é uma característica do ser puramente racional: a realização do que é moralmente justo somente tem valor quando o ato de o fazer é feito por dever, por amor à lei.

> Também a lei moral é dada quase como um *factum* da razão pura, do qual somos conscientes *a priori* e que é apodicticamente certo, na suposição de que também na experiência não se podia descobrir nenhum exemplo em que ela fosse exatamente seguida. Logo a realidade objetiva da lei moral não pode ser provada por nenhuma dedução, por nenhum esforço da razão teórica, especulativa ou empiricamente apoiada, e, pois, ainda que se quisesse renunciar à certeza apodíctica, [nem] ser confirmada pela experiência e deste modo ser provada *a posteriori* e, contudo, é por si mesma certa (Kant, [1788] 2011, p. 75-76, grifos do autor).

Nesse sentido, poderíamos afirmar que o imperativo categórico, como determinação, provém do caráter puramente racional do homem e não de alguma natureza sensível ou empírica, isto é, embora o humano esteja submetido à natureza, a ele é reservada a possibilidade de transcender essa determinação ao agir em conformidade com o imperativo da lei moral. Segundo Robert (1996):

> O que Kant nos propõe é uma enunciação sem enunciado. O imperativo categórico é um acto puro de enunciação; sem conteúdo. Lacan lembra que é no momento em que o sujeito não tem mais nenhum objecto diante de si, que vai encontrar a lei, na forma de uma voz na consciência, que é já um significante, um fenómeno. O objecto da lei moral tem, deste modo, a mesma natureza que o objecto do desejo: ele esquiva-se, não sendo nunca encontrado. A ética kantiana é a do recalcamento, submetendo o prazer à universalidade (Robert, 1996).

Se existe uma certa similitude entre o objeto da experiência moral em Kant — o Bem (*das Gute*) — e o objeto para sempre perdido freudiano, é exatamente aquilo que aponta para a sua insubstancialidade; entretanto, Lacan descobre em Sade um objeto que estaria ausente da experiência moral. Sobre isso, afirma Darriba que "[...] com Kant não há objeto concebível para a experiência moral, ela remete exclusivamente à inacessível coisa-em-si. Já em Sade, Lacan verifica que o objeto é decaído de sua inacessibilidade, revelado pelo agente do tormento" (Darriba, 2005, p. 69).

Lacan, ao retomar *das Ding* como o índice do registro da falta na origem da experiência da articulação significante, faz com que a lei simbólica seja tomada como lei de exclusão da Coisa, acenando que o gozo — índice e marca da inacessibilidade à Coisa — é interditado pela Lei. Em outras palavras, trata-se, portanto, de um avanço no que se refere ao problema da articulação "intransitiva" do desejo ao objeto (e à lei) porque, em sua aproximação das "bordas" do real, Lacan opera um deslocamento que vai do objeto perdido nas origens do sujeito à falta no sujeito que inaugura essa origem.

É aqui que de forma sucinta podemos ver, *a posteriori*, o problema do reconhecimento (Hegel via Kojève) e do transcendental (Kant) sob a pena de Lacan. Embora tal questão o acompanhe desde o *Seminário 2* (com a noção de *manque-à-être*), é somente a partir da sua crítica à filosofia prática kantiana em articulação com Sade que o problema toma outro encaminhamento, já que, até então, tratava-se de sustentar a ideia da existência de um "desejo puro"[99] que, portanto, não se deixava satisfazer empiricamente, mas que de alguma forma exigia algum reconhecimento enquanto tal.

Conforme indica Safatle:

> [...] essa falta peculiar que não é nem disso nem daquilo é, na verdade, o regime de experiência subjetiva da estrutura transcendental do desejo. Transcendental porque o *manque-à-être* seria constituição *a priori* da constituição do mundo dos objetos do desejo humano. *A priori* porque a falta não é derivada de nenhuma perda empírica. O que explicaria porque Lacan parece querer operar uma verdadeira dedução transcendental do desejo puro, já que, ao contrário de Freud, ele não identifica a causa da falta própria ao desejo à perda do objeto materno produzida pela interdição vinda da lei do incesto (Safatle, 2003, p. 194, grifos do autor).

Em outras palavras, o que está em questão nesse momento da experiência intelectual de Lacan é a possibilidade de inscrever, por meio da lei, a relação do desejo puro com o significante como forma de viabilizar o reconhecimento intersubjetivo, ou seja, "[...] como simbolizar, como escrever o *manque-à-être* que indica a irredutibilidade ontológica da negatividade da subjetividade aos processos de objetificação" (Safatle, 2003, p. 195, grifos do autor). Ora, são exatamente os limites de tal reconhecimento no interior da experiência analítica que *Kant com Sade* objetiva colocar em questão, isto é, propor criticamente outro modo de pensar a racionalidade analítica em sua articulação ao final de análise.

Nesse sentido, a mudança operada por Lacan nesse texto vai em direção à elaboração de uma noção de lei unida a um desejo que não se confunde com a lei moral e que também não mais corresponde ao desejo em estado puro que demandaria reconhecimento por meio da pura forma da lei, ou seja, trata-se de um desejo que implique o sujeito ao seu gozo. No que tange mais especificamente à nossa questão aqui, tal mudança indica a possibilidade de aparecimento de um objeto que leve em consideração essa dimensão real do gozo.

---

[99] Para uma leitura mais detalhada dessa questão, ver: SALES, Léa Silveira. Psicanálise lacaniana e estruturalismo: a condução do desejo como função pura a um plano transcendental. **Psicologia USP**, São Paulo, v. 20, n. 4, p. 539-554, out./dez. 2009.

Nesse momento, poderíamos perguntar: como a formalização do objeto *a* no seminário sobre a angústia representa um avanço sobre as questões tratadas acima? Se antes o "plano transcendental" a que estava submetida a noção de desejo puro revelava então seus limites, sobretudo quando se tratava da direção da cura[100], agora, com a assunção do objeto *a*, trata-se da reação do sujeito frente a ausência de resposta da estrutura (sob a forma de Outro) que provoca a produção da fantasia. Nesse sentido, segundo Safatle,

> [...] a partir dos anos 60, Lacan irá operar um certo *retorno ao sensível e ao primado do objeto* repleto de consequências para a clínica e, principalmente, para a noção de imaginário. É através de tal retorno que poderemos, por exemplo, compreender o abandono progressivo do conceito de *desejo puro* em prol da rearticulação do conceito de *pulsão* (Safatle, 2003, p. 211, grifos do autor).

Portanto, em termos epistemológicos, trata-se agora de sustentar a dimensão do sujeito, outrora "ameaçado" pela ideia de estrutura, relacionado para além da determinação significante como um *resto inassimilável* da dialética do sujeito com o Outro que, sob o nome de objeto *a*, possibilita pensar "[...] a contrapartida da transcendentalização do desejo [...] que só pode ser engendrada a partir de algo imanente ao campo assim produzido" (Sales, 2008, p. 302), isto é, segundo essa autora, o objeto *a* aparece como uma espécie de resistência imanente à estrutura transcendental dos significantes puros.

Vejamos. Lacan dizia que sua única contribuição original à doutrina freudiana foi a invenção do objeto *a*. Noção inicialmente trabalhada no texto *Subversão do sujeito e dialética do desejo* até sua formalização no *Seminário 10*, esse objeto irrepresentável, "resto" que não é simbolizável, causa o desejo, mas se furta ao sujeito. Certamente, não é demais a afirmação de que não é meu objetivo aqui fazer uma exposição exaustiva desse conceito, o que quero é tão somente demonstrar de que maneira o caráter opaco desse objeto se articula com o fim da análise.

---

[100] "[...] podemos perceber que a perversão comporta um regime de *subjetivação da castração* e da verdade do desejo como desejo puro extremamente problemático para a clínica analítica. Pois a perversão parece comportar dispositivos próprios ao final de análise (ao menos tal como Lacan a tinha pensado): o que nos deixa com a questão de saber como diferenciá-los" (Safatle, 2006, p. 193, grifos do autor).

O objeto *a*, produto que resta da entrada do humano no mundo da linguagem, é resultado do esforço de Lacan para fazer incidir na organização psíquica do sujeito

> [...] uma retomada dos objetos das pulsões parciais a partir da primazia concedida à ordem significante. Porém, mais do que um inventário dos objetos freudianos, o que se produziu ai foi antes o lugar do objeto próprio da psicanálise, por assim dizer. Objeto que deriva da estrutura da linguagem, mas que toca diretamente ao sujeito como parte perdida de si [...] (Costa-Moura; Costa-Moura, 2011, p. 226).

O objeto *a*, portanto, embora não sendo "o mais primitivo dos êxtimos", traz a sua marca, afinal, como diz Lacan no *Seminário 16*, "[...] está num lugar que podemos designar pelo termo 'êxtimo', conjugando o íntimo com a exterioridade radical. [...] o objeto *a* é êxtimo" (Lacan, [1968-69] 2008, p. 241). Segundo Seganfredo e Chatelard (2014), a marca da extimidade atravessa toda a psicanálise.

> Apesar de o termo surgir textualmente nesses dois seminários de Lacan [Seminários 4 e 16], ideia que ela porta parece percorrer toda a psicanálise, marcando o devir do sujeito. Está na origem, em *das Ding*. Marca o lugar do objeto *a*, operador da estrutura, ponto de real onde o mais íntimo está lançado fora, no exterior. Carrega consigo a essência da psicanálise (Seganfredo; Chatelard, 2014, p. 62).

No *Seminário 10*, Lacan indica que esse objeto *a*, já que foge a toda representação, tem como sua expressão de existência, seu índice, a angústia: a irredutibilidade da falta radical na constituição do sujeito faz advir a função do objeto *a* como causa do desejo e reconhecido estruturalmente como "objeto perdido" na medida em que é no lugar do Outro que colocamos aquilo que nos falta. Nesse sentido, diferentemente de Freud para o qual não existe objeto da angústia, ela seria o sinal da intervenção perturbadora do objeto *a*, pois, segundo o aforismo, "[...] ela não é sem objeto" (Lacan, [1962-63] 2005, p. 113).

A angústia surgiria quando a falta — representada por $-\varphi$ e, de certa maneira, correlata ao *a* em um lugar Outro —, constitui um vazio que indica os limites da imagem especular, lugar da eleição da angústia, ou seja, a angústia seria o índice de falta da falta. Como afirma Fonseca,

> Não se trata, como é sabido, de um objeto qualquer do mundo sensível, mas de um objeto inapreensível, não representável, do registro do real; concebido como causa, ele está atrás do desejo. [...] Para Lacan, o objeto *a* precede a captação do sujeito, no lugar do Outro, na forma especular (Fonseca, 2009, p. 41).

Vemos aqui, portanto, a partir da constituição de um vazio estruturante do sujeito surgir um certo rompimento com a prevalência do simbólico na medida em que é a partir disso que Lacan pode definir um estatuto outro para o real: aquilo que escapa à representação porque está fora do significante. Essa disjunção entre o objeto *a* e o significante permite que aquele possa ser pensado como um ponto do real, um operador da estrutura, pois implementa uma efetividade impossível de ser representada toda:

> Nossa apreensão dos objetos é correlata de uma temporalidade e uma espacialidade representacional. Usualmente pensamos nele no interior de um campo, por assim dizer, euclidiano — em que as efetividades tendem a correlacionar-se com as representações em uma base biunívoca. Lacan diz que os objetos são, ordinariamente para nós, especularizáveis — isto é, eles são duplicáveis na dimensão de imagem que tem a representação. [...] Ora, o registro da causa é justamente de uma efetividade sem imagem, uma efetividade impossível de ser representada de maneira plena (Costa-Moura; Costa-Moura, 2011, p. 228-229).

Essa dimensão não toda do objeto *a* pressupõe a necessidade de uma lógica que escape à apreensão puramente fenomênica e totalizante do objeto, uma lógica que parta essencialmente de sua ausência enquanto função, de uma *dialética negativa*[101]. Talvez seja nesse sentido que podemos entender os desdobramentos posteriores ao seminário sobre a angústia, sobretudo em relação ao *corpo* no seminário seguinte, em que Lacan parece ir em direção às determinações positivas do objeto *a* mediadas pela negatividade da borda e dos orifícios. Segundo Sales:

---

[101] Obviamente, não se trata aqui de uma referência ao livro de Adorno, *Dialética Negativa* (1966), embora haja, a meu ver, uma certa similitude entre as questões por ele trabalhadas nesta obra — a relação de não identidade radical entre sujeito e objeto e a impossibilidade de abarcar a totalidade — e a temática lacaniana do objeto *a* aqui abordada.

> [...] ele [objeto *a*] ganha uma certa positividade que é a do corpo enquanto borda da zona erógena, no que já vemos que se trata de uma positividade apenas porque *apresenta* algo, mas que isso que é apresentado já possui, por si, uma natureza negativa: o orifício é o lugar onde o sujeito não se completa, onde é corporalmente marcado como borda infinita (Sales, 2008, p. 306).

O objeto *a*, portanto, como presença de um vazio que demarca o corte, é radicalmente avesso à presunção imaginária de recobrir a castração por meio da presença de alguma empiricidade. Demarcando essa dimensão em relação à diferença dos sexos no que se refere ao gozo, afirma Lacan:

> Ela só depende [a proporção do gozo feminino], em suma, da limitação imposta ao homem por sua relação com o desejo, que inscreve o objeto na coluna do negativo. É isso que designo por $(-\varphi)$. Enquanto o profeta do saber absoluto ensina a esse homem que ele faz seu furo no real, o que, em Hegel, é chamado de negatividade, eu digo outra coisa, qual seja, que o furo começa na parte inferior do seu ventre, pelo menos se quisermos remontar à origem do que produz nele o status do desejo (Lacan, [1962-63] 2005, p. 203).

Ou seja, trata-se aqui de demarcar a efetividade da falta lá onde o objeto fálico é esperado $(-\varphi)$: o objeto *a*, portanto, seria essa marca, essa ausência enquanto função que constitui o sujeito ao torná-lo cindido e, por assim dizer, *em aberto*.

É exatamente essa *dimensão de abertura* que, conforme dito anteriormente, mantém uma certa similaridade com a concepção freudiana do funcionamento psíquico pós-formulação da pulsão de morte e com o sujeito do cuidado de si da ética foucaultiana e que parece colocar o registro do sujeito como expressão irredutível de uma determinação da realidade que é, desde sempre, fraturada.

Nesse sentido, não seria importante, pois, examinar as condições de possibilidade de essa dimensão cindida do sujeito se expressar como materialidade social? Não se deveria avaliar como esse empuxo a uma forma de subjetivação que tem como marca indelével essa dimensão de abertura "ganha vida" na materialidade das relações sociais organizadas pelo modo de produção capitalista e tentar extrair daí algumas das possíveis consequências políticas que isso produz?

PARTE III

POTÊNCIA DA REALIDADE...
POLÍTICA DO REAL

Dito de uma maneira simples, a realidade nunca é diretamente 'ela mesma'; só se apresenta através de sua simbolização incompleta/falha. As aparições espectrais emergem justamente nessa lacuna que separa perenemente a realidade e o real, e em virtude da qual a realidade tem o caráter de uma ficção (simbólica): o espectro dá corpo àquilo que escapa à realidade (simbolicamente estruturada).

(Slavoj Zizek)

CAPÍTULO 8

DESEJO S.A. OU O FETICHE DO CONSUMO E A ANGÚSTIA DE CONSUMIR... MAIS, AINDA!

> [...] em Marx, o a que ali está é reconhecido em um nível em que se articula — a partir do discurso analítico, não de outro — como mais-de-gozar. Eis o que Marx descobre como o que verdadeiramente se passa no nível da mais-valia. Não foi Marx, obviamente, quem inventou a mais-valia. Só que antes dele ninguém sabia o seu lugar. Era o mesmo lugar ambíguo que acabo de dizer, do trabalho a mais, do mais-de-trabalho. O que é que isso paga, pergunta ele — senão justamente o gozo, qual é preciso que vá para algum lugar. O que há de perturbador é que, se o pagamos, o temos, e depois, a partir do momento em que o temos, é urgente gastá-lo. Se não se o gasta, isso traz todo tipo de consequências.
>
> (Jacques Lacan)

Não é necessário ser um exímio observador da vida humana para perceber a centralidade do consumo como um operador fundamental do capitalismo moderno — sobretudo em sua forma neoliberal; centralidade essa que, inclusive, teria um poder "mágico" capaz de legitimar ou não a existência dos sujeitos no altar do deus Mercado.

Segundo o sempre emocionado testemunho de seus fiéis adoradores, trata-se de um deus que abraça a todos aqueles que dão provas sinceras de sua fé. Mas qual, dentre as diversas práticas ritualísticas em sua homenagem, poderíamos apontar como a que verdadeiramente expressa a comunhão desses novos crentes com a sua entidade? Essa seria uma questão fundamental. Afinal, se de fato existe um meio seguro de alcançar tal graça, não seria importante saber qual o melhor caminho?

Diferentemente do deus antigo, que pedia aos novos convertidos que aceitassem a verdade da sua palavra e vivessem de acordo com ela, o deus Mercado aparentemente prescinde de tal radicalidade: aparentemente, a ele não interessa as inclinações pessoais dos seus devotos — sejam elas religiosas, sexuais ou políticas; do alto de sua benevolência, a ele só importa uma coisa: a sobrevivência material do sujeito que crê em seu poder.

No entanto é exatamente na operatividade dessa profissão de fé que podemos ver a radicalidade que tal proposição exige: a conversão ao deus Mercado exige a existência de um modo de vida que pressuponha "tão somente" a sobrevivência material do sujeito, isto é, na medida em que no cerne da conversão está colocado como questão fundamental o ato "descompromissado" de existir a partir de coordenadas específicas, revela-se, paradoxalmente, um imperioso compromisso com a manutenção dessa forma de vida como condição de preservação da própria existência do sujeito enquanto tal.

"O capitalismo deve ser visto como religião" — afirmava Walter Benjamin. Segundo o autor berlinense, o capitalismo configura-se não somente como um modo de organização societal em que os meios de produção social são apropriados por uma classe particular que se pretende expressão universal da humanidade, mas também como um sistema de produção cultural que coloniza a imaginação social e, ao fazê-lo, acaba por determinar as modalidades de produção discursiva que definirão as coordenadas possíveis em que a existência humana poderá ser chamada efetivamente de *vida*. Nesse sentido, afirma Benjamin:

> O capitalismo deve ser visto como religião, isto é, o capitalismo está essencialmente a serviço da resolução das mesmas preocupações, aflições e inquietações a que outrora as assim chamadas religiões quiseram oferecer resposta. *A demonstração da estrutura religiosa do capitalismo, que não é só uma formação condicionada pela religião, como pensou Weber, mas um fenômeno essencialmente religioso, nos levaria ainda hoje a desviar para uma polêmica generalizada e desmedida*. Não temos como puxar a rede dentro da qual nos encontramos. Mais tarde, porém, teremos uma visão mais geral disso. Em primeiro lugar o capitalismo é uma religião puramente cultural, talvez até a mais extremada que já existiu. Nele, todas as coisas só adquirem significado na relação imediata com o culto; ele não possui nenhuma dogmática, nenhuma teologia. Sob este aspecto, o utilitarismo obtém sua colaboração religiosa (Benjamin, 2013, p. 21, grifos do autor).

Como não é meu objetivo fazer um estudo específico dessa temática no pensamento de Benjamin — objetivo que exigiria um outro texto —, convocá-lo aqui, ainda que de maneira breve, não se dá como o cumprimento de um protocolo meramente formal (citá-lo devido à importância de sua experiência intelectual no estabelecimento de uma relação entre o capitalismo e a religião, experiência que, nesse sentido específico, marca o seu diálogo com o pensamento de Weber); ao contrário, sua presença se justifica porque ele foi um pensador radical que apontou um caminho bastante fecundo de análise dos diferentes níveis de realidade em que o capitalismo, como modo de produção, se constitui enquanto força social. Nesse sentido, gostaria de tomar aqui, entre os variados modos de análise desses níveis de realidade, o caminho que talvez se apresente como o mais elementar e, por isso mesmo, o mais inquestionável: sua íntima relação com o sujeito.

Um dos aspectos mais enigmáticos do pensamento marxiano — sobretudo em sua fase "madura" — é a estranha relação que o capitalismo estabelece com a singularidade do indivíduo no processo de produção do capital, relação essa que ele denominou de *fetichista*. No entanto, embora essa importante categoria do pensamento de Marx desvele o caráter fantasmagórico da mercadoria no processo de produção e circulação do capital, permanece obscura a operação psíquica que determina o compromisso singular dos indivíduos com esse modo de produção social.

Em outras palavras, o caráter inovador do trabalho de Marx na análise dos processos sociais de fetichização das relações humanas no interior do sistema de produção capitalista somente pode ser entendido em toda a sua abrangência se for levado em consideração as bases psíquicas nas quais essas relações se constituem em seu nível mais fundamental – a determinação inconsciente do sujeito humano.

Portanto, com o objetivo de estabelecer uma aproximação crítica e não complementar entre Marx e Lacan a respeito do consumo e tomando a noção de fetichismo da forma-mercadoria e o matema do discurso do capitalista desses autores, este capítulo propõe o conceito psicanalítico de angústia como o representante da verdade do sujeito faltoso na circularidade sem furo que o consumo produz.

Comecemos então por Marx. O termo *fetichismo* aparece pela primeira vez na história das ideias em um ensaio do escritor francês Charles de Brosses intitulado *Histoires des navigations aux terres australes* (1756) e fazia referência a um fenômeno teleológico característico de todas as sociedades primitivas. Segundo o autor francês, os povos primitivos experimentariam um crescente processo de abstração de objetos sagrados que iam desde a divinização de objetos materiais, a criação de uma pluralidade de divindades referidas aos seus objetos de culto até à constituição de um deus único e criador de todas as coisas.

Para De Brosses, além de um evidente fato antropológico, tal progressão linear não dizia respeito somente à complexificação do fenômeno religioso e de suas crenças, mas, sobretudo, à própria estrutura do progresso do pensamento humano que, segundo ele, caracterizar-se-ia fundamentalmente pela passagem do concreto ao abstrato. Nesse sentido, como crença de que certos animais possuiriam qualidades divinas, o fetichismo seria uma primeira tentativa de explicação mítica de determinados processos da realidade natural pelos povos que ainda faziam dos animais objetos de culto religioso.

Ao afirmar categoricamente que o caráter fetichista "[...] está ligada particularmente à crença dos negros da África, mas a utilizo igualmente para falar de qualquer outra nação nas quais os objetos de culto são os animais, ou os seres inanimados que se divinizam [...]" (De Brousses *apud* Iacono, 1992, p. 69), De Brosses imprime ao termo um sentido francamente pejorativo porque define o outro, aquele que não sou eu, como o "não civilizado" que ainda não ascendeu ao pensamento científico, isto é, no sentido que o autor emprega ao termo, o "pensamento fetichista" acaba por submeter toda alteridade a um parâmetro homogeneizado de análise social.

Ora, não será exatamente esse sentido etnocêntrico que Marx implodirá ao tomar em análise o caráter fetichista da mercadoria e propor que as relações fetichistas não estão presentes no sistema de crenças religiosas das ditas sociedades primitivas mais do que nas relações de produção das civilizadas sociedades europeias?

Embora em outros momentos de sua extensa obra Marx já houvesse trabalhado a noção de fetichismo[102], foi somente no fim do primeiro capítulo de *O Capital* que ele pôde desenvolver mais sistematicamente esse

---

[102] Certamente, um mapeamento do conceito de "fetichismo" na obra de Marx seria uma boa oportunidade de entender o que talvez seja um de seus conceitos mais enigmáticos. No entanto, como não é o caso aqui de fazer tal levantamento, gostaria de insistir na ideia de que a noção de fetichismo em Marx — e, de certa maneira, toda a sua obra — sempre teve um caráter aberto exatamente porque o objeto que pretendia estudar estava em constante mudança. É o caso, por exemplo, de avaliar o sentido desse termo presente nos *Grundrisse* ([1857-58] 2011, p. 575): ainda que possamos ver que a noção de fetichismo discutida por Marx ser ainda bastante difusa e diretamente associada a um equívoco intelectual do "materialismo tosco dos economicistas", pode-se observar também que essa noção já aparece com o sentido que terá posteriormente em *O Capital*, a saber, que as coisas inanimadas "estabelecem" relações sociais.

conceito. Segundo Marx, é somente a partir de um referencial dialético/materialista que podemos empreender uma verdadeira crítica radical ao capital e, por conseguinte, à unidade fundamental desse sistema: a mercadoria que, segundo ele, é

> [...] a forma mais geral e menos desenvolvida da produção burguesa, razão pela qual ela já aparece desde cedo, ainda que não com a predominância que lhe é característica em nossos dias, seu caráter fetichista parece ser relativamente fácil de analisar (Marx, [1867] 2013, p. 157).

Nesse sentido, a mercadoria teria uma aura mistificadora que impõe àqueles que ingenuamente dela se aproximam a imperiosa necessidade de tomá-la como algo imediatamente compreensível[103] e, portanto, desinteressante do ponto de vista crítico. Essa aura, no entanto, desfaz-se após uma criteriosa análise e revela-se "[...] como uma coisa muito intrincada, plena de sutilezas metafísicas e melindres teológicos" (Marx, [1867] 2013, p. 146). Mas por que então algo aparentemente tão trivial como a mercadoria reveste-se estranhamente desse caráter fantasmagórico? Ou, dito de outra maneira, qual seria a "mágica" envolvida na transformação do produto do trabalho humano na forma-mercadoria? Segundo Marx, a chave do entendimento dessa operação enigmática está na própria forma mercadoria:

> Evidentemente, ele [esse enigma] surge dessa própria forma. A igualdade dos trabalhos humanos assume a forma material da igual objetividade de valor dos produtos de trabalho; a medida do dispêndio de força humana de trabalho por meio de sua duração assume a forma da grandeza de valor dos produtos de trabalho; finalmente, as relações entre os produtores, nas quais se efetivam aquelas determinações sociais de seu trabalho, assumem a forma de uma relação social entre produtos de trabalho. [...] O caráter misterioso da forma-mercadoria consiste, portanto, simplesmente no fato de que ela reflete aos homens os caracteres sociais de seu próprio trabalho, como propriedades sociais que são naturais a essas coisas e, por isso, reflete também *a relação social dos produtores com o trabalho total como uma relação*

---

[103] Talvez Marx estivesse fazendo alusão a Hegel quando afirma: "O bem-conhecido em geral, justamente por ser bem-conhecido, não é reconhecido. É o modo mais habitual de enganar-se e enganar os outros: pressupor no conhecimento algo como já conhecido e deixá-lo tal como está" (Hegel, [1807] 2014, p. 40).

> *social entre objetos, existente à margem dos produtores* (Marx, [1867] 2013, p. 147, grifo nosso).

Nota-se imediatamente duas coisas fundamentais da crítica de Marx à mercadoria: a primeira é que o seu caráter enigmático não está relacionado à necessidade social que ela se dispõe a satisfazer (seu valor de uso) porque o que está em questão aqui não é de forma alguma a utilidade dessa ou daquela propriedade material de determinado objeto produzido por meio do trabalho; e a segunda, sem dúvida a mais importante, é que sob a simples aparência de um processo de troca de mercadorias dissimula-se a verdade do processo produtivo — no mercado, não importa o valor de uso de determinado produto porque o seu valor de troca passa a ser compatível, homogeneizado, com quaisquer outro produto disponível no mercado, isto é, as relações sociais constituídas durante o processo de produção (como o trabalho concreto, por exemplo) tornam-se equivalentes umas às outras em virtude de aparecer agora somente sob a forma-mercadoria.

Sob a forma-mercadoria, portanto, são negligenciadas as especificidades dos diferentes tipos de trabalhos concretos na confecção dos produtos e de seus respectivos valores de uso que, no processo de troca, são igualados mediante um cálculo abstrato que transforma também o trabalho concreto em uma abstração totalmente indiferente ao processo produtivo. Desse modo, para Marx é exatamente esse movimento fantasmagórico experimentado pelos produtos do trabalho na sua transformação em forma-mercadoria que ele denomina como uma relação fetichista:

> [...] a forma-mercadoria e a relação de valor dos produtos de trabalho em que ela se representa não tem, ao contrário, absolutamente nada a ver com sua natureza física e com as relações materiais [*dinglichen*] que dela resultam. Desse modo, para encontrarmos uma analogia, temos de nos refugiar na região nebulosa do terreno religioso. *Aqui, os produtos do cérebro humano parecem dotados de vida própria, como figuras independentes que travam relação umas com as outras e com os homens.* Assim se apresentam, no mundo das mercadorias, os produtos da mão humana. A isso eu chamo de fetichismo, que se cola aos produtos do trabalho tão logo eles são produzidos como mercadorias e que, por isso, é inseparável da produção de mercadorias (Marx, [1867] 2013, p. 147-148, grifo nosso).

Nessa relação de troca no mercado, o sujeito humano acaba por anular-se a si mesmo na medida em que seu ato social somente pode ser reafirmado pela ação abstrata (o valor mercantil do seu trabalho, o dinheiro) que ele — o trabalhador — põe em prática a partir de sua atividade produtiva que, por sua vez, cede espaço ao verdadeiro sujeito das trocas mercantis: o valor.

> Tendo em vista que, nesse processo, o trabalho objetivado é simultaneamente posto como não *objetividade* do trabalhador, como objetividade de uma subjetividade contraposta ao trabalhador, como *propriedade* de uma vontade que lhe é estranha, o capital é ao mesmo tempo necessariamente *capitalista*, e a ideia de alguns socialistas, segundo a qual precisamos do capital, mas não dos capitalistas, é inteiramente falsa. No conceito do capital está posto que as condições objetivas do trabalho — e estas são produtos dele mesmo – assumem uma *personalidade* diante do trabalho ou, o que significa a mesma coisa, que elas são postas como propriedade de uma personalidade estranha ao do trabalhador (Marx, [1857-58] 2011, p. 412, grifos do autor).

Vemos, portanto, que no processo de trocas mercantis e naquilo que Marx denominou de fetichismo da forma-mercadoria está colocada a constituição de uma forma de subjetivação marcada indelevelmente por uma certa dimensão de estranhamento de si mesmo a partir do desenvolvimento da atividade social central dos humanos — o trabalho.

Mesmo não tendo condições de desenvolver aqui um conjunto de importantes questões ligadas às relações centrais entre a dimensão subjetiva do estranhamento de si[104] (*Entfremdung*) e a noção de práxis como atividade transformadora do homem sobre o mundo e sobre si mesmo, gostaria de aproveitar a ocasião e insistir brevemente em um ponto que me parece ser uma constatação inequívoca de Marx e que está, grosso modo, no fundamento de sua categoria de *práxis*: a relação necessária entre a existência e a produção da vida material.

---

[104] Talvez aqui seja necessário um pequeno esclarecimento: em Marx, o estranhamento de si (*Entfremdung*) difere de maneira fundamental da noção de alienação (*Entäusserung*): enquanto o primeiro corresponde aos obstáculos sociais que impedem que determinada atividade se realize de acordo com a potencialidade humana, a segunda tem a ver com uma espécie de exterioridade/objetivação do homem na história que produz a si mesmo no interior da sua sociabilidade.

Em *A ideologia alemã* ([1845-46] 2007), Marx e Engels insistem na centralidade da relação entre esses dois registros na medida em que associam a determinação da vida material ao aparecimento de *uma manifestação de vida determinada*.

> Ao produzir seus meio de vida, os homens produzem, indiretamente, sua própria vida material. [...] O modo pelo qual os homens produzem seus meios de vida depende, antes de tudo, da própria constituição dos meios de vida já encontrados e que eles têm de reproduzir. Esse processo de produção não deve ser considerado meramente sob o aspecto de ser a reprodução da existência física dos indivíduos. Ele é, muito mais, uma forma determinada de sua atividade, uma forma determinada de exteriorizar sua vida, um determinado *modo de vida* desses indivíduos. Tal como os indivíduos exteriorizam sua vida, assim são eles. O que eles são coincide, pois, com sua produção, tanto com o que produzem quanto com o modo como produzem. O que os indivíduos são, portanto, depende das condições materiais de sua produção (Marx; Engels, [1845-46] 2007, p. 87, grifos dos autores).

Ora, mesmo correndo o risco de parecer demasiado simplório, gostaria de destacar esse aspecto central da relação estabelecida por Marx e Engels porque acredito que ela pode funcionar como uma espécie de operador textual que permita transitar de forma menos desconfortável entre os "dois mundos" sob o qual este capítulo procura se assentar: o campo das relações de produção capitalista e a dimensão da outra cena do Inconsciente.

Se Marx e Engels estão certos em estabelecer essa relação necessária entre as condições de produção da vida material e o aparecimento de um determinado modo de vida intrinsicamente ligado a essas condições, e, mais ainda, se essa vida não diz respeito somente ao processo de reprodução física desses indivíduos, poderíamos perguntar: com o descortinamento freudiano da outra cena do inconsciente, como se constituiria a vida psíquica dos indivíduos sob o regime do capital? Ou, em outras palavras, qual seria a relação entre o modo de produção capitalista e a determinação inconsciente do sujeito?

Aqui fica claro que o que está em jogo na formulação dessa relação é a dimensão de um conflito permanente e irresolvível dentro das coordenadas em que ele se dá.

O fetichismo da forma-mercadoria, por seu caráter totalizante, é essencialmente "democrático" e, como tal, submete a todos nós pela inscrição na tessitura social de uma duplicidade: o indivíduo como coisa (ele é a sua força de trabalho e sua força de trabalho é uma mercadoria como todas as outras) e o sujeito como potência subversiva. O que quero dizer é que se trata de um tensionamento radical — na própria carne do sujeito — entre a submissão de si à condição de coisa que se (re)produz no processo de troca e a subversão desse processo de assujeitamento pela (in)determinação do sujeito em sua relação com a realidade. Em uma frase: *o real do sujeito fissura a realidade do indivíduo.*

No entanto a fissura na realidade provocada pela irrupção do real não redunda imediatamente em ação; por sua radicalidade, essa abertura — expressão do mal-estar do sujeito que não se deixa fechar todo na realidade simbolicamente estruturada — aparece na dinâmica social do modo de produção capitalista como empuxo ao fechamento ("costura") da ordem simbólica rompida pela irrupção do real. Dito de outra maneira, é a dimensão do real, como empecilho à costura imaginária e como resto que escapa à totalização impossível do sistema simbólico, que aponta para a via de escape desse campo ideológico promovido pela forma-mercadoria.

No que tange especificamente a esse problema, talvez seja necessário indicar aqui a estratégia de Lacan no tratamento da relação do sujeito com o campo do Outro, isto é, abordar a questão do real (do sujeito) e suas modalidades de relação com a realidade simbolicamente estruturada pressupõe a existência de um dispositivo teórico/clínico que possa abarcar o campo linguageiro no qual o sujeito é determinado (*não todo*) pela operação significante: a noção de discurso como laço social. Como se sabe, o seminário no qual Lacan propõe a existência dos quatro discursos radicais é profundamente marcado não somente pelas consequências políticas da rebelião francesa do ano anterior, mas, também, pela necessidade de se colocar no debate sobre a "incidência política das estruturas"[105]. De todo modo, o *Seminário 17* marca, entre outras coisas, a disposição de Lacan em articular — via discurso — o registro pulsional ao campo histórico.

Nesse sentido, podemos observar mais de perto o deslizamento conceitual operado por Lacan ao articular a dimensão da linguagem ao registro do real. Se antes, a incursão lacaniana pelo estruturalismo revelava o sujeito como ponto de fratura com o discurso que o instaura como tal pela sua incidência no próprio conceito de significante (essa "encarnação" do vazio produzido pelo efeito da cadeia), trata-se agora de ressaltar o que dessa operatividade aparece como um resto... heterogêneo. Em outras palavras, a constituição do sujeito na e pela linguagem singulariza (mediante a alienação/separação) a presença, no interior do campo simbólico, da dimensão pulsional, do registro do real.

Talvez a maior consequência disso seja a centralidade do conceito de gozo como *a* modalidade política fundamental na relação do sujeito com o Outro: por haver uma extração de gozo do fato de seu processo de constituição se dar pela representação de si que um significante dá a outro significante, o sujeito se relacionará com o Outro por meio de suas formas de gozar.

São exatamente essas formas singulares de gozo que os discursos radicais capturam como estrutura discursiva, isto é, sendo modalidades de gozo que estabelecem laços sociais entre os sujeitos, os discursos implicam tanto o famoso aforismo "l'inconcient est estructuré comme une langage" quanto a ideia do inconsciente em sua relação com o real. Nesse sentido, é a noção de objeto *a* como portador de um gozo (mais-de-gozar) que vai articular a estrutura significante da linguagem com a dimensão do discurso. Afinal, como afirma Lacan ao referir-se à produção dos quatro discursos:

> Assim é a fórmula. Que diz ela? Ela situa um momento. A sequência do que o nosso discurso desenvolverá aqui é que nos dirá quem sentido convém dar a esse momento. Ela diz

---

[105] Esse episódio está relacionado ao problema da relação entre o estruturalismo e a ação política revolucionária, questão muito presente no debate político da década de 1960 e que se expressava em uma pichação muito comum nos muros de Paris em maio de 1968: "*As estruturas não descem às ruas!*". No que se refere especificamente à Lacan, há a "lenda" de que, após uma conferência de Foucault em fevereiro de 1969 intitulada *O que é um autor?*, Goldman ironiza Lacan ao dizer: "Viu o senhor, em 68, suas estruturas... eram os sujeitos que estavam na rua!"; ao que Lacan sorrindo responde: "Se há algo que os acontecimentos de maio demonstram é precisamente a saída para as ruas das estruturas!" (Dosse, 1994, p. 149).

> que é no instante mesmo em que o S1 intervém no campo já constituído dos outros significantes, na medida em que já se articulam entre si como tais, que ao intervir junto a um outro, do sistema, surge isto, $, que é o que chamamos de sujeito como dividido. Todo o seu estatuto deverá ser retomado este ano, com todo o seu peso. [...] Enfim, nós sempre acentuamos que desse trajeto surge alguma coisa definida como uma perda. É isto o que designa a letra que se lê como sendo o objeto *a* (Lacan, [1969-70] 1992, p. 13, grifo do autor).

Vemos, portanto, que para Lacan é o objeto *a* que fornece o enquadramento para a constituição do campo da realidade em sua dimensão *fraturada* porque é mediante a sua extração do campo da linguagem que ela pode se constituir enquanto tal[106]. Disso decorre que é no campo do gozo — esse campo estruturado pela linguagem — que os laços sociais podem advir porque, estritamente falando, e como não há realidade pré-discursiva, são os discursos que constituem o registro da realidade[107] sempre em função de algo que se perde em seu processo de constituição.

Dessa forma, podemos dizer que os quatro discursos radicais propostos por Lacan são instrumentos que guardam a possibilidade de intervenção social do discurso analítico na medida em que são dispositivos que oferecem um estatuto lógico aos laços sociais por meio da instauração (via letra) de limites ao campo do gozo no qual o sujeito está inserido. Talvez seja por isso que Souza (2008) afirme que

> Essa noção de discurso, portanto, é uma condição que vem instituir uma nova via para a psicanálise, já que passa a constituir-se como um ofício que está subsumido à função da letra, ao uso da letra como se faz nas matemáticas e na gramática. Uma condição, portanto, que se sustenta no que se escreve e que serve de suporte para as palavras. Lacan insiste sobre essa questão, afirmando que, no discurso

---

[106] "Queremos dizer que somente o corte revela a estrutura da superfície inteira, por poder destacar nela os dois elementos heterogêneos que são [...] o $, S barrado da banda, a ser esperada aqui onde ela efetivamente surge, isto é, recobrindo o campo R da realidade, e o *a*, que corresponde aos campos I e S. Portanto, é como representante da representação da fantasia, isto é, como sujeito originalmente recalcado, que o $, S barrado do desejo, suporta aqui o campo da realidade, e este só se sustenta pela extração do objeto *a*, que, no entanto, lhe fornece o seu enquadre" (Lacan, [1956-57] 1998, p. 560).

[107] "*A realidade é abordada com os aparelhos do gozo*. Aí está mais uma fórmula que lhes proponho, se é que podemos convir que, aparelho, não há outro senão a linguagem. É assim que, no ser falante, o gozo é aparelhado" (Lacan, [1972-73] 2008, p. 61, grifos do autor).

> analítico, qualquer coisa, para se revelar, deve ser através da escritura, essa condição que vem instaurar uma ligação da própria estrutura de *lalíngua* com o espaço. Aqui, existe algo de essencial a se considerar, pois o simbólico quando se inscreve no real e que o faz através da letra, não existe um lugar ou um espaço que venha preceder a letra que se inscreve. É a própria escritura, é a letra que funda os lugares quando se inscreve (Souza, 2008, p. 121, grifo do autor).

Mas se, para Lacan, a noção de discurso como laço social possibilita uma via de intervenção na cena social do discurso analítico, e, portanto, pode ser entendido como um instrumento de ação política em seu sentido amplo, ele é também (e sobretudo) uma estratégia na direção do tratamento que não deixa de ter um caráter político em seu sentido estrito: no divã ou na pólis, ao se tomar o discurso analítico como instrumento de análise social, o que está em causa é sempre a política da falta.

Embora não haja espaço (e talvez nem seja o caso) aqui para uma retomada, ao pé da letra, da constituição e do ordenamento lógico dos quatro discursos radicais em seus detalhes, gostaria, ao menos, de indicar que aquilo que lhes dá consistência lógica é exatamente o fato de que na própria definição lacaniana de estrutura há um deslocamento da condição simbólica expressada na noção de falta, isto é, a falta opera um buraco na estrutura que agora ganha uma consistência no real e, portanto, na própria constituição do sujeito: dessa forma, a presença da falta convertida em buraco na *ex-sistência* do sujeito metamorfoseia o Outro em *a*.

Entretanto não seria estritamente em meio a essa operatividade dos quatro discursos radicais, caracterizada por uma impossibilidade constitutiva (estrutural) do sujeito acessar o objeto causa de seu desejo, que "apareceria" uma exceção que transforma o objeto em um bem de consumo vendido no mercado como promessa de uma satisfação completa para o sujeito? Dito de outra maneira, não seria em nome da Ciência em sua relação com o mercado que ocorreria um processo que transformaria os sujeitos em multidões de consumidores, de gente "faz-se-nada" com o desejo... de consumir?

O Discurso do Capitalista, enunciado por Lacan em 1972 em uma conferência proferida em Milão intitulada *O discurso psicanalítico*, é uma espécie de exceção aos quatro discursos radicais. Exceção porque, diferentemente dos discursos anteriores (o do mestre, da universidade, da histérica e do analista), o Discurso do Capitalista não opera como uma modalidade de inscrição de vinculação social a um campo comum representado por uma estrutura sem palavras; ao contrário, ele "quebra" o ordenamento lógico dos discursos na medida em que nele não há possibilidade de laço social.

É interessante observar que desde a formulação dos quatro discursos radicais, n'*O Seminário 17*, Lacan já apontava para uma certa mudança "capital" no Discurso do Mestre, mudança essa que lhe conferia seu "estilo capitalista" (Lacan, [1969-1970] 1992, p. 178). Em outra passagem a respeito da mesma questão, afirma Lacan:

> Alguma coisa mudou no discurso do mestre a partir de certo momento da história. Não vamos esquentar a cabeça para saber se foi por causa de Lutero, ou de Calvino, ou de não sei que trafico de navios em torno de Gênova, ou no mar Mediterrâneo, ou alhures, pois o importante é que, a partir de certo dia, o mais-de-gozar se conta, se contabiliza, se totaliza. Aí começa o que se chama de acumulação de capital (Lacan, [1969-1970] 1992, p. 189).

Observa-se, portanto, a partir das formulações de Lacan, que a despeito do problema da origem dessa mudança, há efetivamente uma relação bastante fecunda no sentido de uma vinculação necessária entre as mudanças no regime de produção social e, por assim dizer, as "consequências psíquicas" de tal mudança histórica. Vejamos mais de perto como essa relação se apresenta dentro do ordenamento lógico do Discurso do Capitalista proposto por Lacan para, posteriormente, observar melhor as suas consequências. Eis o matema:

Figura 1 – Discurso do Capitalista

Discurso do capitalista

$$\begin{array}{ccc} \$ & \longrightarrow & S_2 \\ \uparrow & \times & \downarrow \\ S_1 & \blacktriangle & a \end{array}$$

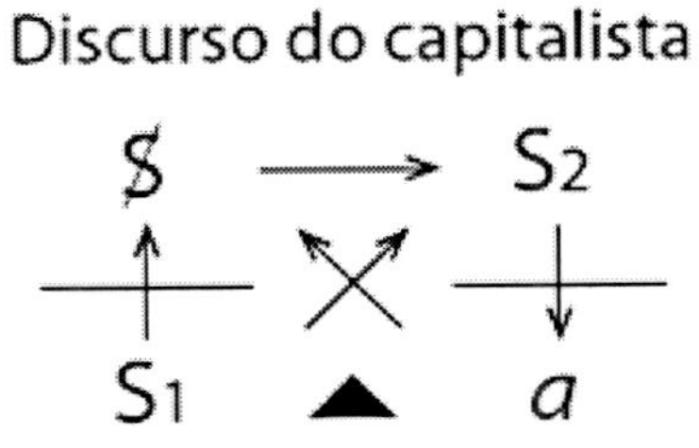

Fonte: Lacan (1972)

Ainda que não seja o objetivo tecer longos comentários a respeito do funcionamento lógico dos discursos, gostaria de insistir brevemente nas comutações que fazem desse matema algo diferente na tentativa de ver melhor o motivo do Discurso do Capitalista ser uma exceção aos outros discursos radicais propostos por Lacan.

Como se sabe, na proposição lacaniana dos quatro discursos radicais, os elementos somente podem girar no sentido horário e anti-horário, e, ainda assim, não é possível a modulação de mais de quatro discursos. Além disso, há dimensão impossível em cada discurso que se relaciona com o fato de que a demanda do outro não é completamente satisfeita porque o outro também é barrado; essa impotência tem como consequência o impedimento de que a produção do discurso se relaciona com a verdade nele proposta.

Entretanto, para Lacan, o Discurso do Capitalista não se ordena logicamente da mesma forma que os outros discursos — por isso seu caráter de exceção. Na estrutura dos matemas dos quatro discursos, não há nenhum vetor que aponte para a verdade; ao comparamos a estrutura do matema do Discurso do Capitalista em relação aos outros quatro discursos, pode-se observar que há uma inversão do vetor da esquerda que agora aponta para baixo, o que denota a condição de que o agente do discurso tenha acesso direto à verdade. Mas qual verdade seria essa?

Vejamos. Ao fazermos uma breve comparação, podemos observar que se no Discurso Universitário há uma extrema dificuldade relacionada à nomeação do autor em virtude da enxurrada de saberes dominantes nesse discurso, no caso do Discurso do Capitalista o significante-mestre (S1) aparece no lugar da verdade, ou seja, o S1 como verdade do discurso aparece representado pelo capital. Nesse sentido, por exemplo, o Discurso do Capitalista "vende" uma espécie de falsa promessa, "vende" um discurso legitimador da possibilidade do alcance de um gozo pleno, ou seja, trata-se de um agenciamento de gozo que, ao recusar a castração, promove "[...] uma verdade sem falha, portanto, totalitária" (Fingermann, 2008, p. 78).

Ora, se a verdade desse tipo de discurso é totalitária, sem furos, como essa verdade se relaciona com o estatuto do inconsciente? Em *Televisão* (1974), Lacan aponta para esse estatuto ao destacar a *miséria* do Discurso do Capitalista: se o Inconsciente é um saber meio de gozo, é, no entanto, um saber que trabalha e, como tal, é um "trabalhador ideal".

> Um parêntese aqui: será que o inconsciente implica que se o escute? A meu ver, sim. Mas certamente não implica que, sem o discurso a partir do que ex-siste, ele seja avaliado como um saber que não pensa, não calcula e não julga, o que não o impede de trabalhar (no sonho, por exemplo). Digamos que ele é um *trabalhador ideal*, aquele de quem Marx fez a nata da economia capitalista, na esperança de vê-lo dar continuidade ao discurso do mestre: o que de fato aconteceu, se bem que de uma forma inesperada (Lacan, [1974] 2003, p. 519, grifo nosso).

Vemos que, sob o regime do Discurso do Capitalista, o inconsciente é um trabalhador ideal que não está mais a serviço do seu antigo senhor; o capital é o seu novo chefe: é ele que se torna o significante-mestre e ocupa o lugar da verdade no discurso. Nesse sentido, o S1 dirige-se ao saber (S2) que ocupa o lugar do outro, estando, portanto, a serviço do "mestre capital" para utilizar a sua força de trabalho, seu saber-fazer, na produção de mercadorias e gadgets, o mais-de-gozar.

Mas, afinal, o que causa esse discurso? Qual o seu fundamento material? Estamos aqui no plano da questão formulada por Lacan de que "[...] no discurso, não tenho que seguir sua regra e sim que encontrar a sua causa" (Lacan [1968-69] 2008, p. 13). A causa, como Lacan a trabalha nesse seminário, remonta a Marx como aquele que descobriu o que motiva o funcionamento do discurso. Afirma Lacan:

> Recorrerei a Marx, cujo dito tive muita dificuldade de não introduzir mais cedo, importunado que sou por ele há muito tempo, num campo em que, no entanto, ele fica perfeitamente em seu lugar. É de um nível homológico calcado em Marx que partirei para introduzir hoje o lugar em que temos de situar a função essencial do objeto *a*. Primeiro recordarei o que foi perfeitamente evidenciado, e não muito longe daqui, por trabalhos recentes: precisamente comentários de Marx que, até o desmentido do autor, foram designados como estruturalistas. Foi levantada por esse autor a questão do que é o objeto do capital. [...]. *Marx parte da função do mercado*. Sua novidade é o lugar em que ele situa o trabalho nesse mercado. Não se trata de o trabalho ser novo, mas de ele ser comparado, de haver um mercado de trabalho. É isso que permite a Marx demonstrar o que há de inaugural em seu discurso, e que se chama mais-valia (Lacan, [1968-69] 2008, p. 16-17, grifo nosso).

Podemos perceber aqui o elemento central que permite operar uma espécie de síntese disjuntiva entre Marx e Lacan no que se refere ao problema do consumo, isto é, entre a reprodução social do capital por meio da constante troca de mercadorias e o fundamento de sua incidência psíquica na qual uma outra economia se organiza. Em "Radiofonia" (1970), Lacan esclarece o princípio organizativo dessa economia:

> [...] a mais-valia, é a causa do desejo do qual uma economia faz seu princípio: o da produção extensiva, portanto insaciável, da falta de gozar [*manque à jouir*]. Esta se acumula, por um lado, para aumentar os meios dessa produção como capital. Por outro lado, amplia o consumo, sem o qual essa produção seria inútil, justamente por sua inépcia para proporcionar um gozo com que possa tornar-se mais lenta (Lacan, [1970] 2003, p. 435, grifo do autor).

A mais-valia marxiana, portanto, assume um valor central nas formulações lacanianas a respeito do funcionamento do sujeito sob o regime do capital exatamente porque permite a Lacan articular a sua teoria dos discursos não somente à base material da dinâmica social, mas, sobretudo, porque o permite acessar o real dessa determinação da realidade: os modos de gozo que a modulam enquanto tal. Afinal, poderíamos perguntar, não é exatamente disso que se trata quando Lacan ([1968-69] 1992, p. 76) afirma que "[...] o que Marx denuncia na mais-valia é a espoliação do gozo"?

Em outras palavras, o que está em questão é o fato de que, no excedente de trabalho necessário para a sua sobrevivência material, há uma perda de gozo do trabalhador. Mas aqui é necessária uma ressalva: diferentemente do que supõe uma certa leitura política positivista (tanto de Marx quanto de Lacan), não se trata de afirmar que lá onde o trabalhador perde em termos econômicos ou "gozantes" (há uma diferença substancial entre as duas dimensões?) o capitalista os recupera totalmente em seu benefício próprio (eis a armadilha); se levarmos em conta a dialética materialista marxiana e a noção lacaniana de castração simbólica, vemos que essa posição do capitalista seria estruturalmente impossível.

Primeiro porque supor que a produção da mais-valia gerada pelo trabalhado de outrem possa ser totalmente convertida em poder de consumo por parte do capitalista é desconsiderar a própria "natureza" do capital: a mais-valia entra em um sistema mercantil infinito que se reproduz a si mesmo como forma de inserir mais valor ao sistema (compra de maquinário, contratação de pessoal, etc. para a produção de mais trabalho alienado e, consequentemente, produção de mais mais-valia), ou, como afirma Marx:

> A circulação simples de mercadoria — a venda para a compra — serve de meio para uma finalidade que se encontra fora da circulação, a apropriação de valores de uso, a satisfação de necessidades. A circulação de dinheiro como capital é, ao contrário, um fim em si mesmo pois a valorização do valor existe apenas no interior desse movimento sempre renovado. O movimento do capital é, por isso, desmedido (Marx, [1867] 2013, p. 228).

Em segundo lugar, porque, como ensina Lacan, a entrada na dimensão linguajeira já indica — como condição inegociável — uma perda de gozo. Ora, como um sistema de organização social que opera a partir de uma processualidade mercantil "infinita" e, como tal, atua sem ponto de basta, o capital exige sempre uma espécie de renúncia ao gozo que coloca em movimento o sistema a partir da fantasia sacrificial que ele produz: o sacrifício de renunciar ao gozo *agora* será a condição para uma reapropriação desse gozo com um a mais depois. No entanto, para funcionar efetivamente, essa perda de gozo tem de vir aliada à contrapartida de sua recuperação: esse gozo paradoxal obtido a partir do próprio ato de renunciar ao gozo, Lacan nomeia de *mais-de-gozar*.

> De fato, é apenas nesse efeito de entropia, nesse desperdiçamento, que o gozo se apresenta, adquire um status. Eis porque o introduzi de início com o termo *Mehrlust*, mais--de-gozar. É justamente por ser apreendido na dimensão da perda – alguma coisa é necessária para compensar, por assim dizer, aquilo que de início é um número negativo — que esse não-sei-quê, que veio bater, ressoar nas paredes do sino, fez gozo, e gozo a repetir. Só a dimensão da entropia dá corpo ao seguinte – há um mais-de-gozar a recuperar (Lacan, [1969-70] 1992, p. 52, grifo do autor).

Há um mais-de-gozar a recuperar. Essa recuperação onde se dá? Por meio de uma injunção entre desejo e consumo, é no mercado que o sujeito buscará a parte do seu gozo perdido. Ao consumir vorazmente, acredita restituir a si próprio a parcela de gozo que lhe é negado na sua atividade de trabalho (produção da mais-valia); no entanto, paradoxalmente, quanto mais consome mais falta-a-consumir, quanto mais se adequa ao padrão do mercado, mais sofre de uma angústia de indeterminação.

É o consumo das mercadorias, portanto, que "naturaliza" na dinâmica social da produção capitalista aquilo que aparece no "sujeito consumidor" como a sua "verdade": o fetiche da compra. É o ato descompromissado da compra que atualiza fantasmaticamente no sujeito a noção de que o dinheiro é a materialização da riqueza, ou seja, os "sujeitos consumidores" agem *como se* desconhecessem que o dinheiro — que se lhes apresenta em sua forma imediata e natural, e, portanto, em sua realidade material — é tão somente mais uma mercadoria que, por ser dotada de um índice de equivalência geral, se apresenta como uma relação entre coisas, e não como uma relação social entre sujeitos e suas forças de trabalho. Certamente, esse "como se" quer dizer que não importa se sabemos ou não disso; o fato que é *em ato*, agimos como fetichistas.

Segundo Zizek:

> [...] no plano do dia a dia, os indivíduos sabem muito bem que há relações entre as pessoas por trás das relações entre as coisas. O problema é que, em sua atividade social, naquilo que fazem, elas agem como se o dinheiro, em sua realidade matéria, fosse encarnação imediata da riqueza como tal. *Elas são fetichistas na prática, e não na teoria*. O que "não sabem", o que desconhecem, é o fato de que, em sua própria realidade social, em sua atividade social — no ato da troca da mercadoria — estão sendo guiadas pela ilusão fetichista (Zizek, 1996, p. 314-315, grifo nosso).

É dentro desse campo, portanto, que entra em cena essa nova forma fantasística do sujeito, isso que tem sido chamado de *sujeito neoliberal* (mas que eu prefiro chamar de *sujeito/mercadoria*), que, ao consumir vorazmente os objetos mais-de-gozar que se lhe apresenta como mercadoria, acaba, paradoxalmente, sendo consumido por ele.

Exatamente por estar prenhe de consequências políticas importantes e, mais ainda, destacar a centralidade do conceito de sujeito em meio a esse processo, que acredito estar justificada a aposta em convocar Marx e Lacan no debate a respeito do problema do consumo como uma tentativa de fechamento do sujeito em sua "função social" segundo as coordenadas do capital. Um diagnóstico semelhante pode ser encontrado nas palavras de Lima (2018, p. 43):

> A ruptura histórica do capitalismo, localizada por Lacan [...] na fração esquerda da fórmula do discurso do capitalista, permite uma chave interpretativa para o estatuto do sujeito neoliberal na magia do neoliberalismo: determinado, em sua liberdade, pelos princípios de gestão e organização das condições sob as quais cada um pode ser livre. Tais condições não estão no individualismo ou no ideal burguês. Mas sim no empreendedorismo, no cálculo do rendimento e na medida da competência pelo rendimento — típico da lógica de projeção do método econômico ao funcionamento subjetivo e ao laço social — que suprime a luta de classe e, em seu lugar, glorifica a competência e o mérito.

Até aqui, desenvolveu-se uma linha argumentativa que deu prioridade aos diversos "momentos" em que se dá, de maneira mais ou menos clara, o entrelaçamento entre os campos discursivos de Marx e Lacan a respeito das questões ligadas ao consumo no capitalismo como forma de ilustrar o empuxo ao eclipsamento do sujeito do desejo via ação do mercado; no entanto, para além da impressão de que tanto o fetichismo da forma-mercadoria quanto o Discurso do Capitalista encapsulam o sujeito de maneira irremediável, de modo que a ele não resta nada além de servir docilmente ao mandamentos do capital, trata-se agora de apontar que as coisas não são bem assim.

Ainda há pouco, foi dito que o "sujeito/mercadoria" sofre de uma espécie de angústia de indeterminação. A definição desse conceito é fundamental na obra de Lacan porque, entre outras coisas, ela permitiu a formalização daquilo que ele consideraria sua única contribuição inédita à psicanálise — o objeto *a* — além de inaugurar de forma mais explícita um intenso debate a respeito do registro do real. Nesse sentido, o seminário de Lacan sobre a angústia marca sobremaneira uma nova etapa de sua experiência intelectual porque anuncia de forma paradigmática um novo campo de determinação do sujeito para além da circunscrição estrita do significante.

Agora trata-se de demonstrar que, no que se refere ao consumo, a angústia, *como aquilo que não engana* (Lacan, [1962-63] 2005, p. 88, grifos do autor), é a verdade do sujeito porque advém do real. Nesse sentido, portanto, ao articular o processo de consumo ao conceito de angústia, tentarei argumentar que o Discurso do Capitalista se revela frágil onde pretende-se mais forte na medida em que, na operatividade circular e sem furo que este discurso pretende empreender "sempre mais", aparece a angústia como sinal do real que não se deixa simbolizar totalmente.

Como se poderia abordar o tema da angústia no Seminário de 1962-63? Lacan o aborda fundamentalmente pela relação o Outro, afinal, se é "[...] enquadrado que se situa o campo da angústia" (Lacan, [1962-63] 2005, p. 86), é necessário que esse enquadramento se dê a partir de algum referencial, o que no caso do referido seminário se dá inicialmente pela via da necessidade de retomá-la em sua ligação fundamental com o desejo do Outro: à cisão do sujeito, que demarca a inscrição simbólica do significante no lugar do Outro, advém um resto que, não podendo ser recoberta pela imagem especular, causa a angústia. Sobre isso, afirma Lacan:

> Em relação ao Outro, o sujeito dependente desse Outro inscreve-se como um cociente. É marcado pelo traço unário do significante no campo do Outro. Não é por isso, se assim posso dizer, que ele corta o Outro em rodelas. Há, no sentido da divisão, um resto, um resíduo. Esse resto, esse Outro derradeiro, esse irracional, essa prova e garantia única, afinal, da alteridade do Outro, é o *a* (Lacan, [1962-63] 2005, p. 36).

Aqui podemos ver, de forma clara, a relação fundamental entre a angústia e o objeto *a*. O *a* é aquilo que está ausente de quaisquer tentativas de significação porque ele se encontra em um lugar fundamentalmente faltoso e, portanto, se levarmos em conta os registros do imaginário e do simbólico, o *a* está em um não lugar. Isso significa precisamente que o *a*, como categoria formal que faz referência ao Real, não se deixa colonizar por nenhuma empiricidade e/ou substancialidade.

Nesse sentido, a relação entre a angústia e o objeto *a* é uma relação marcada nos termos de uma *presença/ausência* no sentido de que esse afeto é o sinal da intervenção do *a*, isto é, entre o *a* e a angústia não há uma relação de antagonismo; ao contrário, o objeto *a* só intervém funcionalmente em uma íntima correlação com a angústia (Lacan, [1962-63] 2005, p. 98). Essa íntima relação entre o *a* e a angústia demonstra, por assim dizer, que naquele lugar onde nada deveria aparecer, um lugar faltoso por excelência, algo surgiu como falta da falta — a angústia e o *a*, portanto, demarcam logicamente pelo par presença/ausência, o caráter essencialmente faltoso no qual se dá a constituição do sujeito.

> Vocês não sabem que não é a nostalgia do seio materno que gera a angústia, mas a iminência dele? *O que provoca a angústia é tudo aquilo que nos anuncia, que nos permite entrever que voltaremos ao colo.* Não é, ao contrário do que se diz, o ritmo nem a alternância da presença/ausência da mãe. A prova disso é que a criança se compraz em renovar esse jogo de presença/ausência. A possibilidade de ausência, eis a segurança da presença. O que há de mais angustiante para a criança é, justamente, quando a relação com base na qual essa possibilidade se institui, pela falta que a transforma em desejo, é perturbada, e ela fica perturbada ao máximo quando não há possibilidade de falta, quando a mãe está o tempo todo nas costas dela, especialmente a lhe limpar a bunda, modelo da demanda, da demanda que não pode falhar (Lacan, [1962-63] 2005, p. 64, grifo nosso).

Afinal, não seria esse o ponto-chave da questão do consumo em sua forma neoliberal? Não seria exatamente essa ilusão de completude à venda no mercado dos bens de consumo (fantasísticos) que a angústia de con-sumir apaixonadamente acaba por irromper? Essa é uma questão importante na análise da relação do consumo com a angústia, pois, como nos ensina Lacan,

> [...] o que nos ensina aqui a experiência sobre a angústia em sua relação com o objeto do desejo senão que a proibição é uma tentação? Não se trata de perda do objeto, mas da presença disto: de que os objetos não faltam (Lacan [1962-63] 2005, p. 64).

Portanto, se, como afirma Miller (2005), os *gadgets* são o sintoma do delírio funcional contemporâneo que torna o objeto como fonte de satisfação, não seria o caso de pensar que esse o ethos neoliberal e sua promessa mágica de completude teria como função primeira empreender uma tentativa de dissimular a verdade do sujeito faltoso do qual a angústia é sua representante? O que se coloca como questão para a clínica psicanalítica nesse contexto é a aposta na negatividade fundamental do sujeito, isto é, o que está em jogo aqui é a advertência que a angústia — *isso que não engana* — nos propõe escutar: não deixar que falte a falta constitutiva do sujeito.

Afinal, como nos ensina Lacan:

> Aquilo diante de que o neurótico recua não é a castração, é fazer de sua castração o que falta ao Outro. É fazer de sua castração algo positivo, ou seja, a garantia da função do Outro, desse Outro que se furta na remissão infinita de significações, desse Outro em que o sujeito não se vê mais do que como um destino, porém um destino que não tem fim, um destino que se perde no oceano das histórias (Lacan, [1962-63] 2005, p. 56).

CAPÍTULO 9

A CRISE COMO VERDADE DO CAPITAL

Tempos de grande crise econômica abrem sempre uma brecha razoável na ordem estabelecida, que não mais tem êxito na distribuição de bens e que servira como sua inquestionável justificativa. Tais brechas podem ser alargadas a serviço da reestruturação social, ou de fato fechadas por um prazo maior ou menor, no interesse da continuada sobrevivência do capital, dependendo das circunstâncias históricas gerais e da relação de forças na arena política e social.

(István Mészáros)

Até aqui tentou-se mostrar que o sujeito do inconsciente é uma dimensão da experiência humana que não se deixa reduzir a identidades substancializadas, tampouco às exigências de empiricidade do discurso cientificista pós-moderno representado, em larga medida, pelas *hard sciences*, isto é, a verdade do sujeito do inconsciente não reside no *furor curandis* atual, que, na tentativa de negar a radicalidade do mal-estar, opera uma injunção entre o desejo e o consumo promovendo uma espécie de egologização do sujeito; ao contrário, parece-me que é exatamente no resultado "final" dessa operatividade que está a questão fundamental do sujeito em sua dimensão estritamente social: é na sua pretensa solidez, é lá onde essa injunção se apresenta em sua força mais brutal que se revela a sua fragilidade — esse circuito colapsa[108].

Ora, quando afirmei que o sujeito em sua dimensão real mantinha uma *similaridade estratégica* com o sujeito da ética foucaultiana, foi exatamente porque ambas, à sua maneira, exploram uma fenda que revela que a verdade do sujeito está para além dessa determinação, isto é, ressaltam o caráter contingente do sujeito e, de forma correlata, a existência incontornável de uma espécie de fratura na determinação da realidade.

---

[108] "Tropeço, desfalecimento, rachadura. Numa frase pronunciada, escrita, alguma coisa se estatela. Freud fica siderado por esses fenômenos, e é neles que vai procurar o inconsciente. Ali, alguma outra coisa quer se realizar – algo que aparece como intencional, certamente, mas de uma estranha temporalidade. O que se produz nessa hiância, no sentido pleno do termo *produzir-se*, se apresenta como *um achado*. É assim, de começo, que a exploração freudiana encontra o que se passa no inconsciente" (Lacan, [1964] 2008, p. 32, grifos do autor).

No entanto, como não se pode sugerir que o sujeito, na dimensão própria em que essa categoria se circunscreve no discurso psicanalítico, é o responsável exclusivo pela determinação indeterminada da realidade, porque fazê-lo seria atribuir a ele uma capacidade de autodeterminação transcendente e, com isso, uma liberdade apartada das condições históricas que o determinam, o único caminho possível aqui é tomar o próprio conjunto das determinações histórico/sociais nas quais o sujeito se constitui como um sistema que em sua pretensão totalizante também falha e, ao falhar, revela a sua verdade. Em outras palavras, acredito que só podemos apreciar a potência implosiva da *fenda do sujeito* se soubermos avaliar praxicamente o potencial explosivo da *fratura da realidade*.

Nesse sentido, portanto, o objetivo deste capítulo é tomar a dinâmica do modo de produção capitalista como o fundamento material de sua própria instabilidade criadora, ou seja, é tomar as crises cíclicas do capital como aberturas que podem criar as condições de possibilidade do aparecimento de formas sociais nas quais o sujeito como lócus de indeterminação possa forçar a emergência de uma práxis renovada e, com isso, uma transmutação da noção de liberdade. Comecemos então.

Como é do entendimento geral, a noção marxiana de *crise* é indispensável para uma compreensão do desenvolvimento do modo de produção capitalista porque, como categoria imanente, ela se expressa no movimento real do capital como tendência geral, isto é, o aparecimento de crises cíclicas o estabilizam em sua instabilidade, pois, estritamente falando, as crises do modo de produção capitalista não são somente inerentes ao próprio sistema (como se fossem expressão de sua "natureza"), mas, sobretudo, são necessárias ao seu funcionamento normal porque permitem um novo ciclo de crescimento econômico e, portanto, de produção de valor.

Mas é bom que se diga desde já: quando me refiro à noção de crise não faço referência a uma formalização estrita (até porque essa formalização conceitual inexiste em seu pensamento); pelo caráter dialético da exposição de Marx, essa noção aparece em comentários esparsos ao longo dos três livros d'O Capital e sempre se referindo a uma derivação lógica imanente do desenvolvimento econômico do sistema como totalidade em sua relação com o colapso desse sistema: por isso, a noção de crise deve ser tomada como forma material da "negação da negação[109]", porque

---

[109] "No salto, a destruição e a criação não são momentos ou fases isoladas, autônomas, mas representam dois aspectos, organicamente ligados, e não podem existir um sem o outro, de um mesmo processo de transformação de um fenômeno em um outro, de uma qualidade em uma outra qualidade nova. Na realidade, não há negação que destrua sem criar, e vice-versa, porque cada negação é ao mesmo tempo destruição e criação [...]" (Cheptulin, 1982, p. 333).

guarda uma relação fundamental não somente com o colapso do sistema, mas também com a suprassunção dessa condição em uma nova forma positivada — a revolução comunista (obviamente, isso não quer dizer que o colapso resulte necessariamente em uma revolução comunista). Talvez seja por esse motivo que a noção de crise em Marx desperte ainda hoje apaixonados debates e, de certa maneira, divida o campo dos estudos marxistas quanto à centralidade explicativa do fenômeno em questão[110].

Mas, afinal, o que põe o capital em movimento? Quais as leis imanentes do modo de produção capitalista? Ora, nos seus estudos para a realização da crítica da economia política, partindo sobretudo da teoria do valor-trabalho de Ricardo[111] para posteriormente criticá-la, Marx demonstra que a noção de crise aparece como possibilidade formal primeiro na transformação do dinheiro em mercadoria (D-M) e de mercadoria em dinheiro (M-D'), ou seja, em sua forma mais simples que é o próprio processo de valorização do capital: a manifestação do valor na forma mercadoria e na forma dinheiro. Nesse sentido, afirma Marx que

> [...] apesar dessa unidade intrínseca necessária, são por igual partes e formas independentes do processo, contrapostas em sua existência, discrepantes no tempo e no espaço, separáveis e separadas uma da outra. A possibilidade da crise reside apenas na dissociação entre compra e venda. [...] Se compra e venda coincidissem, deixaria de haver, de acordo com as suposições feitas, *a possibilidade de crise* (Marx, [1951] 1980, p. 944, grifos do autor).

---

[110] De modo geral, a bibliografia marxista a respeito da noção de crise em Marx trata, majoritariamente, essa questão a partir de dois polos: de um lado, estão os estudos que priorizam uma dimensão causal central na explicação material do fenômeno da crise (a superprodução ou a queda tendencial da taxa de lucro, por exemplo) como forma de compreensão do movimento cíclico da crise com o objetivo de empreender um prognóstico das futuras tendências do desenvolvimento capitalista; do outro lado, estão os estudos que criticam a leitura causal da questão (segundo eles, a "causa" é uma categoria refém das filosofias do entendimento e obliteram a possibilidade de apreensão do mundo em sua totalidade) e apostam na noção de crise em Marx como o resultado negativo estruturalmente inevitável do processo. Se levarmos em conta que a categoria de crise em Marx é oposta à categoria de absoluto em Hegel, percebe-se que, no que se refere a essa dimensão dos estudos marxistas, estaríamos às voltas aqui com um embate a respeito da determinação positiva ou negativa da totalidade social. No entanto, como espero ter sustentado no capítulo 2 deste trabalho, me parece que a própria concepção hegeliana de absoluto não se fecha totalmente em sua dimensão positiva. A questão permanece em aberto.

[111] "Se a posteridade algum dia interver, talvez diga que o sr. Proudhon, temendo chocar a anglofobia de seus leitores, preferiu fazer-se o editor responsável das ideias de Ricardo. De qualquer maneira, à posteridade parecerá muito ingênuo que o sr. Proudhon exiba como 'teoria revolucionária do futuro' o que Ricardo expôs cientificamente a teoria da sociedade atual, da sociedade burguesa, e que ele tome como solução da antinomia entre a utilidade e o valor de toca como aquilo que Ricardo e sua escola apresentaram muito antes dele como a fórmula científica de um único termo da antinomia, do *valor de troca*" (Marx, [1847] 2017, p. 55, grifos do autor).

Vemos aqui que, ainda que em seu processo de valorização na cadeia produtiva, o capital se converta da forma-dinheiro para a forma-mercadoria, permanece incompleto esse ciclo porque o dinheiro, por sua vez, terá de ser reconvertido na forma mercadoria para que seja vendido e, assim, completar o processo de circulação do capital. Essa questão é importante porque permite identificar, na própria forma-mercadoria, a expressão material e, portanto, mais concreta da oposição entre o valor de uso e o valor de troca, qual seja, a unidade entre a produção do capital e seu processo de circulação.

No entanto somente essas formas "[...] não podem explicar por que desvelam sua face crítica, por que a contradição potencial (*potentia Widerspruch*) nelas contida se patenteia como contradição em ato (*actu Widerspruch*)" (Marx, [1951] 1980, p. 947) exatamente porque, devido à abrangência do processo de circulação de capital, a necessidade intrínseca da mercadoria em se transformar em uma forma mais fluida como o dinheiro corre o risco de não ocorrer; é esse risco de não realização, dissociação espaço/temporal da operatividade de compra e venda de mercadorias oriunda da possibilidade do dinheiro como forma de pagamento se autonomizar interrompendo a valorização do capital[112], que anuncia a forma mais geral de crise do sistema em sua aparência mais abstrata. É nesse momento que

> [...] aparece a existência da crise em sua forma mais simples e em seu conteúdo mais simples, até onde a própria forma é seu conteúdo mais simples. Mas ainda não é o conteúdo com o fundamento concretizado (*kein begründeter Inhalt*) (Marx, [1951] 1980, p. 947).

Fundamento concretizado... É dentro desse campo de determinação, portanto, que Marx sustenta que deve seguir a análise do processo: avan-

---

[112] Na crise financeira de 2008, oriunda da quebra do Lehman Brothers nos EUA, podemos vislumbrar como se dá essa questão do dinheiro como forma de pagamento possibilitar a paralização da valorização do capital: em um processo simples de troca direta entre produtos (arroz por açúcar, por exemplo) o objetivo é adquirir um valor de uso (utilidade) para a satisfação de necessidades; no funcionamento do processo de circulação capitalista, o objetivo é adquirir valor de troca na forma dinheiro porque ele é a "[...] única existência adequada do valor de troca perante as demais mercadorias, enquanto simples valor de uso" (Marx, 1983, p. 110). Ora, o problema é que o dinheiro, em si mesmo, é tão somente uma abstração: como uma forma da manifestação monetária do valor, não carrega nenhuma materialidade, ou seja, o valor na forma dinheiro é pura formalidade, é uma forma vazia e sem conteúdo. Talvez seja por isso que, como afirma Paulani e Müller (2010), no capitalismo contemporâneo "[...] não só no plano nacional, mas no mundial, o objeto que corporifica o dinheiro é inconversível, ou seja, não tem lastro, nem nenhuma relação, por remota que seja, com uma mercadoria de verdade" (Paulani; Müller, 2010, p. 793).

çar para além do âmbito das trocas aparentes em que capital e trabalho se enfrentam como vendedores e compradores (como meros detentores de mercadorias) e analisar a forma mais concreta das relações entre a força de trabalho e o capital. Em outras palavras, a questão é retomar esse enfrentamento na própria esfera da produção, que é a instância onde se realiza o consumo da força de trabalho social e onde se darão as novas determinações que revelam o fundamento material da crise: o embate concreto entre capitalistas e operários.

Vejamos. Como se sabe, a acumulação de capital é condição *sine qua non* para a constituição e perpetuação do sistema de produção capitalista. Ora, nos momentos históricos em que o montante de capital não circula devido à sua desvalorização, as contradições do seu processo fazem o sistema como um todo tender inexoravelmente ao que convencionou-se chamar de crises de superacumulação, isto é, emperrado o circuito que o capital tem de percorrer para se reproduzir, torna-se necessário um processo de renovação ampliada das condições de produção. Mas, a despeito do que apregoa a nossa época em que aparentemente há a liberdade de cada um ser o capitalista de si mesmo, aos verdadeiros capitalistas não é guardada nenhuma intenção individual em executar a sua missão histórica de acumular; ao contrário, a acumulação decorre de "leis coercitivas externas" alheias à vontade do capitalista. Como afirma Marx:

> O capitalista só é respeitável como personificação do capital. Como tal, ele partilha com o entesourador o impulso absoluto de enriquecimento. Mas o que neste aparece como mania individual, no capitalista é efeito do mecanismo social, no qual ele não é mais que uma engrenagem. Além disso, o desenvolvimento da produção capitalista converte em necessidade o aumento progressivo do capital investido em uma empresa industrial, e a concorrência impõe a cada capitalista individual, como leis coercitivas externas, as leis imanentes do modo de produção capitalista. Obriga-o a ampliar continuamente seu capital a fim de conservá-lo, e ele não pode ampliá-lo senão poder meio da acumulação progressiva (Marx, [1867] 2013, p. 667).

Vemos que é somente por meio da análise da contínua acumulação que se desvela, assim, aquilo que uma análise compartimentalizada do fenômeno tende a escamotear: a dimensão total da materialidade do sistema. Dito de outra maneira: como o capital necessita continuamente reiniciar as suas sucessivas etapas, podemos apreendê-lo em sua totalidade; totalidade que, segundo Marx, só poderá manter-se enquanto tal se e somente se as suas unidades (a produção, a circulação, a distribuição e o consumo das mercadorias) mantiverem as suas condições normais de "existência" e, consequentemente, continuarem a produzir a acumulação de capital. Aqui Marx é preciso em sua descrição:

> A contínua reconversão de mais-valor em capital apresenta-se como grandeza crescente do capital que entra no processo de produção. Este se torna, por sua vez, o fundamento de uma escala ampliada da produção, dos métodos nela empregados para o aumento da força produtiva do trabalho e a aceleração da produção de mais-valor. Se, portanto, certo grau de acumulação do capital aparece como condição do modo de produção especificamente capitalista, este último provoca, em reação, uma acumulação acelerada do capital. *Com a acumulação do capital desenvolve-se, assim, o modo de produção especificamente capitalista e, com ele, a acumulação do capital.* Esses dois fatores econômicos provocam, de acordo com a conjugação dos estímulos que eles exercem um sobre o outro, a mudança na composição técnica do capital, o que faz com que o seu componente variável se torne cada vez menor ao componente constante (Marx, [1867] 2013, p. 700-701, grifos nossos).

É aqui que a contradição entre capital/trabalho ganha um relevo fundamental. Para que a circularidade sem fim do sistema possa continuar operando, é necessário que haja um excedente de trabalhadores completamente "livres" (da posse dos meios de produção e para a venda da sua força de trabalho) e que ocorra, em conformidade com o aumento da produção, uma ampliação do mercado consumidor; então uma parte do valor adquirido com a venda das mercadorias (composta pelo valor investido na aquisição de meios de produção [maquinários/tecnologias] mais o valor pago à força de trabalho [mais-valia]) é o que (re)acionará a operatividade do sistema e permitirá a compra de mais meios de produção e de mais força de trabalho para a execução do próximo ciclo — eis como se dá, em termos gerais, a reprodução ampliada do capital, a acumulação capitalista.

Nesse sentido, afirma Marx:

> A força de trabalho é comprada aqui, não para satisfazer, mediante seu serviço ou produto, às necessidades pessoais do comprador. O objetivo perseguido por este último é a valorização do seu capital, a produção das mercadorias que contenham mais trabalho do que ele paga, ou seja, que contenham uma parcela de valor que nada custa ao comprador e que, ainda assim, realiza-se mediante a venda de mercadorias. A produção de mais-valor, ou criação de excedente, é a lei absoluta desse modo de produção. A força de trabalho só é vendável na medida em que conserva os meios de produção como capital, reproduz seu próprio valor como capital e fornece uma fonte de capital adicional em trabalho não pago (Marx, [1867] 2013, p. 695).

Ora, em sua processualidade *ad infinitum*, o ciclo exige que a quantidade de sobretrabalho (de trabalho excedente), na sua forma absoluta ou relativa e/ou em jornadas de trabalho extensas ou intensas, deve acompanhar o ciclo de aumento de produção, já que quanto mais se desenvolve a produção, mais a exigência inerente ao sistema produtivo cresce em sua necessidade de adquirir mais quantidade de trabalho excedente, o que acarreta necessariamente que a contradição aparente entre o consumo e a produção encontra um terreno bastante fértil para se expandir a ponto de evidenciar-se em sua forma material e concreta: a contradição entre os produtores assalariados e os proprietários dos meios de produção.

Essa contradição, em sua concretude material, expressa-se no próprio "coração" da lei da produção capitalista, ou seja, na relação necessária entre o capital, a acumulação e a taxa salarial que, segundo Marx, "[...] não é nada mais que a relação entre o trabalho não pago, transformado em capital, e o trabalho adicional, requerido para por em movimento o capital adicional" (Marx, [1867] 2013, p. 697). Trata-se aqui, portanto, de uma relação entre a quantidade de trabalho pago e não pago da população que produz as mercadorias — o trabalhadores:

> Se a quantidade de trabalho não pago fornecida pela classe trabalhadora e acumulada pela classe capitalista cresce com rapidez suficiente de modo a permitir sua transformação em capital com apenas um acréscimo extraordinário de trabalho pago, o salário aumenta e, mantendo-se constante as demais circunstâncias, o trabalho não pago diminui proporcionalmente (Marx, [1867] 2013, p. 697).

Mas, como se sabe, essa tendência logo desvanece em virtude não somente da competitividade dos mercados, mas, sobretudo, pela própria instabilidade do sistema em sua totalidade "orgânica" que necessita de condições precisas para o seu funcionamento; torna-se fácil compreender que se, por algum motivo, alguma das condições necessárias para ao seu pleno funcionamento não mais estiver em consonância com a necessidade imanente de uma renovação ampliada do sistema produtivo e a cadeia for interrompida, estaremos diante de uma crise estrutural de acumulação capitalista. Essa descontinuidade que na cadeia produtiva atinge fundamentalmente a quantidade de trabalho excedente que outrora alimentara o capital na medida em que ele — o mais-trabalho — já não é mais oferecido em sua quantidade "normal" ao sistema, gera uma reação estrutural, que, nas palavras de Marx, é assim descrita:

> [...] uma parte menor da renda é capitalizada, a acumulação desacelera e o movimento ascensional do salário recebe um contragolpe. O aumento do preço do trabalho é confinado, portanto, dentro dos limites que não só deixam intactos os fundamentos do sistema capitalista, mas asseguram sua reprodução em escala cada vez maior. Na realidade, portanto, a lei da acumulação capitalista, mistificada numa lei da natureza, expressa apenas que a natureza dessa acumulação exclui toda a diminuição no grau de exploração do trabalho ou toda elevação de preço do trabalho que possa ameaçar seriamente a reprodução constante da relação capitalista, em sua reprodução em escala sempre ampliada. E não poderia ser diferente, num modo de produção em que o trabalhador serve às necessidades de valorização de valores existentes, em vez de a riqueza objetiva servir às necessidades de desenvolvimento do trabalhador. Assim como na religião o homem é dominado pelo produto de sua própria cabeça, na produção capitalista ele o é pelo produto de suas próprias mãos (Marx, [1867] 2013, p. 697).

Até aqui tentou-se mostrar, em termos gerais, que a análise materialista que Marx fez do modo de produção capitalista o permitiu a formulação de uma lei imanente do funcionamento do sistema em sua totalidade "orgânica" que determina não só as condições do aparecimento das crises mas a lógica própria do seu funcionamento — "a lei geral da acumulação" capitalista. Essa lei prevê que, em momentos históricos específicos em que o capital encontra dificuldades para o funcionamento normal de sua cadeia produtiva e passa a falhar na sua função fundamental de valorizar a si mesmo, sobrevém uma crise de superacumulação associada ao subconsumo que a acompanha; no entanto, é necessário deixar claro que as crises, independentemente de sua origem estar aparentemente ligada a um termo específico da processualidade de circulação do capital, são manifestações das contradições da acumulação capitalista, ou seja, as crises são resultados das próprias contradições inerentes à reprodução do capital.

As crises, portanto, são fundamentalmente expressões materiais das contradições inerentes à própria reprodução do capital. Não cabe ao capitalista (e a nenhuma agremiação política que pretenda reformar o capitalismo) alguma ingerência pessoal na determinação da duração ou intensidade da crise no ciclo produtivo ou, no limite, a capacidade geralmente atribuída a ele, pela "iluminação" de alguma deidade qualquer, de arbitrar intencionalmente no sentido de evitar ou mesmo expurgar a possibilidade de crise do sistema produtivo. As crises são, para a decepção do capitalista ingênuo e do reformista "esclarecido", endógenas e endêmicas ao modo de produção capitalista. Sobre isso, ao investigar as contradições internas da lei de tendência de queda da taxa de lucro, no capítulo XV do livro III d'O Capital, afirma Marx que

> A barreira efetiva da produção capitalista é o próprio capital: o capital e sua auto-expansão se patenteiam ponto de partida e meta, móvel e fim da produção; a produção existe para o capital, ao invés dos meios de produção serem apenas meios de acelerar continuamente o desenvolvimento do processo vital para a sociedade dos produtores. Os limites intransponíveis em que se pode mover a manutenção e a expansão do capital-valor colidem constantemente com os métodos de produção que o capital tem de empregar para atingir seu objetivo e que visam ao aumento ilimitado da produção, à produção como fim em si mesma, ao desenvolvimento incondicionado das forças produtivas sociais do trabalho. O meio – desenvolvimento ilimitado das forças produtivas sociais — em caráter permanente, conflita com o objetivo ilimitado, a valorização do capital existente. Por conseguinte, se o modo capitalista de produção é um meio histórico para desenvolver a força produtiva social e criar o mercado mundial apropriado, é ele ao mesmo tempo a contradição permanente entre essa tarefa histórica e as relações sociais de produção que lhe correspondem (Marx, [1894] 1980, p. 287-288).

Essa contradição permanente entre o desenvolvimento das forças produtivas e as relações sociais correspondentes a essas forças é o que, em termos político/sociais, se expressa no capitalismo sob a forma de luta de classes. É por ser a expressão real e concreta da contradição fundamental entre capital e trabalho, contradição essa que não se encerra em uma forma histórica particular porque é uma contradição dialética, que se constitui um erro práxico a adoção, a pretexto da exposição materialista de uma tendência histórica[113], da posição teleológica e imobilista de que o capitalismo morrerá de velhice.

Uma possível alternativa a essa posição de escolher o futuro necessário porque o presente é inaceitável (essa espécie de fascinação fatalista contida no personagem Robert Kerans, de Ballard[114]), é o sempre difícil exame dos fundamentos referentes à constituição do fenômeno estudado não simplesmente para bem sabê-lo, mas para melhor formulá-lo enquanto questão; afinal, como afirma Marx em sua polêmica com Bruno Bauer, "[...] como ele soluciona a questão judaica? A que resultado chega? A formulação de uma pergunta é sua solução. A crítica à questão judaica é a resposta à questão judaica" (Marx, [1844] 2010, p. 34).

Em outras palavras, parece que a questão fundamental da necessidade da categoria da luta de classes não se encontra nem na mística quase religiosa que incessantemente busca a reafirmação da sua fé na humanidade por meio da exaltação moral do bom e do justo, tampouco na defesa apaixonada no ordenamento jurídico como estratégia de vanguarda na luta pela igualdade social; ao contrário, acredito que o problema central referente à contradição capital/trabalho e sua expressão político/social só pode ser, de fato, esboçada como categoria interpretativa do movimento real somente pela interrogação radical de Marx acerca das possibilidades históricas da formação do proletariado enquanto classe social.

Não foi à toa, afinal, que ao tratar do tema levando em consideração às experiências históricas que teve a oportunidade de presenciar em sem tempo, Marx analisou, sobretudo, as condições históricas e sociais que contribuíram para a derrota dos movimentos operários revolucionários. É o que se pode ver, por exemplo, n'*O 18 de Brumário de Luís Bonaparte*, no qual

---

[113] "O progresso da indústria, de que a burguesia é agente passivo e involuntário, substitui o isolamento dos operários, resultante da competição, por sua união revolucionária resultante da associação. Assim, o desenvolvimento da grande indústria retira dos pés da burguesia a própria base sobre a qual ela assentou o seu regime de produção e de apropriação de produtos. A burguesia produz, sobretudo, seus próprios coveiros. Seu declínio e a vitória do proletariado são igualmente inevitáveis" (Marx, [1848] 2010, p. 51).

[114] Ver: *O mundo Submerso* (1962), de James Graham Ballard.

ele analisa a derrota do operariado insurgente francês em junho de 1848. Em um primeiro período, após a saída vitoriosa do conflito armado decorrente da luta política por uma reforma eleitoral que derrubou o domínio da aristocracia financeira parisiense, o proletariado aparentemente triunfara a ponto de proclamar a "obviedade" da república como República Social.

Entretanto, como afirma Marx:

> Enquanto o proletariado parisiense ainda se comprazia na contemplação da ampla perspectiva que se lhe descortinava e se entregava a discussões bem-intencionadas sobre os problemas sociais, os velhos poderes da sociedade se reagruparam, reuniram-se, ponderaram e receberam o apoio inesperado da massa da nação, dos camponeses e pequeno-burgueses, os quais se lançaram todos de uma vez só à arena política após a queda das barreiras da Monarquia de Julho (Marx, [1852] 2011, p. 33).

Após esse período de letargia característico das vitórias, segue-se à proclamação da constituinte que assegurava à burguesia o governo em nome do povo e o afastamento de Blanqui e dos demais líderes operários da arena política. Segundo Marx:

> À *monarquia burguesa* de Luís Filipe só poderia seguir a *república burguesa*, isto é, ao passo que, em nome do rei, o governo foi exercido por uma parcela restrita da burguesia, em nome do povo, a totalidade da burguesia passaria a governar. As exigências do proletariado parisiense eram baboseiras utópicas que deveriam ser detidas. A resposta do proletariado parisiense a essa declaração da Assembleia Nacional Constituinte foi a *Insurreição de Junho*, o mais colossal acontecimento na história das guerras civis europeias. A república burguesa triunfou. Ela teve o apoio da aristocracia financeira, da burguesia industrial, da classe média, dos pequeno-burgueses, do exército, do lupemproletariado organizado como guarda móvel, das capacidades intelectuais, dos padrecos e da população do campo. Do lado do proletariado parisiense não havia ninguém além dele mesmo. Mais de 3 mil insurgentes foram trucidados após a vitória, 15 mil foram deportados sem julgamento. Essa derrota relegou o proletariado ao *segundo plano* da cena revolucionária (Marx, [1852] 2011, p. 34-35, grifos do autor).

São diversos os exemplos que poderiam ser explorados na obra de Marx a respeito não somente das condições nacionais particulares da luta de classes e sua articulação com a questão do desenvolvimento produtivo em cada país, mas também do problema teórico das possibilidades históricas mais gerais em que o proletariado pode se constituir e atuar politicamente efetivamente como classe. Tomar brevemente a experiência da derrota dos proletários franceses em 1848 foi tão somente para ilustrar, ainda que de maneira um tanto quanto insuficiente, uma questão atualmente bastante difundida como verdade científica: o modo de produção capitalista e todo o seu ordenamento jurídico/imaginário não é uma "verdade natural do mundo", tampouco é o estágio final da história; ao contrário do que berram os apologistas do status quo, o capitalismo é uma forma histórica de organização social que cria, em decorrência de sua própria lógica interna, os seus momentos concretos de instabilidade... criadora.

Ex nihilo nihil fit. A instabilidade do modo de organização social, essa fratura da realidade, não pressupõe imediata e necessariamente uma atividade criadora para além das coordenadas específicas expressadas na própria crise do sistema porque criação social exige trabalho de criação socialmente compartilhado.

É exatamente nesse aspecto que a dimensão do sujeito em psicanálise ganha um valor fundamental. Não se trata de propor uma oposição simples entre os registros "psíquicos" e "históricos" como se, em detrimento do "psíquico", o valor da formulação marxiana de classe social perdesse a sua validade analítico-propositiva da realidade social e muito menos de subsumir a singularidade do sujeito psicanalítico no mar revolto da historicidade (o que deporia contra o que se tentou argumentar até aqui); ao contrário, trata-se de dialetizar essa relação, se assim se pode dizer, nos termos de uma *singularidade universal*. Essa proposição (que de forma nenhuma é inédita!) coloca como questão central a relação entre Marx e o problema da subjetividade humana. Como os limites impostos a um trabalho acadêmico dessa natureza são soberanos em relação à vontade do seu autor, não terei como tratar dessa questão nessas linhas; entretanto, gostaria ao menos de insistir que, a despeito de uma certa tradição economicista que afirma que esse problema é desconsiderado ou relegado a segundo plano, a dimensão da subjetividade em Marx é central na constituição de um verdadeiro materialismo[115].

As crises do capital, portanto, entendidas aqui a partir de uma perspectiva dialética materialista, são as fraturas concretas da realidade sob as quais repousam as possibilidades (também concretas) de construção de uma práxis humana renovada para além das coordenadas do capital e, como tal, guardam a promessa histórica de uma mudança qualitativa do fundamento prático da noção de liberdade humana. E, como não poderia deixar de ser, o fundamento prático de uma nova proposição de liberdade exige uma espécie de ação política que poder-se-ia considerar êxtima em relação ao *já dado*, ou seja, acredito que somente o ato do sujeito como indeterminação, esse ato que descontinua a cadeia simbólica e toca o real, poderá oferecer as coordenadas de uma nova ação política que, em constelação com as lutas sociais específicas, tomaria uma dimensão efetivamente subversiva.

Não há meios de prever que ato será esse, tampouco como ele se constituirá enquanto materialidade social; como *evento (do) real*, hoje ele é tão somente uma "(im)possibilidade". Mas, afinal, não seria a própria *possibilidade* uma forma de enunciar (e, portanto, de fazer existir) a dimensão da abertura?

---

[115] Podemos observar, por exemplo, na crítica de Marx à Feuerbach, a denúncia da negação da atividade subjetiva humana: "O principal defeito de todo materialismo existente até agora (o de Feuerbach incluído) é que o objeto [*Gegenstand*], a realidade, o sensível, só é apreendido sob a forma do *objeto* [*Objekt*] ou da *contemplação*, mas não como *atividade humana sensível*, como *prática*; não subjetivamente. Daí o lado ativo, em oposição ao materialismo, [ter sido] abstratamente desenvolvido pelo idealismo – que, naturalmente, não conhece a atividade real, sensível, como tal" (Marx, [1845] 2007, p. 533, grifos do autor).

CAPÍTULO 10

ATO ANALÍTICO E POLÍTICA RADICAL

> *Digamos, primeiro: o ato (puro e simples) tem lugar por um dizer, e pelo qual modifica o sujeito. Andar só é ato desde que não diga apenas 'anda-se', ou mesmo 'andemos', mas faça com que 'cheguei' se verifique nele. O ato psicanalítico parece apropriado a reverberar com mais luz sobre o ato, por ser o ato a ser reproduzido pelo próprio fazer que ele ordena.*
>
> (Jacques Lacan)

Enfim, neste último capítulo, poderá ser tratado aquilo que até aqui esteve apenas suposto, como uma espécie de farpa na tessitura da parte três deste livro: a articulação entre política radical e psicanálise na definição do que seria uma ação emancipatória que restituísse, sob outros termos, um novo fundamento práxico do conceito de liberdade.

Como se sabe, essa questão tem uma longa história: remonta a um amplo debate que se deu no início do século 20, mais especificamente no período que compreende a vitória da revolução bolchevique de 1917 até a ascensão de Hitler ao poder na Alemanha em 1933, quando, em virtude da conjunção entre a crescente pauperização da classe operária europeia e a massiva adoção de posições conservadoras entre ela, passou a ser fundamental a explicação das relações entre subjetividade e história[116].

Sem desconsiderar as experiências pioneiras dos "freudo-marxistas" dos anos 1920 e 1930 (entre os quais destacou-se Wihelm Reich), certamente podemos dizer que um capítulo maior dessa experiência teórica foi a criação do Instituto de Pesquisa Social (*Institut für Sozialforghung*) em Frankfurt, na Alemanha. Fundado em 1923 por Felix Weil e incorporado à Universidade de Frankfurt um ano depois, esse instituto reuniu nomes como Friedrich Pollock, Carl Grünberg (seu primeiro diretor), Max Hor-

---

[116] "Como explicar a guinada para a direita que culminaria com o apoio maciço de grandes contingentes do proletariado aos candidatos nacional-socialistas, permitindo, em 1934, o acesso legal de Hitler ao poder? Nos dois países houve um descompasso entre os fatores objetivos e os subjetivos, e nos dois revelou-se a significação estratégica do polo subjetivo – num caso, *impondo-se*, voluntaristicamente, a uma realidade historicamente imatura, e no outro *recuando* diante de uma conjuntura socioeconomicamente favorável" (Rouanet, 1989, p. 14, grifos do autor).

kheimer, Karl Wittfogel, Theodor Adorno, Walter Benjamin, Karl Korsch e Herbert Marcuse sob a perspectiva de elaboração de um programa de pesquisas interdisciplinares que em partes corroborava a versão lukáciana do materialismo histórico contida em *História e consciência de classe*, de 1923, e que tomava a psicanálise freudiana como um instrumento teórico fundamental para a crítica radical da cultura e da ideologia[117].

Soma-se a essa inciativa — como desenvolvimento crítico também das questões ali formuladas — aquilo que, a partir da década de 1960 na França, poderíamos chamar de "dialética à francesa". Diferentemente da tradição alemã, em que os temas predominantes eram a reificação (Lukács), a metafísica (Heidegger) e o problema do esclarecimento, da dominação e da não identidade (Adorno), a tradição dialética francesa abordou — primeiro via Hegel — os temas da "consciência infeliz" (Wahl e Hyppolite), da temporalidade hegeliana (Koyré) e da "dialética do senhor e do escravo", e a luta pelo reconhecimento (Kojève) para, a partir de um Althusser impressionado com o "retorno à Freud" estruturalmente orientado por Lacan, articular Marx e estruturalismo.

Esses vigorosos esforços intelectuais projetaram a sua sombra para o futuro e nos encontra a todos paradoxalmente na mesma posição que os engendrou: a necessidade de criar, frente à potência da realidade, novas formas de vida.

No fim do capítulo anterior, deu-se a entender que um ato verdadeiramente radical, aquele que se dá para além das coordenadas impostas pela situação já dada, não pode ser previsto quanto à sua forma *a priori* porque, como ato singular da indeterminação do sujeito em *constelação*[118] com a determinação indeterminada da realidade, só se revela *a posteriori*

---

[117] É importante que se diga, no entanto, que a tomada de um marxismo heterodoxo (via Lukács) e da psicanálise (via Freud) não se deu de forma "integralista" e, muito menos, acrítica; ao contrário, são famosas as dissensões posteriores entre Adorno e Lukács a respeito do problema da formação (*Bildung*) ou sobre a questão da negatividade/realismo em estética (o que demonstrava claramente os diferentes projetos político/filosóficos de ambos: o húngaro e sua *ontologia do ser social* e o alemão e sua *dialética negativa*) bem como a recusa do revisionismo freudiano claramente expressado por Marcuse.

[118] Estou me referindo, certamente, à ideia de *constelação* em Adorno como uma tentativa de dizer que na "ressonância" entre a fenda do sujeito e a fratura da realidade, a singularidade do primeiro não se deixa subsumir na abstratividade do segundo. Nesse sentido, a ideia de constelação é assim expressada por Adorno: "Somente um saber que tem presente o valor histórico conjuntural do objeto em sua relação com os outros objetos consegue liberar a história no objeto; atualização e concentração de algo já sabido que transforma o saber. O conhecimento do objeto em sua constelação é o conhecimento do processo que ele acumula em si. Enquanto constelação, o pensamento teórico circunscreve o conceito que ele gostaria de abrir, esperando que ele salte, mais ou menos como os cadeados de cofres-fortes bem guardados: não apenas por meio de uma única chave ou de um único número, mas de uma combinação numérica" (Adorno, 2009, p. 141-142).

(*Nachträglich*); entretanto, se, por sua temporalidade própria, nada podemos saber antes da sua forma, ao menos podemos esboçar seu conteúdo.

Isso quer dizer que este capítulo não tem outro objetivo senão o de apresentar alguns elementos da discussão a respeito de quais condições disporíamos para o aparecimento de um ato político materialista subversivo: para tal, parte-se primeiro do conceito de ato analítico em Lacan para, após uma breve retomada da noção de evento (événement) em Badiou, discutir a teoria materialista do ato político radical em Zizek.

Afinal, o que é o ato analítico em Lacan? Certamente, a uma simples formulação como essa não se pode responder de forma simples porque a simplicidade, nesse caso, obscurece uma certa complexidade que a resposta exige. Recuperando a noção freudiana de *das Ding*, Lacan indica que no cerne do sujeito há um núcleo central insubmisso às próprias coordenadas simbólicas que o constituem: no sujeito existe algo estranho (*fremde*) à sua "efetividade" constituída enquanto tal; ora, foi Freud quem definiu no seu Projeto ([1895] 1996) que do contato do bebê com a pessoa ao lado (*Nebenmensch*) resta algo que não pode ser captura pela representação (*vorstellung*) e que, por isso, é introjetado no sujeito como algo estranho.

Mas se desde o *Seminário 6* Lacan já apontava para o caráter refratário do sujeito em relação às coordenadas simbólicas que o constituem[119], no seminário seguinte ele a articula de forma inarredável com a própria experiência analítica, ou seja, é por meio de uma reordenação das diretrizes da clínica psicanalítica que se pode verificar a importância metapsicológica desse núcleo insubmisso: a direção da cura passa a ser orientada a partir da dimensão do real. Assim, nesse sentido, afirma Lacan:

> Por mais de uma vez, na época em que eu falava do simbólico e do imaginário e de sua interação recíproca, alguns dentre vocês se perguntaram o que era, no fim das contas, o real. Pois bem, coisa curiosa para um pensamento sumário que pensaria que toda exploração da ética deve incidir sobre o

---

[119] "O que denominamos afeto não é essa coisa pura e simplesmente opaca e fechada, que seria uma espécie de para-além do discurso, uma espécie de núcleo vivido que não se sabe de onde caiu. O afeto é, muito precisamente e sempre, algo que se conota numa certa posição do sujeito em relação ao ser. Quer dizer, com relação ao ser na medida em que o que se propõe a ele em sua dimensão fundamental é simbólico. Mas também pode acontecer, ao contrário, de no interior desse simbólico ele constituir uma irrupção do real, dessa vez assaz perturbadora. Difícil não perceber que um afeto fundamental como a cólera nada mais é que isso: o real que chega no momento em que armamos uma belíssima trama simbólica, em que tudo vai indo muito bem, a ordem, a lei, nosso mérito e nossa boa vontade. Percebemos, de repente, que os pininhos não entram nos buraquinhos" (Lacan, [1958 – 59] 2016, p. 159-160).

> domínio do ideal, se não do irreal, iremos, pelo contrário, ao inverso, no sentido de um aprofundamento da noção de real. A questão ética, uma vez que a posição de Freud nos faz progredir nesse domínio, articula-se por meio de uma orientação do referenciamento do homem em relação ao real (Lacan, [1959-60] 2008, p. 22 – 23).

Percebemos aqui muito claramente as balizas gerais desse reordenamento que se expressa a partir do *Seminário 7*: se antes o real era entendido como o limite do simbólico, aquilo que era apartado do campo constituído pela incidência da linguagem porque à efetividade do significante é impossível o acesso à coisa mesma, agora esse impossível de ser simbolizado ganha uma conotação diferente — o real passa a ser concebido como extimidade. E, obviamente, isso não é sem consequências.

Talvez a mais importante delas agora seja a que diz respeito a essa espécie de subjetivação da estrutura operada pelo sujeito ao nela se inserir, consequência que encontra a radicalidade de seu sentido na expressão *subversão do sujeito*, mas que também demarca uma separação entre o ato que o constitui e o ato propriamente analítico.

Vejamos. Retomando o par alienação/separação conforme trabalhado por Lacan n'*O Seminário 11*, veremos que na representação gráfica intitulada *A alienação* podemos ver que é em relação à cadeia significante enquanto lugar do Outro que a alienação se dá (Lacan, [1964] 2008, p. 207); mas, se observarmos *O Seminário 15*, na representação gráfica em que ele discute os vetores *alienação*, *verdade* e *transferência*, o que veremos? Veremos uma complexificação da *operação alienação*: a seta *alienação* (que vai do "ou-ou" ao "eu não penso") e que corresponde à produção do fantasma e a seta que vai do "eu não penso" ao "eu não sou" e que corresponde à determinação significante do sujeito (Lacan, [1967-68], lição do dia 17 de janeiro de 1968).

Isso significa, entre outras coisas, que nessa complexificação da alienação está marcada uma diferenciação entre o discurso e o ato: se por um lado o discurso passa a ser identificado com a cadeia simbólica na qual ocorre a determinação do sujeito pela dimensão significante demarcando, portanto, a questão da estrutura, por outro o ato aparece como uma resposta do real, coextensão do objeto *a* que enquadra o sujeito na fantasia. No entanto, ainda que haja uma distinção entre discurso e ato nesse período do ensino de Lacan, essas duas dimensões não se sobrepõem uma à outra porque discurso e ato respondem à dupla determinação do sujeito nas duas vertentes em que ela se dá, isto é, a dimensão significante e em sua dimensão real.

Mas, esse processo de complexificação da operação alienação presente no seminário de 1967-68 indica um aspecto dessa operatividade muito importante para este trabalho, pois relaciona a questão do ato a uma certa dimensão de liberdade. A subversão do sujeito decorrente de uma subjetivação da estrutura a qual ele — o sujeito — em sua constituição se aliena pressupõe uma "escolha forçada" que ao efetivar-se enquanto tal produz efeitos constitutivos no sujeito que "escolhe", isto é, ao indicar que, em sua constituição, ao sujeito resta escolher a forma sob a qual se alienará ao Outro, Lacan diz também que o sujeito é o próprio efeito dessa escolha. Não seria, no final das contas, essa "escolha forçada" que determinaria o princípio ético fundamental da psicanálise segundo o qual ao sujeito cabe a responsabilização sobre aquilo de que se queixa e por aquilo que o causa em sua busca de uma análise?

Mas, creio não ser equivocado afirmar, se o ato de se constituir enquanto sujeito indica uma espécie de liberdade singularizada traduzida na "escolha forçada" da forma de alienação fundamental em relação ao Outro (moldada pela fantasia), aí não estamos ainda na circunscrição própria do ato analítico, embora essa seja a condição para que ele possa aparecer. O ato analítico, enfim, do que se trata?

Não deixa de ser interessante observar que a noção de ato analítico, tal como Lacan a apresenta ao longo desse seminário, não poderia ser feita a partir de uma perspectiva didática, já que, para além do seu estilo barroco, há uma espécie de disjunção entre essa noção e o saber. É o que se pode observar nas passagens do referido seminário onde se dá a delimitação do conceito onde, nunca de forma clara e unívoca, o conceito é tratado a partir de três núcleos de enunciação: o que não é o ato analítico, o que é colocado como o que poderia sê-lo e o que, não sendo nomeado, o esboça enquanto tal. Tal procedimento se justifica pelo fato de o ato analítico ser uma espécie de nó que opera no sujeito — via transferência — a partir de uma articulação significante.

> Se devemos introduzir, e necessariamente, a função do ato no nível da psicanálise, é enquanto este fazer psicanalítico implica profundamente o Sujeito. Que, para dizer a verdade, e graças a essa dimensão do sujeito, que renova para

nós completamente o que pode ser enunciado do assunto, como tal, e que se chama o inconsciente, este sujeito, na psicanálise, está, como já formulei, colocado em ato (Lacan, [1867-68], lição de 15 de novembro de 1967).

É o sujeito como efeito que se produz do significante, na linguagem, e que como tal se realiza como um efeito de divisão (o sujeito barrado), que permite e autoriza o aparecimento do ato analítico. No seminário de 1967-68, afirma Lacan que:

> Foi exatamente daí que partimos quando começamos a balbuciar a respeito, um fato de significante por onde tem lugar o retorno do efeito, dito efeito de sujeito, que se produz pela palavra, na linguagem, claro, retorno deste efeito de sujeito enquanto ele é radicalmente divisor. Essa é a novidade fornecida como um desafio pela descoberta psicanalítica, que estabelece como essencial que este efeito de sujeito seja um efeito de divisão. É na medida em que uma vez realizado esse efeito de divisão, algo pode ser seu retorno, pode haver re-ato, que nós podemos falar de ato, e que este ato que é o ato psicanalítico se coloca de uma forma tão singular por ser totalmente diferente, nesse sentido que, mesmo quando, na acepção da psicanálise, *o sujeito está em posição de agir, nada impõe que o ato se produza* [...] (Lacan, [1967-68], lição de 20 de janeiro de 1968, grifo nosso).

Vemos, portanto, que não se confundindo com o ato em geral, o ato analítico responde a coordenadas específicas, pois mesmo como "[...] dimensão sempre percebida. Ela está presente no fato, na experiência" (Lacan, [1967-68], lição de 17 de janeiro de 1968), não há garantias de que, como tal, ele seja tomado como indicação da existência de um saber específico encontrado para além da enunciação (embora seja um dizer que prescinda da fala), isto é, como implicação em relação ao real porque toca a verdade do sujeito em sua impossibilidade de toda dizê-la.

Nesse sentido, o conceito de ato analítico, que surge como exigência da análise da lógica do fantasma[120] e tal como se apresenta na experiência, apresenta-se como condição do trabalho de análise, do lado do analisante e também do lado do analista. Do lado do primeiro, é a busca por um(a) analista que demarca, mediante seu encontro e seu posterior engajamento

---

[120] "Para falar da lógica do fantasma, é indispensável ter pelo menos alguma ideia de onde se situa o ato analítico" (Lacan, [1966-67], lição de 8 de março de 1967).

em uma psicanálise, a presença do ato, pois, agora, a sua implicação na produção de um saber singular — cujo estatuto lógico se dá pela ordenação significante do qual o sujeito em causa na fala é resultado — é suportado e autorizado pelo ato do analista.

O analista, por seu lado, naquilo que autoriza e naquilo que suporta da sua aposta de engajamento do analisante em sua tarefa, sabe-se, de antemão e por experiência própria, um embuste lá onde espera-se dele saber tudo do desejo do analisante, isto é, há uma espécie de engodo necessário, uma certa simulação da possibilidade de ele ser o sujeito-suposto-saber, e, portanto, essa ficção está no início da lógica analítica porque o analisante é necessário crer na existência de um saber sobre o seu sintoma para que se implique na busca de seu descortinamento. Sobre isso, afirma Lacan que

> O que constitui o ato psicanalítico é muito singularmente esta simulação pela qual o analista esquece o que, na sua experiência de psicanalisando, ele pode ver reduzir-se ao que é: esta função do sujeito suposto saber. Donde, a cada instante, todas essas ambiguidades que transferem para outro lugar, por exemplo, para a função da adaptação à realidade. A questão do que é a verdade, é também sumular que a posição do sujeito suposto saber é sustentável, porque nela está o único acesso a uma verdade da qual o sujeito vai ser rejeitado, para ser reduzido à sua função de causa de um processo de impasse. O ato psicanalítico essencial do psicanalista comporta esse algo que eu não nomeio, que esbocei sob o título de simulação, e que será grave se isto vier a ser esquecido, o simular esquecer que seu ato é causa deste processo. Que se trate de um ato, isso se acentua por uma distinção que é essencial fazer aqui. O analista, claro, não deixa de ter necessidade, diria mesmo, de se justificar para si mesmo, quanto ao que se faz na análise. Faz-se qualquer coisa, e é bem desta diferença entre o fazer e um ato que se trata. O banco no qual se atrela, se coloca o psicanalisando, é o de um fazer. Ele faz qualquer coisa. Chamem-no como quiserem, poesia ou manejo, ele fez, e é bem claro que justamente uma parte da indicação da técnica psicanalítica consiste em um certo "deixar rolar". Mas será isso suficiente para caracterizar a posição do analista, quando esse deixar rolar comporta, até certo ponto, a manutenção intacta, nele, desse sujeito suposto saber, embora ele conheça, por experiência, a queda e a exclusão desse sujeito, e o que resulta do lado do psicanalista? (Lacan, [1967-68] lição de 29 de novembro de 1967).

Embora a citação seja longa, ela é bastante clara a respeito da questão: o ato analítico, garantido pela transferência, pressupõe, no princípio da análise, uma ficção necessária à manutenção do sujeito-suposto-saber como forma de implicação do analisante na busca de um saber sobre o seu sintoma; no fim da análise, entretanto, o seu destino é a queda: haveria um processo de desconstrução desse lugar em que o sujeito-suposto-saber apresenta-se como verdade do analisante em detrimento da emergência da destituição subjetiva. Em outras palavras, o que se expressa na lógica do atravessamento do fantasma é a desrealização do sujeito-suposto-saber, descontinuidade que aponta, irremediavelmente, para o surgimento de uma outra coisa: a presença do objeto *a* como realização do sujeito pela falta — o sujeito é falta-a-ser. Sobre isso, afirma Lacan:

> O objeto pequeno "*a*" é a realização desse tipo de de-ser que atinge o sujeito suposto saber. Não há dúvida que é o analista, e como tal, que chega nesse lugar e isso se marca em todas as inferências onde ele se sentiu implicado, ao ponto de não poder senão infletir o pensamento de sua prática no sentido da dialética da frustração, vocês sabem, ligada ao redor do fato de que ele mesmo se apresenta como substância da qual ele é jogo e manipulação no fazer analítico. Mas é justamente por desconhecer o que há de distinto entre esse fazer e o ato que o permite, o ato que o institui; aquele do qual parti a pouco, definindo-o como essa aceitação, esse suporta dado ao sujeito suposto saber que, entretanto, o psicanalista sabe ser destinado ao de-ser e que portanto constitui, se posso dizer assim, um ato em falso, já que ele não é o sujeito suposto saber, já que ele não pode sê-lo. E se há alguém que o saiba, é, entre todos, o psicanalista (Lacan, [1967-68], lição de 17 de janeiro de 1968).

Como se pode observar até o aqui exposto, se no começo de um processo de análise a questão era o ato porque "[...] sem ato não poderia, muito simplesmente, ser questão de começo [...]" (Lacan, 1967-68], lição de 10 de janeiro de 1967), no fim da análise o que está em voga é também um ato; só que um ato de outra "natureza", um ato que marca a presença do objeto *a* como o real da experiência analítica, que marca a presença de um resto acolhido pelo analista e que se destina a ser recusado pelo analisando: o ato analítico. É esse ato, o ato analítico, que se constitui como o ancoradouro da possibilidade de o analista funcionar como instrumento de revelação da verdade singular do sujeito conquistada na análise na medida em que, atuando sob as coordenadas da transferência e após a queda do objeto *a* na qual a castração incide no sujeito, a sua realidade — via fratura do sujeito-suposto-saber — sobre uma descontinuação que promove uma abertura para um processo de transformação do sujeito.

Afinal, como afirma Dias (2008),

> É na medida em que o analista sabe o que é o desejo, mas não sabe o que o sujeito deseja, que ele está em posição de suportar o objeto causa desse desejo, rejeitado pelo sujeito. Nessa situação, o sujeito se reconhece como causado em sua divisão pelo objeto em questão, objeto que marca uma hiância que é a do sujeito e que se define pela castração e pela queda do objeto *a*. O confronto do analisante com esse lugar da falta, ponto de ausência de resposta do Outro (que marca a falta do significante no Outro) e também ponto de origem do seu desejo, conduz ao *de-ser* do sujeito suposto saber e à destituição subjetiva. A destituição subjetiva é, em essência, a operação da qual resulta um sujeito dividido entre o objeto *a*, que ele admitiu como causa de seu desejo, e o $-\varphi$, falta correlata à castração (Dias, 2008, p. 405-406, grifos da autora).

Definidos os parâmetros gerais que constituem o conceito de ato analítico em Lacan, resta agora saber como essa noção — tão cara à reordenação da direção da cura na clínica psicanalítica — poder-se-ia articular com a política radical. É exatamente aqui que entram em cena os trabalhos de Alain Badiou e Slavoj Zizek; mas não sem antes seguir uma indicação do próprio Lacan a esse respeito.

Na lição de 17 de janeiro de 1968, ao discorrer sobre a especificidade do estatuto possível para que lá onde a lógica analítica atue é necessário que haja o analista, Lacan se pergunta se com a formalização do ato psicanalítico não se pode apreender algo de novo em relação a todo tipo de ato humano. Certamente, essa questão é da maior importância, pois, em sua singularidade práxica — aquela que sob transferência e que acaba determinando as coordenadas da cura analítica —, coloca um algo *a* mais sobre a existência de uma modalidade de verdade por ele chamada de "incurável", verdade essa conquistada no processo psicanalítico e que se situa, por sua efetividade, para além de toda a tradição.

> Não será essa, também, a ocasião para percebermos que o estatuto de todo ato sai, dessa forma, inteiramente renovado? Pois o lugar do ato, qualquer que seja, cabe-nos perceber pelo rastro o que queremos dizer quando falamos do estatuto do ato, sem poder nem mesmo nos permitir acrescentar: o ato humano. É que se há algum lugar onde o psicanalista não se conhece e que também é, ao mesmo tempo, o ponto onde ele existe é na medida em que seguramente ele é sujeito dividido até em seu ato, e que o fim onde ele é esperado é, a saber, esse objeto pequeno "*a*", não enquanto seu, mas aquele que o psicanalisado exige dele, como Outro, para que com ele, seja dele rejeitado. Não nos revela, esta figura, o destino de todo ato? (Lacan, [1967-68], lição de 17 de janeiro de 1968, grifos do autor).

Não é o caso aqui de tentar seguir Lacan nas suas caracterizações a respeito da tradição na qual o ato aparece, aqui e ali, em sua versão trágica, kantiana ou hegeliana, embora essas tradições tenham possibilitado o aparecimento do rescaldo que tensiono tratar: o ato político radical. Vejamos como Lacan formula a sua questão a esse respeito:

> É aí que é necessário perceber que esta meditação desembocou, muito especialmente, em algo que se chama o ato político e seguramente não foi em vão o que se engendrou, não somente de meditações políticas, mas de atos políticos, no que não distingo de modo algum a especulação de Marx da forma pela qual ela foi, a tal ou tal desvio da revolução, posta em ato. Não seria possível situarmos toda uma linhagem de reflexão sobre o ato político? [...] (Lacan, [1967-68], lição de 17 de janeiro de 1968).

Ora, não seria o caso de tomar o próprio ato analítico, em sua especificidade lógica na direção da cura psicanalítica, como um ato político que permite reinterrogar as condições de possibilidade do aparecimento e da efetividade daquilo que Lacan nomeia como "linhagem de reflexão sobre o ato político" para além das coordenadas teóricas/históricas em que, até hoje, ele se deu enquanto tal? Não seria o caso de questionar com Lacan em que consiste atualmente o estatuto do ato em geral exatamente lá onde a formalização do ato analítico nos permite recolocar a questão? Não acredito, de todo modo, que tal tentativa esteja necessariamente fadada ao fracasso ou, pior, à descaracterização epistemológica dos campos em que os termos em questão se situam porque o próprio Lacan vislumbra essa possibilidade; na verdade, mais do que isso, ele próprio a funda ao se questionar se

> Não seria possível reinterrogá-los [os atos políticos] nesse mesmo registro, que é onde se chegaria hoje o que se delineia do ato psicanalítico, aí onde, ao mesmo tempo, ele está e não está e que pode se expressar assim em virtude da palavra de ordem que Freud dá à análise do inconsciente: *"wo es war..."* diz ele, e eu ensinei a reler na última vez, "soll ich werden"? [...] *"Wo $ tat"*, e permitam-me escrever esse *"S"* com letra aqui barrada, lá onde o significante agia, no duplo sentido do que ele acaba de cessar e de que ele ia justo agir, de modo algum *"soll ich werden"* mas *"mus sich"*, eu que ajo, eu que lanço no mundo esta coisa à qual é possível dirigir-se como a uma razão, *'muss ich (a) werden'*, eu, daquilo que introduzo como nova ordem no mundo, devo tornar-me o dejeto (Lacan, [1967-68], lição de 17 de janeiro de 1968, grifos do autor).

Parece ser dentro dessas coordenadas elaboradas pela experiência intelectual de Lacan a respeito do ato analítico, sobretudo onde esse conceito articula as dimensões do sujeito, da verdade e do gozo, que Badiou e Zizek procuram intervir teoricamente no sentido de interrogar acerca das condições possíveis para o surgimento de "algo" que possa reordenar qualitativamente o "arranjo" imaginário/simbólico (e, portanto, realístico) imposto pelo modo de produção capitalista; esse "algo" responde em Badiou pelo nome de "acontecimento" (évémement), enquanto em Zizek isso se denomina genericamente como "ato político radical".

Comecemos por Badiou. Seu conceito de acontecimento (évémement) articula de forma bastante complexa a produção da verdade com uma concepção de sujeito na qual a primeira só pode ser pensada como um processo de ruptura com o estado de coisas (a situação) em virtude do aparecimento irruptivo e violento de algo novo e que é, *a priori*, inominável; sua nominação só se dará *a posteriori* pelo sujeito, revelando a ele o momento da verdade que o causa.

Esse conceito, no entanto, só ganha sua inteligibilidade se levarmos em conta a articulação de sua experiência intelectual com sua a prática de militante comunista: o que denota, sobremaneira, a política como condição de sua filosofia. Nesse sentido, em seu trabalho intitulado *Para uma nova teoria do sujeito* (1994), Badiou define os quatro elementos fundamentais do fazer filosófico e a contrasta com a situação da filosofia como disciplina no mundo atual.

O primeiro elemento é a *revolta*: em um mundo caracterizado principalmente por uma certa recusa em estabelecer as bases de uma crítica radical expressada na conciliação com a ordem estabelecida, é a revolta que assegura à filosofia as bases de sua realização, afinal "[...] a filosofia está sempre descontente com o mundo tal como ele é. 'É melhor ser Sócrates descontente do que ser um porco satisfeito'. Descontente com as opiniões dominantes" (Badiou, 1994, p. 11). Aliada à revolta está a *lógica* porque, não sendo a revolta algo da ordem da intuição, algo relativamente arbitrário e com um conteúdo natural, é ela quem ordena coerentemente a construção racional dos argumentos que serão tomados socialmente na forma de discussão de seus pressupostos.

A *universalidade*, terceiro elemento fundamental da filosofia segundo Badiou, está em consonância direta com a recusa do fechamento das vias de realização da filosofia enquanto práxis socialmente democrática, pois, ao buscar a implosão de toda forma de limite socialmente imposto (aquilo que comumente chamamos de especialidade), direciona-se à multiplicidade do pensamento; nesse sentido, para Badiou, a filosofia:

> Não é nacional, mas internacional. Ela quer ultrapassar toda cultura particular, toda tradição. Seu verdadeiro destino não é a sala de conferência, mas a rua, a praça pública, o mundo inteiro. Já no *Ménon*, Platão mostra que até mesmo um escravo possui as ideias matemáticas. A filosofia se dá para todo o pensamento; ela se dá para o príncipe e para o escravo (Badiou, 1994, p. 12, grifo do autor).

Por fim, Badiou afirma a *aposta* como a quarta condição fundamental da filosofia exatamente porque é ela que serve de sustentação para o necessário engajamento em um projeto pessoal que tenha por baliza a ruptura com a *situação já dada*, isto é, não sendo a universalidade algo que se dê *a priori*, nem no pensamento e muito menos na prática militante, é a aposta como "[...] o gosto pelo encontro e pelo acaso, o engajamento e o risco [...]" (Badiou, 1994, p. 12) que permite a realização da filosofia naquilo que, sendo-lhe heterogênea, é o seu fundamento discursivo: a Arte, a Ciência, o Amor e a Política. No contexto da possibilidade de um projeto de realização da filosofia no mundo atual, parece ser essa a aposta de Badiou quando afirma que

> [...] no fundo, a filosofia só pode resistir ao mundo tal como é se souber discernir as experiências que são heterogêneas à lei deste mundo: as experiências políticas radicais, as invenções da ciência, as criações da arte, os encontros do desejo e do amor (Badiou, 1994, p. 17).

É a partir dessas quatro condições fundamentais da filosofia em seu contraste com o mundo atual que Badiou propõe, após um extenso levantamento diagnóstico que apenas indicarei aqui, as condições de seu conceito de acontecimento (événement). Segundo o nosso autor, o mundo — tal como ele se nos apresenta — é profundamente avesso à filosofia porque recusa as condições próprias nas quais ela pode se realizar, isto é, nega a revolta, a lógica, a universalidade e a aposta.

Em um mundo em que a perspectiva comunicacional se reduz à generalidade da dimensão imagética, essa espécie de pensamento instantâneo que atualmente parece colonizar progressivamente a experiência da linguagem em virtude do gozo que traz consigo a possibilidade de uma argumentação lógica perde sua efetividade prática: submetida à imediaticidade das imagens, o oco da palavra (que em última análise possibilita a produção da crítica) substancializa-se em doxologias.

Quanto à pretensão de universalidade, que se traduz desde Hegel e Marx como uma categoria formal baseada em uma tentativa de análise totalizante da realidade, ela não se converte em sinônimo de totalitarismo político (de esquerda) se, e somente se, essa universalidade for a do valor monetário, a do dinheiro; afinal, como afirma Badiou, "[...] fora a universalidade do mercado e da moeda, cada um está encerrado em sua tribo. Cada um defende a sua particularidade" (Badiou, 1994, p. 13). Não se trata, obviamente, de negar o valor político das lutas sociais em suas dimensões particulares; ao contrário, trata-se de reafirmá-las como um valor *tático* central.

É bastante comum a ideia de que a unificação política dos movimentos reivindicatórios de caráter étnico/sexual seja a garantia social do reconhecimento à diferença; no entanto, ao tomarmos a luta pelos direitos civis de reconhecimento à diversidade sexual e/ou pelo "fim do preconceito" étnico como um fim em si mesmo, como um objetivo estratégico, não estaríamos atuando politicamente a partir das coordenadas *já dadas* pelo Outro e, com isso, dando consistência social ao mito jurídico de que não se pode pensar a política a partir de um outro referencial que não seja o Estado? Enfim, não estaríamos, inadvertidamente, impossibilitando quaisquer tentativas de pensar na prática a possibilidade de um ato político radical?

Essa questão é fundamental porque traz em seu bojo, entre outras coisas, as outras duas outras condições da realização da filosofia propostas por Badiou: a aposta na possibilidade da revolta. Em um mundo em que se acredita cada vez mais apaixonadamente na existência de um ordenamento natural/divino que rege todos os acontecimentos da vida social e que reduz o espectro da liberdade humana em liberdade de consumo, pode parecer não haver sentido falar em uma dimensão de revolta, pois, como afirma Badiou, desde "[...] o desmoronamento da ideia comunista, este mundo não oferece nenhuma perspectiva de revolta. Ele pede a cada um para adaptar-se" (Badiou, 1994, p. 13); entretanto, acredito que aí se encontra uma especificidade política que, nesse texto em especial, Badiou não trata: uma instrumentalização conservadora da revolta.

Esse aparente contrassenso, conjugar a revolta (força motriz que se constitui por uma espécie de negação do estado de coisas) e o conservadorismo (tendência à perpetuação desse mesmo testado de coisas) em uma mesma frase, como explicá-lo? Ora, ele é, em sua aparência, um tanto quanto absurdo, a verdade de uma operação sub-reptícia de sutura de um corte operado no início do século 20, mas que, atualmente, é-nos vendido sem nenhuma cicatriz: a fórmula *política – pensamento – barbárie*. Se em um primeiro momento, momento anterior à revolução bolchevique de 1917, essa fórmula pressupunha um ordenamento entre seus termos que obedecia à lógica "política é trabalho de pensamento" e "barbárie é ausência desse trabalho", resultando da afirmação segundo a qual "política é diferente de barbárie", com o século 20 ocorre uma disjunção entre esses termos na medida em que passa a haver uma correlação entre política e barbárie (bastaria lembrar de Freud e dos "frankfurteanos" nesse momento); atualmente, não estaríamos presenciando o retorno do "primeiro tempo" dessa fórmula?

Se a resposta a essa questão for afirmativa, então a instrumentalização conservadora da revolta consiste na estratégia de usar a revolta em seu sentido moral vendida como "trabalho do pensamento" como forma de contenção da falta de "racionalidade" na economia e/ou na "liberalização" dos costumes, entendida como "barbárie", ou seja, "muda-se tudo" para que tudo permaneça como está. Em momentos de crise global, essa estratégia mantém seu grau de efetividade precisamente porque ela advém de algo bastante familiar, a saber, as coordenadas *já dadas* pelo mercado: como se faz com quaisquer outras mercadorias, estimula-se o consumo (da opinião política) sem, no entanto, democratizar o seu acesso (aos fundamentos da Política).

Ora, não seria contra isso que se insurge o *acontecimento* badioudiano? Partindo da necessidade de preservação consistente dos quatro elementos fundamentais citados anteriormente, Badiou propõe, no cerne do seu projeto de "proteger e salvar" a filosofia, a noção de acontecimento (événement) como rupturas históricas que surgem pontualmente e *descontinuam*[121] a lógica do desenvolvimento histórico, possibilitando uma nova configuração do registro do sujeito e da verdade.

Nesse sentido, o *acontecimento* badioudiano está sempre para além daquilo que é, ou seja, na *situação* há uma disjunção entre saber e verdade que se realiza somente após o advento do *acontecimento* e que possibilita o aparecimento do sujeito como condição genérica e como resultado da produção da verdade desse acontecimento. Em outras palavras, para Badiou, no estado de *situação*, estado que obedece à lógica da repetição, só há saber (conhecimento acumulado); no entanto, na processualidade *ad infinitum* da situação, algo aparece eventualmente como novidade e irrompe como um acontecimento (événement) que provoca uma ruptura com a situação: esse algo é a verdade. Se em seu trabalho intitulado *Manifesto pela Filosofia* (1991), Badiou afirma que "[...] quando nada acontece, senão o que é conforme às regras de um estado de coisas, pode certamente haver conhecimento, enunciados corretos, saber acumulado; o que não pode haver é verdade" (Badiou, 1991, p. 9 – 10), em seu *Para uma teoria do sujeito*, ele precisa melhor o seu tratamento da questão da verdade na dialética situação/acontecimento:

> Uma verdade surge, em sua novidade, porque um suplemento advém ao evento e interrompe a repetição. Exemplos: a aparição, com Ésquilo, da tragédia teatral; o surgimento,

---
[121] É importante lembrar que para Badiou o surgimento do acontecimento (événement) só é possível porque ele vê a historicidade no século 20 como *descontinuidade negativizada*, ou seja, como um período temporal que demarca um acontecimento que vai da Primeira Guerra ao final da Guerra Fria; nesse sentido, afirma Badiou (2007): "O século XX renuncia a tudo o que o XIX [...] prometia. O século XX é o pesadelo, a barbárie de uma civilização destronada" (Badiou, 2007, p. 38). Está em questão aqui, portanto, o que ele denomina de "paixão pelo real".

com Galileu, da física matemática; um encontro amoroso que transforma toda uma vida; ou a revolução francesa de 1792 (Badiou, 1994, p. 45).

A concepção de verdade em Badiou é, hegelianamente falando, um processo ontologicamente deflacionário, pois, dependendo da relação íntima entre o acontecimento que a porta e o julgamento acerca de si, não é, *a priori*, nem transcendente nem metafísica[122]. Isso coloca a questão de que a verdade em Badiou é proposta nos termos de uma *singularidade universal* e, como tal, só poderia se expressar como uma espécie de procedimento genérico. O que significa isso? Em *O ser e o evento* (1996), Badiou nos diz que o termo "[...] genérico designará positivamente que o que não se deixa discernir é, na realidade, a verdade geral de uma situação [...]. Genérico põe em evidência a função de verdade do indiscernível" (Badiou, 1996, p. 259).

A verdade badioudiana, portanto, é radicalmente insubmissa: irredutível a qualquer modalidade de saber (pré)estabelecido, não se deixa representar por um conceito tampouco se deixa subsumir em um sistema. Mas, sendo assim, apesar da sua indiscernibilidade, como podemos nomear a verdade de um acontecimento? Para Badiou, a resposta só pode ser uma: não se pode. A nomeação da verdade só pode ocorrer no *a posteriori* do acontecimento, que, por sua própria produtividade inerente, faz irromper o sujeito que a nomeará como tal, ou seja, o sujeito em Badiou é um procedimento local de produção *a posteriori* da verdade de um acontecimento[123]. Talvez seja nesse sentido que Dias (2011) afirme que:

> **O sujeito é assim o corpo de uma verdade, é o que torna possível a materialização no mundo, das consequências de um acontecimento.** Para Badiou, é todo aquele que,

---

[122] Podemos ver, em Badiou, esse procedimento da verdade aparecer em relação à obra de arte, quando ele afirma que: "[...] toda verdade origina-se de um acontecimento. Também aqui deixo essa asserção no estado de axioma. Digamos que é em vão imaginar que se possa *inventar* o que quer que seja (e toda verdade é invenção) se nada acontece e se 'nada teve lugar a não ser o lugar'. Porque seríamos, então, remetidos a uma concepção 'genial' ou idealista, da invenção. O problema com que devemos lidar é que é impossível de dizer da obra que ela é *ao mesmo tempo* uma verdade e o acontecimento que gera essa verdade. Sustenta-se com muita frequência que a obra de arte deve ser pensada mais como singularidade do acontecimento do que como estrutura. Mas toda confusão entre acontecimento e verdade reconduz a uma visão 'crística' da verdade, porque então uma verdade não passa de autorrevelação relativa ao acontecimento dela mesma" (Badiou, 2002, p. 23, grifos do autor).

[123] "Chamo *sujeito* toda configuração local de um procedimento em que uma verdade se sustenta" (Badiou, 1996, p. 307, grifo do autor).

apanhado num processo de verdade, despoletado por um acontecimento, é portador dessa verdade na situação. **Verdade** e **sujeito** são, por isso, raros. Representam um desvio à ordem do mundo (Dias, 2011, p. 25, grifos do autor).

Resta agora, para finalizar, apresentar como se configura em Slavoj Zizek a possibilidade de uma ruptura radical com a situação já dada. Zizek, ex-aluno de Badiou e por quem nutre grande respeito a ponto de compará-lo a Platão e Hegel[124], obviamente, mantém com seu pensamento grandes semelhanças, mas também algumas diferenças. Para Zizek, o ato político propriamente radical é um acontecimento original que constrói as suas próprias condições de possibilidade; aparentemente impossível de concebê-lo dentro das coordenadas de uma situação já dada, ele está presente como possibilidade na inconsistência que caracteriza todo o registro simbólico e, como tal, é inseparável de uma certa ontologia materialista que o sustenta (o *não todo* do inconsciente), ou seja, o ato político radical em Zizek situa-se na (im)possibilidade do atravessamento da "fantasia ideológica" que ordena e organiza a realidade simbolicamente estruturada.

Autor extremamente prolixo e dono de um estilo singular que resiste à ideia de sistematização, Zizek é um pensador que aborda a questão da política radical a partir da dimensão própria de um núcleo traumático cuja significação encerra uma impossibilidade — é a investidura do real lacaniano em seu encontro sempre faltoso com o real da política. Tal como Adorno e Horkheimer que partiram da análise do fenômeno fascista, Zizek parte também da análise do stalinismo e da cultura de massas para refletir criticamente sobre o problema da ilusória autonomia do indivíduo que, vítima da instrumentalização da razão, torna-se "resistente" à possibilidade da consciência crítica. Segundo Safatle (2003),

> [...] o que realmente marca Zizek é sua maneira de recorrer à psicanálise e à tradição dialética a fim de resgatar o projeto racionalista moderno com suas aspirações de emancipação e reconhecimento, assim como sua força de crítica da alienação. Isto talvez explique por que, andando na contramão do momento filosófico atual, Zizek prefira conservar "velhas palavras" como: universalidade fundada sobre um acesso possível ao Real, essência, verdade unívoca, sujeito agente, história onde acontecimentos ainda são possíveis, crítica

---

[124] Em um pequeno livro intitulado *Philosophy in the present* (2009), ao que me consta ainda sem tradução para o português, Zizek refere-se à Badiou como "[...] uma figura como Platão ou Hegel [que] caminha entre nós!".

> da ideologia, do fetichismo, do simulacro (ou *semblant*) e outros temas da mesma constelação (Safatle, 2003, p. 180, grifo do autor).

Talvez por isso, por situar a política no sempre difícil e traumático encontro com o real (e, portanto, nos [des]caminhos da linguagem), Zizek não faça concessões à tentação antiteórica que ronda a luta política. Um claro exemplo dessa postura pode ser encontrado na seguinte afirmação a Glyn Daly:

> É crucial destacar a relevância da 'alta teoria' para a luta política concreta de hoje, já que até mesmo um intelectual engajado como Noam Chomsky considera pouco importante o conhecimento teórico para a luta política progressista: qual o sentido de se estudar grandes textos filosóficos e teóricos-sociais para a atual luta contra o modelo neoliberal de globalização? [...] Se quisermos combater essa tentação anti-teórica não basta chamarmos a atenção para os numerosos pressupostos teóricos sobre liberdade, poder e sociedade. O mais é que, atualmente, talvez pela primeira vez na história da humanidade, nossa experiência diária obriga todos nós a confrontar as questões filosóficas básicas sobre a natureza da liberdade e da identidade humana (Zizek; Daly, 2006, p. 8).

Concordando com isso ou não, o fato é que em Zizek (tal como em Lênin) não há movimento revolucionário sem teoria revolucionária. Isto posto, poderíamos perguntar: no interior de uma situação já dada como única possibilidade de realidade, como pensar para além do futuro possível? Essa pergunta não traria no bojo da sua enunciação a questão de saber se ainda é possível falar atualmente de emancipação? Afinal, a quem pertence (a indeterminação do) o futuro? Por mais abstratas que essas questões possam parecer em um primeiro momento, não é precisamente o núcleo central que as anima que põe em xeque o transcendente "axioma" pós-moderno de que o futuro é tão somente a continuação do si mesmo existente? *Fenda... fratura... indeterminação... impossibilidade*: significantes que enunciam em sua materialidade o hiato real existente na realidade dessa verdade. Nesse sentido, talvez seja necessário, como sugere Safatle, lembrar-nos que

> [...] que o impossível é apenas o regime de existência do que não poderia se apresentar no interior da situação em que estamos, embora não deixe de produzir efeitos como

qualquer outra coisa existente. O impossível é o lugar para onde não cansamos de andar, mais uma vez, quando queremos mudar de situação. Tudo o que realmente amamos foi um dia impossível (Safatle, 2016, p. 35-36).

Isso nos coloca novamente às voltas com um problema fundamental da filosofia desde Hegel e que, talvez não seja um exagero afirmar, tornou-se um ponto do qual não é possível escapar: a "dessemelhança" *universalidade/particularidade*. É sabido que esse problema motivou, como impasse irresolvível, não somente os partidários da dialética (Marx, Lukács e Adorno, por exemplo), mas também aqueles que procuraram, a seu modo, desvincular o problema da diferença da dimensão da negatividade (notoriamente Deleuze). Zizek, por sua vez, ao "repetir Hegel", radicaliza a relação "dessemelhante" entre particularidade e universalidade ao propor a insuperabilidade do núcleo axiológico da filosofia hegeliana; nesse sentido, ao tratar do tema da "pura repetição" como resposta ao problema da suprassunção (*Aufhebung*) em Hegel, afirma Zizek que

> Mas isso não nos leva de volta, paradoxal e inesperadamente, à questão da *Aufhebung*, dessa vez aplicada à própria relação entre Hegel e sua "repetição" pós-hegeliana? Certa vez Deleuze caracterizou seu próprio pensamento como uma tentativa de penar como se Hegel não tivesse existido, afirmando repetida vezes que esse era um filósofo que deveria simplesmente ser ignorado, e não estudado. O que escapou a Deleuze foi que seu pensamento a respeito da pura repetição só funciona como uma suprassunção esquisita de Hegel. Nessa última vingança exemplar de Hegel, o grande tema hegeliano do caminho para a verdade como parte da verdade – para se chegar à escolha certa, é preciso começar com a escolha errada – reafirma a si mesmo. A questão não é que *não* deveríamos ignorar Hegel, mas sim que só podemos nos permitir ignorá-lo depois de um longo e árduo estudo de Hegel. Portanto, chegou a hora de *repetir* Hegel (Zizek, 2013, p. 357, grifos do autor).

É aqui que Zizek sustenta, não sem duras críticas, a sua ideia de *repetir* Hegel como uma forma de recolocar sob outros termos o debate a respeito da inauguração da modernidade ocidental: a revolução francesa, esse acontecimento sem precedentes que reordena para sempre o problema "*o que é a política?*", só pode ser entendida se vista a partir de sua duplicidade — o sublime e o terror; ocorre que, para Zizek, é Hegel quem consegue apreender em toda a sua complexidade essa questão. Logo, o *repetir* Hegel não é meramente retornar a ele, e sim partir dele para interrogar essas duas dimensões da realidade. Em outras palavras, o problema é que ao assumirmos como verdade particular o ponto de vista da situação já dada (o *sublime* do capital), perdemos a dimensão de como essa particularidade só é, em si mesma, um *particular* pela sua relação com a universalidade que a sustenta como tal (o *terror* do capital), isto é, a universalidade capitalista torna-se insustentável não porque é sem realidade, mas porque é marcada por um excesso constitutivo que torna essa unidade insustentavelmente "dessemelhante".

Afinal, como afirma Zizek, essa "completude errônea", a totalidade do capital, é ontologicamente falsa porque funda-se

> [...] naquilo que carrega de mais elementar, 'dessemelhança' [que] aponta para um Todo cujas partes não se encaixam, de modo que o Todo surge como um composto artificial, com sua unidade orgânica perdida para sempre (Zizek, 2016, p. 5).

Mas se, na sua pretensa totalidade harmônica, a universalidade do capital expressa-se como dessemelhança radical, o que torna essa unidade (ainda) possível? Aqui entramos propriamente em um problema caro a Zizek: a ideologia como fantasia social.

Recorrendo à noção lacaniana de sujeito, Zizek propõe que é aí onde há nele algo irredutível à instrumentalização social que se situa a possibilidade de ruptura com a ordem vigente e, portanto, de um devir emancipatório da humanidade, isto é, é exatamente na *pura negatividade* do objeto causa do seu desejo (objeto *a*) que a dimensão do sujeito pode sustentar uma destruição criadora. É aqui que sua crítica da ideologia se enreda ao problema da fantasia em Lacan: como se sabe, o sujeito barrado lacaniano é, antes de ser capturado pela identificação, capturado pelo Outro mediante a dimensão oculta que o objeto *a* endereça a esse Outro expressada pela fórmula da fantasia ($<>a); ora, isso também significa que há a possibilidade de uma certa dimensão de determinação positiva desse sujeito fora da rede simbólica que o aliena enquanto tal, permitindo a Lacan equacionar o sujeito como objeto da fantasia.

Baseado nisso, Zizek formula que na própria estruturação da realidade incide a fantasia na medida em que, como artimanha que possibilita mascarar o real do desejo, ela atua sob as mesmas coordenadas da ideologia: fantasia e ideologia são coextensivas. Tomando como exemplo o famoso sonho de Freud, podemos ver mais claramente em Zizek o que ele entende por fantasia ideológica. Em um primeiro momento, ele afirma

> Primeiro ele constrói um sonho, uma história que lhe permita prolongar o sono, de modo a evitar despertar para a realidade. Mas a coisa com que depara no sonho, a realidade de seu desejo, o Real lacaniano — em nosso caso, a realidade da censura do filho ao pai, "Não vês que estou queimando?", que implica a culpa fundamental do pai — é mais aterrorizante do que a própria chamada realidade externa, e é por isso que ele acorda: para escapar ao Real de seu desejo, que se anuncia no sonho apavorante. Ele foge para a chamada realidade para poder continuar a dormir, para manter a sua cegueira, para escapar de despertar para o Real de seu desejo. [...] A "realidade" é uma construção fantasiosa que nos permite mascarar o Real do nosso desejo (Zizek, 1996, p. 323).

Em seguida, agora em relação à ideologia, continua Zizek:

> Sucede exatamente o mesmo com a ideologia. A ideologia não é uma ilusão do tipo onírico que construímos para escapar da realidade insuportável; em sua dimensão básica, ela é uma construção de fantasia que serve de esteio à nossa própria "realidade": uma "ilusão" que estrutura nossas relações sociais reais e efetivas e que, com isso, mascara um insuportável núcleo real impossível [...]. A função da ideologia não é oferecer-nos uma via de escape de nossa realidade, mas oferecer-nos a própria realidade social como uma fuga de algum núcleo real traumático (Zizek, 1996, p. 323).

Segundo Zizek, na medida em que na fantasia incidem crenças e saberes sob os quais nada conhecemos e que, por isso, acabam determinando o que sentimos e como atuamos, fantasia e ideologia atuam não somente como um "núcleo ausente" de nossas experiências subjetivas mais íntimas, mas, sobretudo, que esse núcleo ausente está no próprio fundamento da ontologia política[125].

Dentro desse contexto, a tarefa da crítica seria sustentar a proposição de que algo realmente novo só pode aparecer a partir da irrupção de um ato (do) real e, portanto, um *impossível* que se constitui para além das coordenadas já dadas — o ato político radical.

> [...] o Real não é o impossível no sentido de nunca poder acontecer. A questão é que podemos encontrar o Real, e é isso que é muito difícil de aceitar [...]. O Real é impossível, mas não impossível simplesmente no sentido de um encontro faltoso. Ele também é impossível no sentido de ser um encontro traumático que de fato acontece, mas que somos incapazes de enfrentar. E uma das estratégias usadas para evitar enfrentá-lo é, precisamente, situá-lo como um ideal indefinido, que é eternamente adiado [...] (Zizek; Glyn, 2006, p. 89-91).

É importante ressaltar que tanto o *acontecimento* badioudiano quanto o *ato político radical* de Zizek, por se darem para além das coordenadas já dadas pela situação e por reivindicarem como seu fundamento lógico/temporal a dimensão do ato analítico em Lacan (*Nachträglich*), ambos não prescindem da violência; na verdade, tendo uma forma democrática ou não, esse problema se coloca como uma oportunidade de refletir sobre o tipo de legitimação da qual esse ato estaria revestido, isto é, a verdade do ato político radical como função (a desativação da fantasia ideológica) não deve (normativamente) e não pode (ontologicamente) evitar o recurso à violência pelo simples motivo de que ela — a violência — está no fundamento de toda ruptura com a ordem estabelecida, com a situação já dada. A esse respeito, afirma Zizek (2004):

---

[125] Embora o autor desenvolva essa posição em um escrito posterior (Zizek, 2016), podemos vê-lo antes anunciar essa ideia, ao firmar: "O que é então a fantasia em seu sentido mais fundamental? O paradoxo ontológico, o escândalo mesmo, da fantasia reside no fato de que ela subverte a oposição típica de "subjetivo" e "objetivo": é claro, a fantasia é por definição não objetiva (algo que existe independentemente das percepções do sujeito); no entanto, ela é também não subjetiva (algo que pertence às intuições conscientemente experimentadas do sujeito, o produto de sua imaginação). A fantasia pertence antes à "bizarra categoria do objetivamente, subjetivo — o modo como as coisas realmente, objetivamente, parecem ser para você, mesmo que não pareçam ser dessa maneira para você". Quando, por exemplo, afirmamos que alguém é conscientemente "favorável" aos judeus embora abrigue profundos preconceitos antissemitas de que não tem consciência, não estamos então afirmando que (na medida em que esses preconceitos não traduzem o modo como os judeus realmente são, mas o modo como parecem ser para ele) *ele não sabe como os judeus realmente são para ele*?" (Zizek, 2010, p. 66-67, grifos do autor).

> Neste ponto, é crucial evitar o que não se pode chamar senão de "armadilha democrática". Muito esquerdistas "radicais" aceitam a lógica legalista da "garantia transcendente": eles se referem à "democracia" como a última garantia daqueles que estão conscientes de que não há garantia [...]. Um ato político autêntico pode ser um ato democrático como também um ato não democrático (Zizek, 2004, p. 87, tradução nossa).

Como se pode perceber, as posições político-filosóficas de Badiou e Zizek, ao articular de modo criativo principalmente o pensamento de Lacan à tradição dialética, vão na contracorrente daquilo que atualmente se estabelece como um pensamento bem-comportado; no entanto, é necessário afirmar que o caráter insubmisso da lógica do ato analítico já tinha sido formalizada pelo próprio Lacan, de modo que a utilização (e a radicalização) dessa lógica no campo da Política não se deve exclusivamente à militância comunista de ambos. Afinal, como atesta o liberal Jacques-Alain Miller:

> Todo ato verdadeiro é delinquente, observamos isso na história, que não há ato verdadeiro que não comporte o atravessamento de um código, de uma lei, de um conjunto simbólico, com o qual, pouco ou muito, constitui-se como infrator, o que permite a este ato ter a oportunidade de reorganizar essa codificação (Miller, 1993, p. 45, tradução nossa).

CONSIDERAÇÕES FINAIS

Com a valorização do mundo das coisas aumenta em proporção direta a desvalorização do mundo dos homens.

(Karl Marx)

Na introdução de seu pequeno livro sobre Hegel, Leandro Konder (1991) relata uma engraçada conversa: seu professor alemão, Hariolf Oberer, costumava dizer que na geografia filosófica, embora houvesse ilhas dos mais variados tamanhos, só existiam verdadeiramente dois continentes: Kant e Hegel; e que à vida humana, por ser demasiado curta, seria impossível explorar toda a riqueza de um desses continentes. Restava, portanto, ao marxista Konder, segundo seu bem-humorado professor kantiano, passar o restante da sua vida explorando o continente errado.

Gostaria de acrescentar que ainda que esses continentes sejam hoje objetos de franca visitação (e até residência fixa!), essa espécie de ilha, que Konder e vários outros um dia habitaram, atualmente encontra-se proibida. Segundo a boataria corrente, essa ilha estaria em quarentena devido a uma bem-sucedida medida profilática global visando à contenção de uma epidemia que outrora atingiu aproximadamente um terço da população mundial e que foi a responsável direta por inomináveis atrocidades praticadas por homens e mulheres contaminados por seus habitantes, estranhos seres que não poderiam ser considerados humanos.

Soma-se a isso, para o desespero dos sempre atentos epidemiologistas e geólogos de plantão, o recente registro de uma crescente atividade tectônica que, até então, parecia perfeitamente estabilizada. Segundo os especialistas, que não mais referem-se à placa tectônica por seu antigo nome (*Diepest*), o atrito geológico do seu movimento causaria danos catastróficos não somente pelos possíveis terremotos e tsunamis, mas também por colocar em xeque a própria, e até então bem-sucedida, quarentena da ilha.

Devido ao iminente perigo global causado por tal ameaça, sancionou-se uma medida extrema de segurança: sem levar em consideração a logística envolvida e o custo de tal operação, ordenou-se a evacuação completa e sem demora de todo o imenso arquipélago situado sobre a placa tectônica na tentativa ilusória de criação de um cordão de isolamento que pudesse proteger a saúde dos habitantes em terra firme dos efeitos extremamente nocivos que tal catástrofe produziria.

Claro, além do fato de que se deva evitar metáforas geológicas dignas de roteiros de filmes de ficção científica de qualidade duvidosa em um livro, poder-se-ia perguntar: afinal, qual a moral da história?

Certamente, não é de modo algum um exagero afirmar que o que vemos hoje no Brasil e no mundo caminha na direção de um fortalecimento de posições políticas extremistas que, se de um ponto de vista prático coloca todos aqueles que se identificam com a possibilidade de uma vida não fascista na defensiva, do ponto de vista teórico o extremismo político e o gozo a ele correspondente catalisam a promoção de uma espécie de fechamento do campo de pesquisas relacionadas às experiências teórico/práticas radicais ao colonizar a imaginação social com seu ordenamento valorativo próprio.

Esse fechamento, no entanto, não se dá na forma de uma simples proibição; tanto pior, sua forma aparece sob a insígnia de uma clara demarcação de limites discursivos: o debate x só terá legitimação e reconhecimento social como um debate possível se, e somente se, ele se der dentro de uma circunscrição heteronômica a ele mesmo, ou seja, o que quero dizer é que a "proibição" não se dá a partir de um "não pode!" de uma instituição de fomento à pesquisa y ou de uma agencia governamental z, e sim das coordenadas simbólicas que constituem um problema teórico enquanto circunscrição propriamente possível. *Quem tem as chaves do céu governa o mundo*!

No Brasil isso assume contornos cada vez mais precisos. Ora, mas, falar em fechamento também não sugere — como coextensividade lógica — a possibilidade de abertura? E mais, a abertura em sua materialidade mais fundamental só não ganha uma dimensão de inteligibilidade se visada na sua historicidade própria?

Não é necessário muito esforço para perceber que o Brasil vem passando nos últimos anos, mais marcadamente após as revoltas de 2013, um processo de esgotamento das instituições democráticas que fundaram a *Nova República*. Talvez o sintoma mais visível e lardeado desse esgotamento seja a "corrupção"; entretanto, para além do seu caráter mais evidente e, por assim dizer, fenomênico, há uma dimensão mais primitiva, e, portanto, histórica, dessa prática endêmica: a relação estrutural entre o Capital Privado, nacional e/ou estrangeiro, e o Estado nacional brasileiro.

As causas históricas dessa relação remontam aos grandes debates, sobretudo a partir da década de 1930, referentes à modernização do Estado nacional e à ultrapassagem de sua "vocação" oligárquica e semifeudal, levados a cabo por uma geração pioneira de intelectuais, radicais ou não, que buscavam respostas teóricas e práticas para os dilemas impostos à sociedade brasileira pelos "momentos definidores" da cultura política nacional do pós-primeira guerra mundial: o Modernismo, o Tenentismo e a Revolução de 1930[126].

O grande problema, apesar da pluralidade de interpretações, parecia gravitar em torno do caráter desenvolvimentista da modernização do Estado nacional e da própria natureza da Revolução Brasileira: se de um lado havia a tese de que a ultrapassagem da estrutura oligárquica e semifeudal do Brasil pressuporia um processo de industrialização fomentado pelo fortalecimento de uma burguesia nacional, por outro havia os que defendiam a ideia de que, a exemplo do que acontecera na Rússia em 1917, o Brasil reuniria as condições históricas e sociais necessárias que garantiriam, apesar de tudo, uma transição direta ao socialismo.

A questão era pensar em estratégias políticas que pudessem materializar-se no contexto geral das lutas políticas empreendidas pelos setores populares da sociedade brasileira em direção àquilo que se denominava *Revolução Brasileira*; nesse sentido estrito, o cerne da questão era, portanto, diagnóstica. E hoje? Atualmente, com o avanço da globalização planetária e o consequente reordenamento dos setores produtivos das economias regionais e locais para o pronto atendimento das demandas de satisfação sádica da gula do capital financeiro internacional, não nos caberia a realização da mesma pergunta diagnóstica já que, em termos táticos, ainda não há esboçada uma resposta política radical a esse respeito?

Afinal, não estaríamos nós às voltas com um fenômeno diferente das crises cíclicas do Capital que, ao menos desde as décadas de 1940, vêm sendo gerenciadas com relativo êxito por meio de políticas keynesianas? Não estaríamos experimentando *in loco* um momento da efetividade de uma crise sistêmica que demonstra de maneira inequívoca que as relações de produção não suportam mais a estrutura material constituída ao longo desse ciclo histórico em esgotamento? Não estaríamos testemunhando um momento da contradição total na base material do sistema que exigiria, em sua resolutividade necessária, uma mudança qualitativa nesse estado de coisas?

---

[126] Ver: *Intérpretes do Brasil*: clássicos, rebeldes e renegados. Organizado por Luiz Bernardo Pericás e Lincoln Ferreira Secco. São Paulo: Boitempo, 2014.

Revolução. Eis uma questão que continua no horizonte, aceitem ou não os "realistas" de plantão e/ou os apologistas do status quo. Entretanto, para além do caráter material da crise sistêmica do Capital, que no caso do nosso capitalismo periférico e dependente agora despe-se de sua indumentária tradicional e mostra-se nu em sua contradição fundamental, pode-se dizer que o avanço da *fascistização* da vida, no Brasil e no mundo, também responde a coordenadas fantasmáticas regressivas.

As injustificáveis violências sofridas cotidianamente pelos grupos étnicos/sexuais não hegemônicos e por militantes e intelectuais de partidos políticos de esquerda, revolucionários ou não, são expressões desse fenômeno regressivo que traz novamente à cena um aparentemente "esquecido" tipo de sociabilidade.

Essa sociabilidade, que no caso brasileiro não se constitui como uma exceção, e sim como uma *tradição*, teria como fundamento psíquico uma negação não dialética da alteridade e implicaria, portanto, uma extrema dificuldade em tomar o outro de uma maneira que não fosse como um instrumento de gozo mediado pelo consumo — fenômeno muito similar com aquilo que o velho Lukács chamou de reificação. Não seria a redução egológica do sujeito do Inconsciente e sua peculiar servidão ao consumo uma expressão clínica desse fenômeno?

Diante de tal cenário, em que os laços parecem não operar nenhuma injunção além daquela que se dá entre o desejo e o consumo, caberia a pergunta: o que pode a clínica e a política da psicanálise? Ou mais especificamente: quais são as condições de que a lógica do ato analítico contribua para uma refundação da ação política para além dos limites da ordem estabelecida e tão bem expressada pela nossa bem-comportada mitologia jurídica de que não há condições de pensar a política a partir de um outro referencial que não seja a submissão reivindicatória ao Estado?

Diante desse cenário, o que resta àqueles e àquelas que fazem do ato analítico a sua função política/social senão apostar na dimensão subversiva da palavra que, ao operar na transferência, possibilita o surgimento da implicação do sujeito no seu sintoma e, dessa forma, cria condições para o questionamento de um saber sobre si que aparece como um dado natural imposto e imediato?

Diabolus Ex Machina. Exatamente porque há uma dimensão clínica fundamental relacionada a essas questões — afinal trata-se do sujeito em sua relação com a polis — que *Isso* nos coloca problemas tão importantes quanto urgentes. Talvez a maior delas seja referente àquilo que em psicanálise chamamos de *trabalho diagnóstico*: o trabalho de ultrapassagem da realidade sensível, da sua aparência fenomenológica, em direção à sua dimensão estrutural, aquela que se define como uma espécie de nomeação dos modos de incidência do sujeito na linguagem e no gozo. Se em termos psicanalíticos podemos, grosso modo, definir o trabalho diagnóstico estrutural como aquele que se dá a partir da fala dirigida, sob transferência, ao analista como operador e não como pessoa, seria possível aos analistas — homens e mulheres — empreenderem um "diagnóstico estrutural" do horizonte histórico ao qual estamos submetidos?

Este é um desafio fundamental: sustentar a práxis psicanalítica sobretudo quando o seu cerne, o sentido último de sua experiência histórica de subversão, está em jogo; quando os descaminhos da História nos obrigam a reflexão sobre a tensa relação entre o sujeito e sua (im)possibilidade efetivação da liberdade. Temos uma pista desse desafio, uma pista deixada por Lacan em 1953 e que é mais atual do que nunca: em seu texto *Função e campo da fala e da linguagem*, Lacan nos convida — sob a pena da renúncia ao próprio ofício de analista — ao difícil trabalho de tentar alcançar o horizonte histórico da subjetividade de nossa época. Então, seguindo sua pista e sua advertência, poderíamos nos perguntar: afinal, que horas são? Qual o tempo em que vivemos?

Ensaiar possíveis respostas a essas questões traz consigo, pela sua simples enunciação, um caráter eminentemente político ao recolocar no horizonte imediato da prática psicanalítica a importância da sua experiência histórica de subversão como crítica às sociabilidades hegemônicas.

Aos analistas, portanto, resta uma escolha. Atuar a partir das coordenadas bem definidas pela ordem estabelecida e, assim, fazer o jogo imaginário proposto pelo Capital de se obrigar a escolher entre falsas dicotomias ou ocupar a função de êxtimo e operar uma sistemática crítica materialista desse paradigma como tentativa de restituição de um espaço fundamental de negatividade a fim de garantir a necessária profanação dos significantes, sem a qual a psicanálise torna-se, tão somente, uma mistificação.

Então, perguntemo-nos: *Che vuoi?*

REFERÊNCIAS

ADORNO, Theodor W. **Dialética Negativa**. Tradução de Marco Antonio Casanova; revisão técnica de Eduardo Soares Neves Silva. Rio de Janeiro: Zahar, 2009.

ADORNO, Theodor W. Sobre a relação entre Sociologia e Psicologia. *In*: ADORNO, Theodor W. **Ensaios sobre Psicologia Social e Psicanálise**. Tradução de Verlaine Freitas. São Paulo: Editora UNESP, 2015.

ALMEIDA, Mauro W.B. de. Simetria e entropia: sobre a noção de estrutura em Lévi-Strauss. **Revista de Antropologia** [online], Departamento de Antropologia da Faculdade de Filosofia, Letras e Ciências Humanas da Universidade de São Paulo, v. 42, n. 1-2, p. 163-197, 1999.

ANDRADE, Ricardo. **A face noturna do pensamento freudiano**: Freud e o romantismo alemão. Niterói: EdUFF, 2000.

ARANTES, Paulo. Hegel, frente e verso: notas sobre achados e perdidos em História da Filosofia. **Revista Discurso**, São Paulo, n. 22, p. 153-165, 1993.

ARANTES, Paulo. Hegel no espelho do Dr. Lacan. *In*: SAFATLE, Vladimir. **Um limite tenso**: Lacan entre a psicanálise e a filosofia. São Paulo: Ed. Unesp, 2003.

AUZIAS, Jean-Marie. **Clefs pour le structuralisme**. Paris: Éditions Seghers, 1967.

BADIOU, Alain; ZIZEK, Slavoj. **Philosophy in the present**. Cambridge: Polity, 2009.

BADIOU, Alain. **Manifesto pela filosofia**. Tradução de Aluizio Menezes. Rio de Janeiro: Aoutra Editora, 1991.

BADIOU, Alain. **Para uma teoria do sujeito**. Tradução de Emerson Xavier da Silva e Gilda Sodré. Rio de Janeiro: Relume-Damará, 1994.

BADIOU, Alain. **O ser e o evento**. Tradução de Maria Luiza Borges. Rio de Janeiro: Jorge Zahar/Ed. UFRJ, 1996.

BADIOU, Alain. **Pequeno manual de inestética**. Tradução de Marina Appenzeller. São Paulo: Estação Liberdade, 2002.

BADIOU, Alain. **O século**. Tradução de Carlos Felício Silveira. Aparecida: Ideias & Letras, 2007.

BADIOU, Alain. **A aventura da filosofia francesa no século XX**. Tradução de Antônio Teixeira e Gilson Iannini. Belo Horizonte: Autêntica Editora, 2015.

BARRA, Eduardo Salles O. As duas respostas de Kant ao problema de Hume. **Princípios:** Revista de Filosofia – UFRN, Natal, v. 9, n. 11-12, p. 145-178, jan./dez. 2002.

BASTIDE, Roger (org.). **Usos e sentidos do termo "Estrutura":** nas ciências humanas e sociais. Barcelona: Editora Herder; São Paulo: Editora da Universidade de São Paulo, 1971.

BENJAMIN, Walter. As teses sobre o conceito de História. *In:* LOWY, Michel. **Walter Benjamin:** aviso de incêndio – Uma leitura das teses "Sobre o conceito de História". Tradução de Jeanne Marie Gagnebin e Marcos Lutz-Müller. São Paulo: Boitempo, 2005.

BENJAMIN, Walter. **O capitalismo como religião**. São Paulo: Boitempo, 2013.

BIRMAN, Joel. O mal-estar na modernidade e a psicanálise: a psicanálise à prova do social. **PHYSIS:** Revista de Saúde Coletiva, Rio de Janeiro, n. 15 (Suplemento), p. 203-224, 2005.

CALVINO, Italo. **O visconde partido ao meio**. Tradução de Nilson Moulin. São Paulo: Companhia das Letras, 1996.

CAYGILL, Howard. **Dicionário Kant**. Tradução de Álvaro Cabral. Revisão técnica de Valério Rohden. Rio de Janeiro: Jorge Zahar Ed., 2000.

CHAVES, Wilson Camilo. O estatuto do real em Lacan: dos primeiros escritos ao seminário VII, a ética da psicanálise. **Paidéia,** São Paulo, v. 16, n. 34, p. 161-168, 2006.

CHEPTULIN, Alexandre. **A dialética materialista:** categorias e leis da dialética. Tradução de Leda Rita Cintra Ferraz. São Paulo: Editora Alfa-Ômega, 1982.

COELHO JR, Nelson Ernesto. A noção de objeto na psicanálise freudiana. Ágora: **Revista do Programa de Pós-Graduação em Teoria Psicanalítica da Universidade Federal do Rio de Janeiro,** v. 4, n. 2, p. 37-49, 2001.

COSTA-MOURA, Fernanda. A incidência real da causa em psicanálise. **Revista do Departamento de Psicologia – UFF,** v. 18, n. 1, p. 117-130, 2006.

COSTA-MOURA, Fernanda; COSTA-MOURA, Renata. Objeto *a*: ética e estrutura. Ágora: **Revista do Programa de Pós-Graduação em Teoria Psicanalítica da Universidade Federal do Rio de Janeiro,** v. 14, n. 2, p. 225-242, 2011.

COUTINHO, Carlos Nelson. **O estruturalismo e a miséria da razão**. Posfácio de Jose Paulo Netto. São Paulo: Expressão Popular, 2010.

DARRIBA, Vinicius. A falta conceituada por Lacan: da coisa ao objeto. Ágora: **Revista do Programa de Pós-Graduação em Teoria Psicanalítica da Universidade Federal do Rio de Janeiro**, v. 8, n. 1, p. 63-73, 2005.

DAVID-MÉNARD, Monique. **As construções do Universal**: psicanálise, filosofia. Tradução de Celso Pereira de Almeida. Rio de Janeiro: Companhia de Freud, 1998.

DAVID-MÉNARD, Monique. Psicanálise e filosofia após Lacan. *In:* SAFATLE, Vladimir. **Um limite tenso**: Lacan entre a filosofia e a psicanálise. São Paulo: Editora UNESP, 2003.

DELEUZE, Gilles. **Diferença e repetição**. Tradução de Luiz Orlandi e Roberto Machado. São Paulo: Paz e Terra, 2018.

DELEUZE, Gilles. **Conversações (1972 – 1990)**. Tradução de Peter Pál Pelbart. São Paulo: Ed. 34, 1992.

DELEUZE, Gilles. **Foucault**. Tradução de Claudia Sant'Anna Martins. Revisão da tradução de Renato Janine Ribeiro. São Paulo: Brasiliense, 2005.

DIAS, Bruno Manoel Figueiredo Peixe. **Acontecimento, verdade e sujeito**: a política como condição da filosofia em Alain Badiou. Dissertação (Mestrado em Filosofia) – Faculdade de Letras, Departamento de Filosofia, Universidade de Lisboa, Lisboa, 2011.

DIAS, Maria das Graças Leite Vilela. Ato analítico e final de análise. **Fractal**: Revista de Psicologia, v. 20, n. 2, p. 401-408, jul./dez. 2008.

DOR, Joel. **Introdução à leitura de Lacan**: o inconsciente estruturado como linguagem. Tradução de Carlos Eduardo Reis. Porto Alegre: Artmed Ed., 1989.

DOSSE, François. **História do estruturalismo I – o campo do signo, 1945/1966**. Tradução de Álvaro Cabral. São Paulo: Ed. Ensaio; Campinas: Editora da Universidade Estadual de Campinas, 1993.

DOSSE, François. **História do Estruturalismo II – o cato do cisne, de 1967 aos nossos dias**. Tradução de Álvaro Cabral. São Paulo: Ed. Ensaio; Campinas: Editora da Universidade Estadual de Campinas, 1994.

FELIZOLA, Maria Cristina Merlin. **Lacan e o estruturalismo**. Dissertação (Mestrado) – Programa de Pós-Graduação em Metodologia e Filosofia das Ciências, Universidade Federal de São Carlos, São Carlos, 2009.

FERNANDES, Andréa Hortélio. A relação mãe-criança: controvérsias e perspectivas na psicanálise. **Estudos e Pesquisas em Psicologia – UERJ**, Rio de Janeiro, ano 2, n. 1, p. 62-70, 2002.

FERRER, Diogo. Antinomias e Sistemas em Kant e Hegel. **Revista Ensaios Filosóficos**, Rio de Janeiro, v. VI, p. 8-24, out. 2012.

FINGERMANN, Dominique. Os destinos do mal: perversão e capitalismo. *In:* FINGERMANN, Dominique; DIAS, Mauro Mendes (org.). **Por causa do Pior**. São Paulo: Iluminuras, p. 73-92 2008.

FONSECA, Ana Carolina Bellico. O objeto da angústia em Freud e Lacan. **Reverso** (Belo Horizonte), ano 31, n. 57, p. 37-49, 2009.

FOUCAULT, Michel (1966). **As palavras e as coisas**: uma arqueologia das ciências humanas. Tradução de Salma Tannus Muchail. São Paulo: Martins Fontes, 1999.

FOUCAULT, Michel [1969]. **A arqueologia do saber**. Tradução de Luiz Felipe Baeta Neves. Rio de Janeiro: Forense Universitária, 2008.

FOUCAULT, Michel [1970]. **A ordem do discurso**. (aula inaugural no Collége de France pronunciada em 2 de dezembro de 1970). Tradução de Laura Fraga de Almeida Sampaio. São Paulo: Edições Loyola, 1996.

FOUCAULT, Michel [1971]. Nietzsche, a Genealogia e a História. *In:* FOUCAULT, Michel **Arqueologia das ciências e história dos sistemas de pensamento**. Organização e seleção de textos de Manoel Barros da Motta. Tradução de Elisa Monteiro. Rio de Janeiro: Forense Universitária, 2013. (Ditos & Escritos II).

FOUCAULT, Michel [1976]. **História da sexualidade I**: A vontade de saber. Tradução de maria Thereza da Costa Albuquerque e José Augusto Guilhon Albuquerque. Rio de Janeiro: Edições Graal, 1988.

FOUCAULT, Michel [1983]. Estruturalismo e pós-estruturalismo. *In:* FOUCAULT, Michel. **Arqueologia das ciências e história dos sistemas de pensamento**. Organização e seleção de textos de Manoel Barros da Motta; tradução de Elisa Monteiro. Rio de Janeiro: Forense Universitária, 2013. (Ditos & Escritos II).

FOUCAULT, Michel [1984]. **História da sexualidade II**: O uso dos prazeres. Tradução de Maria Thereza das Costa Albuquerque; revisão técnica de José Augusto Guilhon Albuquerque. Rio de Janeiro: Edições Graal, 1984.

FOUCAULT, Michel [1984b]. O que são as Luzes?. *In*: FOUCAULT, Michel. **Arqueologia das ciências e história dos sistemas de pensamento**. Organização e seleção de textos de Manoel Barros da Motta. Tradução de Elisa Monteiro. Rio de Janeiro: Forense Universitária, 2013. (Ditos & Escritos II).

FOUCAULT, Michel [1984c]. A ética do cuidado de si como prática da liberdade. *In:* FOUCAULT, Michel. **Ética, sexualidade, política**. Organização e seleção de textos de Manoel Barros da Motta. Tradução de Elisa monteiro e Inês Autran Dourado Barbosa. Rio de Janeiro: Forense Universitária, 2004. (Ditos & Escritos V).

FOUCAULT, Michel. **Segurança, território, população**: curso dado no Collège de France (1977 – 1978). Edição estabelecida por Michel Senellart, sob a direção de François Ewald e Alessandro Fontana. Tradução de Eduardo Brandão. Revisão da tradução de Claudia Berliner. São Paulo: Martins Fontes, 2008.

FOUCAULT, Michel [1978]. **Microfísica do poder**. Organização e tradução de Roberto Machado. Rio de Janeiro: Edições Graal, 1979.

FOUCAULT, Michel. **Nascimento da biopolítica:** curso dado no Collège de France (1978 – 1979). Edição estabelecida por Michel Senellart, sob a direção de François Ewald e Alessandro Fontana. Tradução de Eduardo Brandão. Revisão da tradução de Claudia Berliner. São Paulo: Martins Fontes, 2008.

FOUCAULT, Michel. **A Hermenêutica do Sujeito**: curso dado no Collège de France (1981 – 1982). Edição estabelecida sob a direção de François Ewald e Alessandro Fontana, por Frédéric Gros. Tradução de Márcio Alves da Fonseca e Salma Tannus Muchail. São Paulo: Martins Fontes, 2006.

FOUCAULT, Michel. O Sujeito e o Poder. *In:* RABINOW, Paul; DREYFUS, Hubert. **Michel Foucault:** uma trajetória filosófica – para além do estruturalismo e da hermenêutica. Tradução de Vera Porto Carrero. Rio de Janeiro: Forense Universitária, 1995.

FRAGELLI, Ilana Katz Z.; PETRI, Renata. A transmissão da falta, a partir do seminário IV de Lacan. **Estilos da Clínica**, v. IX, n. 17, p. 118-127, 2004.

FREUD, Sigmund [1895]. Projeto para uma Psicologia Científica. *In:* **Edição Standard Brasileira das Obras Psicológicas Completas de Sigmund Freud.**

Com comentários e notas de James Strachey; em colaboração com Anna Freud; assistido por Alix Strachey e Alan Tyson; traduzido do alemão e do inglês sob a direção geral de Jaime Salomão. Rio de Janeiro: Imago, 1996.

FREUD, Sigmund [1913]. Totem e tabu. *In:* **Edição Standard Brasileira das Obras Psicológicas Completas de Sigmund Freud.** Com comentários e notas de James Strachey; em colaboração com Anna Freud; assistido por Alix Strachey e Alan Tyson; traduzido do alemão e do inglês sob a direção geral de Jaime Salomão. Rio de Janeiro: Imago, 1996.

FREUD, Sigmund [1914]. Lembrar, repetir, perlaborar. *In:* FREUD, Sigmund. **Fundamentos da clínica psicanalítica.** Tradução de Claudia Dornbusch. Belo Horizonte: Autêntica, 2017. (Coleção Obras Incompletas de Sigmund Freud, vol. 6).

FREUD, Sigmund [1915]. Reflexões para os tempos de guerra e morte. *In:* **Edição Standard Brasileira das Obras Psicológicas Completas de Sigmund Freud.** Com comentários e notas de James Strachey; em colaboração com Anna Freud; assistido por Alix Strachey e Alan Tyson; traduzido do alemão e do inglês sob a direção geral de Jaime Salomão. Rio de Janeiro: Imago, 1996.

FREUD, Sigmund [1919]. O Inquietante. *In:* FREUD, Sigmund. **História de uma neurose infantil ("O Homem dos Lobos")**: além do princípio do prazer e outros textos (1917 – 1920). Tradução e notas de Paulo César de Souza. São Paulo: Companhia das Letras, 2010.

FREUD, Sigmund [1920]. Além do princípio do prazer. *In:* **Edição Standard Brasileira das Obras Psicológicas Completas de Sigmund Freud.** Com comentários e notas de James Strachey; em colaboração com Anna Freud; assistido por Alix Strachey e Alan Tyson; traduzido do alemão e do inglês sob a direção geral de Jaime Salomão. Rio de Janeiro: Imago, 1996.

FREUD, Sigmund [1921]. Psicologia das massas e análise do ego. *In:* **Edição Standard Brasileira das Obras Psicológicas Completas de Sigmund Freud.** Com comentários e notas de James Strachey; em colaboração com Anna Freud; assistido por Alix Strachey e Alan Tyson; traduzido do alemão e do inglês sob a direção geral de Jaime Salomão. Rio de Janeiro: Imago, 1996.

FREUD, Sigmund [1923]. O Ego e o Id. *In:* **Edição Standard Brasileira das Obras Psicológicas Completas de Sigmund Freud.** Com comentários e notas de James Strachey; em colaboração com Anna Freud; assistido por Alix Strachey e Alan

Tyson; traduzido do alemão e do inglês sob a direção geral de Jaime Salomão. Rio de Janeiro: Imago, 1996.

FREUD, Sigmund [1924]. O problema econômico do masoquismo. *In*: FREUD, Sigmund. **Neurose, psicose, perversão**. Tradução de Maria Rita Salzano Moraes. Belo Horizonte: Autêntica, 2016. (Coleção Obras Incompletas de Sigmund Freud, vol. 5).

FREUD, Sigmund [1925]. A negação. *In*: FREUD, Sigmund. **Neurose, psicose, perversão**. Tradução de Maria Rita Salzano Moraes. Belo Horizonte: Autêntica, 2016. (Coleção Obras Incompletas de Sigmund Freud, vol. 5).

FREUD, Sigmund [1926]. Inibição, sintoma e angústia. *In:* **Edição Standard Brasileira das Obras Psicológicas Completas de Sigmund Freud**. Com comentários e notas de James Strachey; em colaboração com Anna Freud; assistido por Alix Strachey e Alan Tyson; traduzido do alemão e do inglês sob a direção geral de Jaime Salomão. Rio de Janeiro: Imago, 1996.

FREUD, Sigmund [1927]. O futuro de uma ilusão. *In:* **Edição Standard Brasileira das Obras Psicológicas Completas de Sigmund Freud**. Com comentários e notas de James Strachey; em colaboração com Anna Freud; assistido por Alix Strachey e Alan Tyson; traduzido do alemão e do inglês sob a direção geral de Jaime Salomão. Rio de Janeiro: Imago, 1996.

FREUD, Sigmund [1930]. Mal-estar na civilização. *In:* **Edição Standard Brasileira das Obras Psicológicas Completas de Sigmund Freud**. Com comentários e notas de James Strachey; em colaboração com Anna Freud; assistido por Alix Strachey e Alan Tyson; traduzido do alemão e do inglês sob a direção geral de Jaime Salomão. Rio de Janeiro: Imago, 1996.

GARVIN, Paul Lucian (org.). **A Prague School reader on esthetics, literary and style**. Selected and translated from the original Czech by Paul Lucian Garvin. Washinton D.C.: Gerogetown University Press, 1964.

GODINO CABAS, Antônio. **O sujeito na psicanálise de Freud a Lacan**: da questão do sujeito ao sujeito em questão. Rio de Janeiro: Zahar Ed., 2009.

GOETHE, Johann Wolfgang von. **Fausto**. Tradução de Agostinho D'Ornellas. São Paulo: Martin Claret, 2016.

GREEN, André. The intrapychic and intersubjective in psychoanalysis. **The Psychoanalysis Quaterly**, v. LXIX, p. 1-39, 2000.

GUYER, Paul (org.). **Kant**. Tradução de Cassiano Terra Rodrigues. Aparecida: Ideias & Letras, 2009.

HEGEL, Georg Wilhelm Friedrich [1801]. **Diferença entre os sistemas filosóficos de Fichte e Schelling**. Introdução, tradução e notas de Carlos Morujão. Lisboa: Imprensa Nacional Casa da Moeda, 2003.

HEGEL, Georg Wilhelm Friedrich [1802]. **Fé e Saber**. Organização e tradução de Oliver Tolle. São Paulo: Hedra, 2007.

HEGEL, Georg Wilhelm Friedrich [1807]. **Fenomenologia do Espírito**. Tradução de Paulo Menezes; com a colaboração de Karl-Heinz Efken e José Nogueira Machado. Petrópolis: Vozes; Bragança Paulista: Editora Universitária São Francisco, 2014.

HEGEL, Georg Wilhelm Friedrich [1820]. **Princípios da filosofia do direito**. Tradução de Orlando Vitorino. São Paulo: Martins Fontes, 1997.

HEGEL, Georg Wilhelm Friedrich [1830]. **Enciclopédia das ciências filosóficas em compêndio.** v. I. Texto completo com os adendos orais traduzidos por Paulo Menezes com a colaboração de José Machado. São Paulo: Loyola, 1995.

HEGEL, Georg Wilhelm Friedrich. **Ciencia de la Logica**. Tradução de Augusta e Rodolfo Modolfo. 6. ed. Buenos Aires: Librerie Hachette, 1993. v. 2.

HEGEL, Georg Wilhelm Friedrich [1830b]. **Enciclopédia das ciências filosóficas em compêndio.** v. III. Texto completo com os adendos orais traduzidos por Paulo Menezes com a colaboração de José Machado. São Paulo: Loyola, 1995.

HEIDEGGER, Martin. **Ensaios e conferências**. Tradução de Emmanuel Carneiro Leão, Gilvan Fogel e Marcia Sá Cavalcante Schuback. Petrópolis: Vozes; Bragança Paulista: Ed. Universitária São Francisco, 2008.

HENSCHEL, Claudia. A ética do século XXI e a gênese do sujeito neoliberal. **Revista da Federação Americana de Psicanálise da Orientação Lacaniana** (Revista FEPOL online), v. 5, maio 2018.

HOBSBAWM, Eric. **Era dos Extremos**: o breve século XX (1914 – 1991). Tradução de Marcos Santarrita. Revisão técnica de Maria Célia Paoli. São Paulo: Companhia das Letras, 1995.

HÖSLE, Vittorio. **O sistema de Hegel**: o idealismo da subjetividade e o problema da intersubjetividade. Tradução de Antonio Celiomar Pinto de Lima. Revisão técnica de Nélio Schneider. São Paulo: Edições Loyola, 2007.

HUME, David [1748]. **Investigações sobre o entendimento humano e sobre os princípios da moral**. Tradução de José Oscar de Almeida Marques. São Paulo: Editora UNESP, 2004.

HYPPOLITE, Jean. **Ensaios de Psicanálise e Filosofia**. Tradução de André Telles. Rio de Janeiro: Livraria Taurus – Timbre Editores, 1989.

IACONO, Alfonso. **Le Fétichisme**: histoire d'un concept. Paris: P.U.F., 1992.

ILARI, Rodolfo. O estruturalismo linguístico: alguns caminhos. *In:* MUSSALIM, Fernanda; BENTES, Anna Christina (org.). **Introdução à linguística**: fundamentos epistemológicos. São Paulo: Cortez, 2007. v. 3.

INWOOD, Michael. **Dicionário Hegel**. Tradução de Álvaro Cabral. Revisão técnica de Karla Chediak. Rio de Janeiro: Jorge Zahar Ed., 1997.

JAKOBSON, Roman. **Linguística e Comunicação**. Prefácio de Izidoro Blikstein. Tradução de Izidoro Blikstein e José Paulo Paes. São Paulo: Editora Cultrix, 1969.

JONES, Ernest. **Vida e obra de Sigmund Freud**. Rio de Janeiro: Guanabara, 1979.

KANT, Immanuel [1781]. **Crítica da Razão Pura**. Tradução e notas de Fernando Costa Mattos. 2. ed. Petrópolis: Vozes; Bragança Paulista: Editora Universitária São Francisco, 2013.

KANT, Immanuel [1783]. Resposta à pergunta: O que é o Esclarecimento? [*Beantwortung der Frage: Was Ist Aufklärung?*]. *In:* **Textos Seletos**. 2. ed. Petrópolis, RJ: Vozes, 1985.

KANT, Immanuel [1783b]. Prolegômenos. *In*: KANT, Immanuel. **Textos Selecionados**. Seleção de textos de Marilena de Souza Chauí. Traduções de Tânia Maria Bemkofp, Paulo Quintela, Rubens Rodrigues Torres Filho. 2. ed. São Paulo: Abril Cultural, 1984.

KANT, Immanuel [1785]. **Fundamentação da Metafísica dos Costumes**. Tradução do alemão de Paulo Quintela. Lisboa: Edições 70, 2004.

KANT, Immanuel [1788]. **Crítica da Razão Prática**. Tradução baseada na edição original de 1788, com introdução e notas de Valério Rohden. 3. ed. São Paulo: Editora WMF Martins Fontes, 2011.

KANT, Immanuel [1790]. **Crítica da Faculdade do Juízo**. Tradução de Valério Rohden e Antônio Marques. Rio de Janeiro: Forense Universitária, 2008.

KOJÈVE, Alexandre. **Introdução à leitura de Hegel**. Tradução de Estela dos Santos Abreu. Rio de Janeiro: EDUERJ, 2002.

KONDER, Leandro. **Hegel**: a razão quase enlouquecida. Rio de Janeiro: Campus, 1991.

LACAN, Jacques [1946]. Formulações sobre a causalidade psíquica. *In*: LACAN, Jacques. **Escritos**. Tradução de Vera Ribeiro. Rio de Janeiro: Zahar, 1998.

LACAN, Jacques [1953]. Função e campo da fala e da linguagem em psicanálise. *In*: LACAN, Jacques. **Escritos**. Tradução de Vera Ribeiro. Rio de Janeiro: Zahar, 1998.

LACAN, Jacques [1953a]. O simbólico, o imaginário e o real. *In:* LACAN, Jacques. **Nomes-do-pai**. Tradução de André Telles e revisão técnica de Vera Lopes Besset. Rio de Janeiro: Jorge Zahar Ed., 2005.

LACAN, Jacques [1953–54]. **O Seminário, livro 1**: os escritos técnicos de Freud. Texto estabelecido por Jacques-Alain Miller; versão brasileira de Betty Milan. Rio de Janeiro: Zahar, 2009.

LACAN, Jacques [1954]. Introdução ao comentário de Jean Hyppolite sobre a "Verneinung" de Freud. *In:* LACAN, Jacques. **Escritos**. Tradução de Vera Ribeiro. Rio de Janeiro: Zahar, 1998.

LACAN, Jacques [1954–55]. **O Seminário, livro 2**: o eu na teoria de Freud e na técnica da psicanálise. Texto estabelecido por Jacques-Alain Miller; versão brasileira de Marie Christine Laznik Penot com a colaboração de Antônio Luiz Quinet de Andrade. Rio de Janeiro: Zahar, 2010.

LACAN, Jacques [1955]. O seminário sobre "A carta roubada". *In*: LACAN, Jacques. **Escritos**. Tradução de Vera Ribeiro. Rio de Janeiro: Zahar, 1998.

LACAN, Jacques [1955–56]. **O Seminário, livro 3**: as psicoses. Texto estabelecido por Jacques-Alain Miller; versão brasileira de Aluisio Menezes. Rio de Janeiro: Zahar, 1988.

LACAN, Jacques [1956–57]. **O Seminário, livro 4**: as relações de objeto. Texto estabelecido por Jacques-Alain Miller; tradução de Dulce Duque Estrada. Rio de Janeiro: Jorge Zahar Ed., 1995.

LACAN, Jacques [1956-57b]. De uma questão preliminar a todo tratamento possível da psicose. *In*: **Escritos**. Tradução de Vera Ribeiro. Rio de Janeiro: Zahar, 1998.

LACAN, Jacques [1957]. A instância da letra no inconsciente ou a razão desde Freud. *In*: LACAN, Jacques. **Escritos**. Tradução de Vera Ribeiro. Rio de Janeiro: Zahar, 1998.

LACAN, Jacques [1958]. A significação do falo. *In*: LACAN, Jacques. **Escritos**. Tradução de Vera Ribeiro. Rio de Janeiro: Zahar, 1998.

LACAN, Jacques [1958–59]. **O Seminário, livro 6**: o desejo e sua interpretação. Texto estabelecido por Jacques-Alain Miller; tradução de Claudia Berliner. Rio de Janeiro: Zahar, 2016.

LACAN, Jacques [1959–60]. **O Seminário, livro 7**: a ética da psicanálise. Texto estabelecido por Jacques-Alain Miller; versão brasileira de Antônio Quinet. Rio de Janeiro: Jorge Zahar Ed., 2008.

LACAN, Jacques [1960]. Observações sobre o relatório de Daniel Lagache: "Psicanálise e estrutura da personalidade". *In*: LACAN, Jacques. **Escritos**. Tradução de Vera Ribeiro. Rio de Janeiro: Zahar, 1998.

LACAN, Jacques [1960a]. Subversão do sujeito e dialética do desejo no inconsciente freudiano. *In*: LACAN, Jacques. **Escritos**. Tradução de Vera Ribeiro. Rio de Janeiro: Zahar, 1998.

LACAN, Jacques [1960–61]. **O Seminário, livro 8**: a transferência. Texto estabelecido por Jacques-Alain Miller; versão brasileira de Dulce Duque Estrada e revisão de Romildo do Rêgo Barros. Rio de Janeiro: Zahar, 2010.

LACAN, Jacques [1962–63]. **O Seminário, livro 10**: a angústia. Texto estabelecido por Jacques-Alain Miller; versão final de Angelina Harari e preparação de texto de André Telles. Tradução de Vera Ribeiro. Rio de Janeiro: Zahar, 2005.

LACAN, Jacques [1964]. **O Seminário, livro 11**: os quatro conceitos fundamentais da psicanálise. Texto estabelecido por Jacques-Alain Miller. Tradução de M. D. Magno. Rio de Janeiro: Zahar, 2008.

LACAN, Jacques [1966]. Pequeno discurso no ORTF. *In*: LACAN, Jacques. **Outros Escritos**. Tradução de Vera Ribeiro. Versão final de Angelina Harari e Marcus André Vieira. Preparação de texto de André Telles. Rio de Janeiro: Jorge Zahar Ed., 2003.

LACAN, Jacques [1966–67]. **O Seminário, livro 14**: A lógica do fantasma. Tradução não publicada.

LACAN, Jacques [1967–68]. **O Seminário, livro 15**: o ato analítico. Tradução não publicada.

LACAN, Jacques [1968–69]. **O Seminário, livro 16**: de um Outro ao outro. Texto estabelecido por Jacques-Alain Miller. Tradução de Vera Ribeiro. Preparação de texto de André Telles. Versão final de Angelina Harari e Jésus Santiago. Rio de Janeiro: Jorge Zahar Ed., 2008.

LACAN, Jacques [1969]. O ato psicanalítico (resumo do seminário de 1967 – 1968). *In*: LACAN, Jacques. **Outros Escritos**. Tradução de Vera Ribeiro; versão final de Angelina Harari e Marcus André Vieira. Preparação do texto de André Telles. Rio de Janeiro: Zahar, 2003.

LACAN, Jacques [1969–70]. **O Seminário, livro 17**: o avesso da psicanálise. Texto estabelecido por Jacques-Alain Miller. Versão brasileira de Ary Roitman, consultor Antônio Quinet. Rio de Janeiro: Jorge Zahar Ed., 1992.

LACAN, Jacques [1970]. Radiofonia. *In*: LACAN, Jacques. **Outros Escritos**. Tradução de Vera Ribeiro. Versão final de Angelina Harari e Marcus André Vieira; preparação de texto de André Telles. Rio de Janeiro: Jorge Zahar Ed., 2003.

LACAN, Jacques [1972]. **Du discours psychanalytique**. Conférence à l'Université de Milan, le 12 mai 1972. Disponível em: http://pagespersoorange.fr/espace.freud/topos/psycha/psysem/italie.htm. Acesso em: 22 nov. 2018.

LACAN, Jacques [1972–73]. **O Seminário, livro 20**: mais, ainda. Texto estabelecido por Jacques-Alain Miller; versão brasileira de M. D. Magno. Rio de Janeiro: Zahar, 2008.

LACAN, Jacques [1974]. Televisão. *In*: LACAN, Jacques. **Outros Escritos**. Tradução de Vera Ribeiro; versão final de Angelina Harari e Marcus André Vieira. Preparação do texto de André Telles. Rio de Janeiro: Zahar, 2003.

LACAN, Jacques [1974–75]. **O Seminário, livro 22**: R.S.I. Tradução não publicada.

LEFEBVRE, Henri. Claude Lévi-Strauss e o novo eleatismo. *In:* LEFEVBRE, Henri; GOLDMANN, Lucien; MAKARIUS, R. e L. **Debate sobre o estruturalismo**: uma questão de ideologia. São Paulo: Editora Documentos, 1968.

LÉVI-STRAUSS, Claude [1945]. A análise estrutural em linguística e antropologia. *In*: LÉVI-STRAUSS, Claude. **Antropologia Estrutural**. Tradução de Beatriz Perrone-Moisés. São Paulo: Cosac Naify, 2012.

LÉVI-STRAUSS, Claude [1949]. **As estruturas elementares de parentesco**. Tradução de Mariano Ferreira. Petrópolis: Vozes, 1982.

LÉVI-STRAUSS, Claude [1949b]. História e etnologia. *In*: LÉVI-STRAUSS, Claude. **Antropologia Estrutural**. Tradução de Beatriz Perrone-Moisés. São Paulo: Cosac Naify, 2012.

LÉVI-STRAUSS, Claude [1952]. A noção de estrutura em Etnologia. *In*: LÉVI-STRAUSS, Claude. **Antropologia Estrutural**. Tradução de Beatriz Perrone-Moisés. São Paulo: Cosac Naify, 2012.

LÉVI-STRAUSS, Claude [1953]. Linguística e Antropologia. *In*: LÉVI-STRAUSS, Claude. **Antropologia Estrutural**. Tradução de Beatriz Perrone-Moisés. São Paulo: Cosac Naify, 2012.

LÉVI-STRAUSS, Claude [1955]. **Tristes Trópicos**. São Paulo: Editora Anhembi Limitada, 1957.

LÉVI-STRAUSS, Claude [1962]. **O pensamento selvagem**. Tradução de Tânia Pelegrinni. Campinas, São Paulo: Papirus, 1989.

LÉVI-STRAUSS, Claude [1983]. **Mitológicas**: o homem nu. São Paulo: Cosac Naify, 2011. v. 4.

LÉVI-STRAUSS, Claude. **A antropologia diante dos problemas do mundo moderno**. Apresentação de Maurice Olender. Tradução de Rosa Freire d'Aguiar. São Paulo: Companhia das Letras, 2012.

MARTINS, André. **Pulsão de morte?** – por uma clínica psicanalítica da potência. Rio de Janeiro: UFRJ, 2010.

MARTON, Scarlet. Como ler Nietzsche? Sobre a interpretação de Patrick Wotling. **Cadernos Nietzsche**, Porto Seguro – BA, n. 26, p. 35-52, 2010.

MARX, Karl; ENGELS, Friedrich. **A ideologia alemã**: crítica da mais recente filosofia alemã em seus representantes Feuerbach, B. Bauer e Stiner, e do socialismo alemão em seus diferentes profetas (1845 – 1846). Supervisão editorial de Leandro Konder. Tradução de Rubens Enderle, Nélio Schneider e Luciano Cavini Martorano. São Paulo: Boitempo, 2007.

MARX, Karl; ENGELS, Friedrich [1848]. **Manifesto Comunista**. Organização e introdução de Osvaldo Coggiola. Tradução do Manifesto de Álvaro Pina e Ivana Jinkings. São Paulo: Boitempo, 2010.

MARX, Karl [1844]. **Sobre a questão judaica**. Apresentação e posfácio de Daniel Bensaid; tradução de Nélio Schneider. São Paulo: Boitempo, 2010.

MARX, Karl [1845]. Ad Feuerbach. *In:* MARX, Karl; ENGELS, Friedrich. **A ideologia alemã**: crítica da mais recente filosofia alemã em seus representantes Feuerbach, B. Bauer e Stiner, e do socialismo alemão em seus diferentes profetas (1845 – 1846). Supervisão editorial de Leandro Konder. Tradução de Rubens Enderle, Nélio Schneider e Luciano Cavini Martorano. São Paulo: Boitempo, 2007.

MARX, Karl [1847]. **Miséria da filosofia**. Tradução de José Paulo Netto. São Paulo: Boitempo, 2017.

MARX, Karl [1850]. **As lutas de classe na França de 1848 a 1850**. Tradução de Nélio Schneider. São Paulo: Boitempo, 2012.

MARX, Karl [1852]. **O 18 de brumário de Luís Bonaparte**. Tradução e notas de Nélio Schneider. Prólogo de Herbert Marcuse. São Paulo: Boitempo, 2011.

MARX, Karl. **Grundrisse:** Manuscritos econômicos de 1857-1858 – esboços da crítica da economia política. Tradução de Mauro Duayer e Nélio Schneider. São Paulo: Boitempo; Rio de Janeiro: Ed. UFRJ, 2011.

MARX, Karl [1867]. **O Capital**: crítica da economia política. Livro 1: o processo de produção de capital. Tradução de Rubens Enderle. São Paulo: Boitempo, 2013.

MARX, Karl [1894]. **O Capital**: crítica da economia política. Livro III – o processo global de produção do capital. Tradução de Reginaldo Sant'Anna. Rio de Janeiro: Civilização Brasileira, 1980.

MARX, Karl [1932]. **Manuscritos econômico-filosóficos**. Tradução de Jesus Ranieri. São Paulo: Boitempo, 2004.

MARX, Karl [1951]. **Teoria da mais-valia**. Editado por Karl Kautsky. São Paulo: Difel, 1980.

MENEZES, Paulo. **Para ler a Fenomenologia do Espírito** – roteiro. São Paulo: Edições Loyola Jesuítas, 1992.

MENEZES, Paulo. Entfremdung e Entässerung. **Revista Ágora Filosófica**, Pernambuco, ano 1, n. 1, p. 27-42, jan./jun. 2001.

MÉSZÁROS, István. **Para além do capital**: rumo a uma teoria da transição. Tradução de Paulo Cesar Castanheira e Sérgio Lessa. São Paulo: Boitempo, 2011.

MEZAN, Renato. **Freud o pensador da cultura**. São Paulo: Companhia das Letras, 2006.

MILLER, Jacques-Alain. **Infortúnios de acto analítico**. Buenos Aires: Atuel, 1993.

MILLER, Jacques-Alain. Uma fantasia. **Opção Lacaniana**, n. 42. São Paulo: Eolia, 2005.

MORUJÃO, Alexandre Fradique. Prefácio da tradução portuguesa. *In:* KANT, Immanuel. **Crítica da Razão Pura**. 5. ed. Tradução de Manuela Pinto dos Santos e Alexandre Fradique Morujão. Introdução e notas de Alexandre Fradique Morujão. Lisboa: Fundação Calouste Gulbenkian, 2001.

NIETZSCHE, Friedrich. **Genealogia da moral**: uma polêmica. Tradução, notas e posfácio de Paulo César de Souza. São Paulo: Companhia das Letras, 1998.

OGILVIE, Bertrand. **Lacan** – A formação do conceito de sujeito (1932 – 1949). Tradução de Dulce Duque Estrada. Rio de Janeiro: Jorge Zahar, 1991.

PERICÁS, Luiz Bernardo; SECCO, Lincoln Ferreira. **Intérpretes do Brasil**: clássicos, rebeldes e renegados. São Paulo: Boitempo, 2014.

PINTO, Paulo R. Margutti. Aspectos do problema da causalidade em Kant. **Síntese**: Revista de Filosofia, Belo Horizonte, v. 27, n. 87, p. 17-32, 2000.

PORTELA, Sergio. Correspondência de Hegel com Hölderlin e Schelling nos anos de 1795 e 1795. **Revista de Filosofia Controvérsia**, Rio Grande do Sul, v. 4, n. 2, p. 54-61, jul./dez. 2008.

RABINOVICH, Diana. **A significação do falo**: uma leitura. Tradução de André Luis de Oliveira Lopes. Rio de Janeiro: Companhia de Freud, 2005.

REVEL, Judith. **Michel Foucault**: conceitos essenciais. Tradução de Maria do Rosário Gregolin, Nilton Milanez e Celso Piovesani. São Carlos: Claraluz, 2005.

RICOEUR, Paul. Structure et Herméneutique. **Esprit**: Nouvelle serie, v. 11, n. 322, Paris, p. 596-627, novembre de 1963.

RODMAN, Robert. **O gesto espontâneo**: cartas selecionadas de D.W. Winnicott. Tradução de Luiz Carlos Borges. São Paulo: Martins Fontes, 1990.

RODRIGUEZ, Octavio. **O estruturalismo latino-americano**. Tradução de Maria Alzira Brum Lemos. Rio de Janeiro: Civilização Brasileira, 2009.

ROUANET, Sergio Paulo. **Teoria crítica e psicanálise**. Rio de Janeiro: Tempo Brasileiro, 1989.

ROUANET, Sergio Paulo. **Mal-estar na modernidade**. São Paulo: Companhia das Letras, 1993.

ROUDINESCO, Elizabeth. **Jacques Lacan**: esboço de uma vida, história de um sistema de pensamento. Tradução de Paulo Neves. Rio de Janeiro: Editora Companhia de Bolso, 2008.

ROUDINESCO, Elizabeth. **Sigmund Freud na sua época e em nosso tempo**. Tradução de André Telles. Revisão técnica de Marco Antônio Coutinho Jorge. Rio de Janeiro: Zahar, 2016.

ROUDINESCO, Elizabeth; PLON, Michel. **Dicionário de psicanálise**. Tradução de Vera Ribeiro. Rio de Janeiro: Zahar Ed., 1998.

SAFATLE, Vladimir. **Um limite tenso**: Lacan entre a filosofia e a psicanálise. São Paulo: Editora UNESP, 2003.

SAFATLE, Vladimir. Depois da culpabilidade: figuras do supereu na sociedade de consumo. *In*: DUNKER, C.; PRADO, J. L. A. **Zizek crítico**: política e psicanálise na era do multiculturalismo. São Paulo: Hacker, 2005. p. 11-46.

SAFATLE, Vladimir. **A paixão do negativo**: Lacan e a dialética. São Paulo: Ed. Unesp, 2006.

SAFATLE, Vladimir. **O circuito dos afetos**: corpos políticos, desamparo e o fim do indivíduo. Belo Horizonte: Autêntica Editora, 2016.

SAGAN, Carl. **O mundo assombrado pelos demônios**. Tradução de Rosaura Eichenberg. São Paulo: Companhia das Letras, 1996.

SALES, Léa Silveira. Passagem da compreensão à verdade: contribuição do estruturalismo à teoria lacaniana da psicose. Ágora: **Revista do Programa de Pós-Graduação em Teoria Psicanalítica da Universidade Federal do Rio de Janeiro**, v. X, p. 211-227, 2007.

SALES, Léa Silveira. **Determinação versus subjetividade**: apropriação e ultrapassagem do estruturalismo pela psicanálise lacaniana. Tese (Doutorado em) – Programa de Pós-Graduação em Filosofia da Universidade Federal de São Carlos, UFSCar, São Carlos, 2008.

SALES, Léa Silveira. Para além do desejo de nada: o objeto *a* como resistência ao plano transcendental dos significantes na psicanálise lacaniana. **Revista de Estudos lacanianos**, v. 2, n. 1, p. 295-311, 2008a.

SALES, Léa Silveira. Psicanálise lacaniana e estruturalismo: a condução do desejo como função pura a um plano transcendental. **Psicologia USP**, São Paulo, v. 20, n. 4, p. 539-554, 2009.

SANTOS, José Henrique. **O trabalho do negativo**: ensaios sobre a Fenomenologia do Espírito. São Paulo: Loyola, 2007.

SARTRE, Jean-Paul. **O ser e o nada**: ensaio de ontologia fenomenológica. Tradução de Paulo Perdigão. Rio de Janeiro: Vozes, 1998.

SAUSSURE, Ferdinand de [1879]. **Mémoire sur le systeme primitif dans les langues indo-européennes**. London: Cambridge University Press, 2009.

SAUSSURE, Ferdinand de [1881]. **De l'emploi du genitif absolu em Sansktrit**. (Thése pour le doctorat presentée à la Faculté de Philosophie de l'Université de Leipzig). London: Cambridge University Press, 2014.

SAUSSURE, Ferdinand de [1916]. **Curso de linguística geral**. Organizado por Charles Baly e Albert Sechehaye; com colaboração de Albert Riedlinger. Prefácio à edição brasileira de Isaac Nicolau Salum. Tradução de Antônio Chelini, José Paulo Paes e Izidoro Bliekstein. São Paulo: Cultrix, 2006.

SEGANFREDO, Gabriela de Freitas Chediak; CHATELARD, Daniela Scheinkman. Das Ding: o mais primitivo dos êxtimos. **Cadernos de Psicanálise**: Círculo Psicanalítico do Rio de Janeiro, v. 36, n. 30, p. 61-70, 2014.

SIMANKE, Richard. **Metapsicologia lacaniana**: os anos de formação. São Paulo: Discurso Editorial; Curitiba: Editora UFPR, 2002.

SINNERBRINK, Robert. **Hegelianismo**. Tradução de Fábio Creder. Petrópolis: Vozes, 2017.

SOUZA, Aurélio. **Os discursos da psicanálise**. Rio de Janeiro: Companhia de Freud, 2008.

VAZ, Henrique Claudio de Lima. A significação da Fenomenologia do Espírito. *In*: HEGEL, Georg Wilhelm Friedrich. **Fenomenologia do Espírito**. Tradução de Paulo Menezes; com a colaboração de Karl-Heinz Efken e José Nogueira Machado. Petrópolis: Vozes: Bragança Paulista: Editora Universitária São Francisco, 2014.

WEBER, Max. **A ética protestante e o "espírito" do capitalismo**. Tradução de José Marcos Mariani de Macedo. Revisão técnica, edição de texto, apresentação, glossário, correspondência vocabular e índice remissivo de Antônio Flávio Pierucci. São Paulo: Companhia das Letras, 2004.

WILL, Dudley. **Idealismo Alemão**. Tradução de Jacques A. Wainberg. Petrópolis: Vozes, 2013.

WINNICOTT, Donald. **O brincar e a realidade**. Tradução de José Octavio de Aguiar Abreu e Vanede Nobre. Rio de Janeiro: Imago, 1971.

ZIZEK, Slavoj; DALY, Glyn. **Arriscar o impossível**: conversas com Zizek. Tradução de Vera Ribeiro. São Paulo: Martins Fontes, 2006.

ZIZEK, Slavoj (org.). **Um mapa da ideologia**. Tradução de Vera Ribeiro. Rio de Janeiro: Contraponto, 1996.

ZIZEK, Slavoj. **Iraq**: the borrowed ketle. London: Verso, 2004.

ZIZEK, Slavoj. **A visão em paralaxe**. Tradução de Maria Beatriz de Medina. São Paulo: Boitempo, 2008.

ZIZEK, Slavoj. **Como ler Lacan**. Tradução de Maria Luiza X. de A. Borges. Revisão técnica de Marco Antônio Coutinho Jorge. Rio de Janeiro: Zahar, 2010.

ZIZEK, Slavoj. **Em defesa das causas perdidas**. Tradução de Maria Beatriz de Medina. São Paulo: Boitempo, 2011.

ZIZEK, Slavoj. **Menos que nada**: Hegel e a sombra do materialismo dialético. Tradução de Rogério Bettoni. São Paulo: Boitempo, 2013.

ZIZEK, Slavoj. **O sujeito incômodo**: o centro ausente da ontologia política. Tradução de Luigi Barichello. São Paulo: Boitempo, 2016.